고립된 빈곤

형제복지원, 10년의 기록

고립된 빈곤

ⓒ박유리, 2024

초판 1쇄 2024년 4월 10일 발행

지은이 박유리
펴낸이 김성실
기획 박성훈
책임편집 김태현
표지 디자인 김현우
제작 한영문화사

펴낸곳 시대의창   **등록** 제10 - 1756호.(1999. 5. 11)
주소 03985 서울시 마포구 연희로 19 - 1
전화 02)335 - 6121   **팩스** 02)325 - 5607
전자우편 sidaebooks@daum.net
페이스북 www.facebook.com/sidaebooks
트위터 @sidaebooks

ISBN 978 - 89 - 5940 - 825 - 2 (03330)

잘못된 책은 구입하신 곳에서 바꾸어드립니다.

고립된 빈곤

형제복지원, 10년의 기록

박유리 지음

시대의창

그가 파는 생선에는 비린 맛이 나지 않는다. 밀가루 반죽 냄새가 나
는 작은 천막에는 손님들이 걸어놓은 붉은색 크리스마스 장식이 걸
려 있다. 겨울바람이 코끝을 시리게 하는 2023년 12월, 그는 광주에
서 붕어빵을 판다.

그는 누이와 함께 산다. 누이는 그보다 세 살 위지만, 누이의 시간
은 형제복지원에 끌려간 열두 살에서 멈추었다. 누이는 자라지 않기
에 그만 홀로 중년의 남자가 되었다. 누이는 지난해 겨울 집을 나갔
다. 온종일 한파 뉴스로 떠들썩하던 2022년 겨울, 맨발에 슬리퍼를
신은 채. 아침부터 밤까지 누이를 찾아다니던 그는 경찰에 연락했
다. 열 시간이 지나서야 지구대에 앉아 있는 누이를 만날 수 있었다.
엄마 잃은 아이처럼 밤의 지구대에 앉아 자신을 바라보는 누이의 맨
발은 차갑게 얼어 있었다. 정신이 온전하지 않은 누이와 사는 일은
쉽지 않다. 그래도 이제는 누이가 집을 나가지 않게 됐고, 조금씩 함

께 일상을 사는 데도 익숙해지고 있다.

누이는 치아가 없다. 수십 년간의 정신병동 생활은 누이에게서 많은 것을 앗아갔는데 그 가운데 하나가 치아였다. 정신요양원에서 나온 이후 그는 누이의 틀니를 맞추었지만 식당에서 잃어버렸다. 치아가 없는 탓에 누이는 부드러운 음식을 찾는다. 오래도록 갇혀 살았던 누이는 새로운 음식 대신 익숙한 음식만 먹는다. 누이는 요즘 물보다 오렌지주스를 더 많이 마신다. 누이를 위해 그는 마트에 가서 두 병에 한 세트짜리 주스를 늘 사는데, 주스 값으로만 한 달에 몇만 원은 족히 나간다. 누이는 양념치킨과 콩나물국, 생선을 좋아하고, 여름날에는 동생과 함께 동네를 걸으며 아이스크림 먹기를 좋아한다. 어느 여름날, 아이스크림이 녹아 손가락을 타고 흘러내릴 때쯤 그가 묻는다.

"우리 어릴 때도 '누가바'가 있었나?"

"그럼, 있었지."

아이스크림 이름은 기억하는데. 누이의 기억은 어디로 휘발된 걸까. 누이의 기억은 여름날의 아이스크림처럼 흘러내렸다. 누이와 달리 그의 기억은 끔찍한 빙하가 되어 얼어붙었다. 누이는 기억에서 달아났고, 그는 기억을 붙들고 싸웠다. 그는 2012년 여름, 국회에서 홀로 피켓을 들고 시위를 시작했고, 국회 앞에서 텐트를 치고 노숙 농성을 이어갔다. 마침내 형제복지원특별법이 2020년 5월 통과되기까지 오랜 시간이 걸렸다.

그가 1987년 형제복지원 빗장을 뚫고 나와 세상을 전전하는 동안 형제복지원에 살았던 누이와 아버지는 정신병동을 전전했다. 그는 피켓을 들고 형제복지원을 알리는 과정에서 누이와 아버지를 찾을 수 있었다. 그는 《살아남은 아이》라는 책을 썼는데, 다시 찾은 아버지와 누이는 아이가 되어 있었다. 누이와 아버지의 정신은 온전하지 않았다. 형제복지원을 알리기 위해 시위를 하면서도, 과자를 좋아하는 누이와 아버지를 위해 시간이 날 때마다 정신요양원을 찾아가 간식을 챙겼다. 두 사람에게 같은 종류, 같은 양의 과자와 음료수를 드려야 했다. 누구 한 사람에게만 더 많은 과자가 가는 걸 싫어하니까.

'진실·화해를 위한 과거사정리 기본법'(과거사법)이 2020년 5월 통과되고 4년이 흘렀다. 2기 진실·화해를 위한 과거사정리 위원회(진실화해위)가 설립되고 조사를 개시했다. 진화위는 2022년 8월 24일 형제복지원 사건이 국가에 의한 중대한 인권 침해라는 결론을 내렸다. 국가가 형제복지원 강제수용 피해자와 유가족에게 공식 사과하고 피해 회복과 치유 방안을 마련할 것을 권고했다. 형제복지원 사망자 수는 기존에 552명으로 알려졌지만 조사 과정에서 105명의 사망자가 추가 확인돼 657명으로 늘어났다. 진화위는 2023년 형제복지원 외에 다른 성인 부랑인 수용 시설로 조사 범위를 넓혔다. 사회복지법인 천성원, 서울시립갱생원, 대구시립희망원, 성혜원 등으로 범위를 넓힌 것이다.

그러나 피해자들은 어떤 피해 보상도 받을 수 없었다. 과거사법에는 배·보상과 관련된 조항이 없다. 피해자들은 개별적으로 국가를 상대로 소송을 이어갔다. 법원은 2023년 12월 21일 국가가 손해를 배상하라는 첫 판결을 내놓았다. 이후 같은 판결이 이어졌지만 정부와 부산시는 "형제복지원 관련 사건 다수가 재판 진행 중이라 선례가 될 수 있고 배상 금액 등에 대해 상급심 판단을 받을 필요가 있다"
라고 항소했다.

"예전에 시위할 때는 우리들에게 관심이 모였잖아요. 그런 시절
에서 벗어나야지요. 그때의 관심을 계속 받으려고 하면, 받지 못해
서 실망하면, 힘들어져요."

법안이 통과되고 그는 일상으로 돌아왔다. 그 사이 코로나19 후
유증으로 아버지가 돌아가셨다. 더 이상 누이를 정신요양원에 둘 수
없었다. 누이를 집으로 데려왔다. 그는 많은 것들과 싸운다. 자신을
무너지게 하는 기억과 싸우고, 기초생활수급자로서 가난과 싸우고,
형제복지원을 기억하지 않는 세상과 싸운다. 그는 나무를 깎고 종이
를 잘라 형제복지원 시설과 똑같은 미니어처를 만들었다. 자신이 잠
들었던 침대, 맞았던 소대, 나갈 수 없도록 감금한 빗장을.

생존자는 매일을 살아감으로 참상을 증언한다. 어릴 때 어머니
대신 누이가 밥상을 차렸듯이 그는 누이를 위해 밥상을 차린다. 누
이와 함께 장을 보고 싱크대에서 음식을 만든다. 밥상은 그의 일상
이며, 참상의 증언이다.

가끔 누이를 옆자리에 앉히고 먼 곳으로 떠난다. 광주광역시에서
서울로 기차 여행을 떠난다. 사실 여행은 아니고 형제복지원과 관련
된 각종 행사나 모임에 참석하기 위해서다. 서울의 모텔에서 잘 때
면, 누이가 말한다.

"모텔에서 살고 싶어."

모텔에서는 청소를 하거나 물건을 치우지 않아도 되니까. 누이의
소망은 깨끗한 모텔에서 사는 것이다.

누이는 잠이 많다. 낮의 어느 때, 예측할 수 없는 어느 때에 졸음이 쏟아진다. 집이 아닌 밖에 있을 때도 졸음은 그녀를 어김없이 찾아간다. 누이는 오래도록 정신과 약을 먹었고, 정신병원에서 규칙적으로 살았다.

2023년 9월, 서울 동묘앞역 근처에서 그와 어린 누이를 만났다. 우리는 맥도날드에 앉아서 음료를 마셨다. 누이는 이야기가 길어지자 눈꺼풀이 감겼고, 그는 누이를 위해 급히 핸드폰을 들어 잘 곳을 찾았다. 누이를 재우기 위해 우리는 맥도날드를 빠져나왔다. 한두 시간 뒤 그에게서 카톡이 왔다. 침대에 누워 고이 잠이 든 누이의 사진이 전송됐다. 이토록 깨끗해서, 언제나 살고 싶다던 모텔이었다.

그날 밤 남편이 코로나19에 확진된 사실을 알았고, 두 돌이 채 되지 않은 아기가 코로나에 걸렸는지 확인하기 위해 가족 모두가 병원을 찾느라 정신이 없는 와중에 그에게 전화를 걸었다. 혹시나 누이와 당신이 코로나에 확진되지 않았을지 걱정된다고. 그는 자다 일어나 깼는지 낮은 목소리로 전화를 받았는데, 크게 걱정하지 않는 것 같았다. 그날 밤 같은 서울 하늘 아래, 어느 모텔에서 곤히 잠들었을 두 사람을 생각했다.

집으로 돌아온 나는 노트북을 열어 글을 쓴다. 한종선과 누이, 그리고 그들이 살아온 감금의 시대에 대해. 이 글은 형제복지원 사건이 언론의 조명을 받던 2014년부터 법안이 통과되던 2020년에 집중적으로 쓰였다. 이후 수정 작업을 거쳤다.

처음 글을 쓰기 시작한 때로부터 10년이 흘렀다. 너무 늦었고, 아직 이르다. 형제복지원이 집중 조명되던 때로부터 늦어버렸고, 형제복지원 사건이 온전히 진상 규명돼 부랑인을 대규모로 감금하던 현대사가 역사의 한 페이지로 기록되고 성찰될 어느 시점에는 아직 닿지 못했다. 두 개의 시간 사이에서, 《고립된 빈곤: 형제복지원, 10년의 기록》을 2024년 출간한다. 오지 않은 미래와 지나간 과거 사이의 어느 때일 것이다.

진실을 향한 발걸음은 타이밍에 맞춰 춤추지 않는다. 진실을 향한 발걸음은 지구처럼 매일 동일한 속도로 도는 것이다. 자전을 한다는 소음도 진동도 내지 않아서 아무도 느끼지 못하겠지만. 시침과 분침, 초침을 갖고서 조그만 동그라미 안에서 매일 소리 없이 굴러가는 시계처럼. 진실은 성실하게, 지루하게 흘러간다. 식어버린 사람들의 관심과 생존자들의 여전한 갈증 사이에서, 진실은 그렇게 걸어간다. 들리지 않는가. 가만히 귀를 기울이면, 진실이 제 갈 길을 가는 침묵의 소리가.

목차

들어가는 말 / 4

1장 목소리

이경애씨의 기억 / 16

불덩어리였어 / 27

형제복지원 수용자 함천수 씨의 탄원서 / 34

2장 수용소 설계자

죄는 어떻게 은폐되었나 / 43

그의 몰락 / 71

3장 생존자

달이 창살에 걸리다 / 93

검은 가죽 장갑을 끼고 예배당에 / 103

프로야구와 장례식 / 109

라면 스프, 전어젓, 초코파이 / 114

경애의 사탕 / 120

투견 / 125

붕괴 / 128

거리에서 / 130

선옥이 / 133

4장 진실 찾기

　　피해자들의 갈급한 목소리 / 139

　　느리게 움직이는 세상 / 155

5장 지옥에서의 연대

　　2020년 2월, 한종선과 최승우 / 169

　　2020년 5월, 한종선 / 186

　　우리는 무엇을 기억해야 하는가 / 196

6장 빈곤 청소

　　빈곤 없는 정원 / 211

　　소외의 법제화: 선감학원부터 형제복지원까지 / 222

　　국가범죄: 강제실종 / 230

　　'우리'와 '그들' 나누기 / 236

7장 형제들

　　숨겨지던 빈곤, 전시되다 / 245

　　형제복지원 이후, 대구시립희망원 / 257

　　작가의 말 / 274

　　주 / 277

1장

목소리

빈곤은 미래에도 이어질 오래된 유물이다. 과거의 빈곤과 오늘은 빈곤은 같고도 다르다. 이웃이 없고, 집이 없으며, 목소리가 없기에 그들은 존재하나 존재하지 않은 사람들이다.

이것은 보이지 않을 만큼 작은 사람들의 거대한 기억이다. 기억은 증언이 되어 과거를 재생한다. 역사가 하나의 직선이라면, 기억은 원형의 시간이다. 역사는 미래로 나아가지만 기억은 과거와 현재를 돌고 돈다. 과거가 현재를 침습하고, 어제가 오늘을 주저앉힌다. 그들의 시간이 앞으로 나아갈 때, 가난한 자의 기억은 과거로 거슬러 올라간다. 기억에 데인 사람들은 화석처럼 그것을 지우지 못한다. 시간을 잘라내지 못한 사람들은 자신에게 불을 질렀다. 가난해서 단속되고 감금된 사람들은 수용소에서 죽음을 맞이거나, 죽음의 기억으로 생을 끝냈다.

생존자의 목소리를 통시적으로, 공시적으로 들음으로써 빈곤의 역사는 소환된다. 증언은 개인의 서사이며, 역사의 증거다. 증언을 들음으로써, 닫힌 기억은 우리의 역사가 된다. 자신의 인생을 살아보기도 전에 빼앗겨버린 사람들에게 해줄 수 있는 유일한 일은 듣는 것이다. 갇힌 기억에 오솔길이 생기고 사람들이 드나들면서 도로가 만들어지기를.

그때 이후 불확실한 시간에

고통은 되돌아온다.

그리고 나의 섬뜩한 이야기가 말해질 때까지

내 안의 심장은 불타리라.

- 새뮤얼 테일러 콜리지의 시 〈늙은 뱃사람의 노래〉 582~585행

이경애 씨의 기억

"열 살이었어요. 엄마는 중풍이셨고 아빠 심부름을 갔어요. 내복을 입고 나갔는데 검은 차가 다가와선, 집이 어디냐고, 아저씨가 데려다준다고. 걸어갈 수 있다고 했는데 아저씨가 차에 태웠어요. 차를 타고 처음 간 곳은 어떤 건물 사무실, 골방이었어요. 들어가서 맞았어요. 울고 있는데 왜 우냐고, 몽둥이로 엉덩이랑 어깨를 때렸어요. 회초리가 아니라 몽둥이였어요. 머리끄덩이를 잡고 뺨을 때렸어요. 군대에서 쓰는 국방색 모포를 뒤집어쓰게 하고 아저씨가 애들한테 조용히 시키라고 했어요. 내보내달라고 몇 날 며칠을 울었죠.

모르겠어요. 어떻게 거기서 살아 나왔나 모르겠어요. 때리고 맞고, 벌서라면 벌서고. 말 잘 듣고 안 울고 그럼 집에 보내준다고 했던 것 같아요. 계속 맞다가 맞는 것도 익숙해졌어요. 하루라도 매 타작을 하지 않은 날이 없었던 것 같아요. 누구 하나 잘못하면 모두가 벌을 받고 맞았어요. 침대 난간에 다리를 올리고 엎드려뻗치면 조장이 엉덩이를 때렸어요. 새벽 다섯 시에 일어나 이불을 갰어요. 이불은 각이 져 있어야 해요. 중대장이나 조장이 검사를 했어요. 한 명이라도 각이 잡혀 있지 않으면 맞고 벌을 섰어요. 맞고 벌서는 것으로 하루를 시작했어요. 이가 생길 수밖에 없는 환경인데, 한 명이 생기면 전체가 머리를 다 자르고 삭발을 했어요. 머리에 흰 가루를 뿌렸어요.

어떤 날은 아이들에게 마주 보고 싸대기를 때리게 했어요. 조장이 심심하면 둘을 붙여 싸우게 만들었어요. 쟤, 때려. 못 때리면 맞아요. 살짝 툭 치면 상대도 때리게 돼요. 소대 아이들이 마주 보고 선 두 애를 보고 있어요. 더 때려, 더 때려. 아이들이 반 또라이가 돼 가는 것 같았어요.

우리가 뭘 알았을까요? 저도 누군가를 때렸어요. 안 때리면 조장이 나를 때렸어요. 어떤 애를 때리라고 했는데 가만히 있으니까 조장이 와서 '이게' 하면서 발로 찼어요. 그 조장 언니는 나보다 서너 살 많았어요. 그 애를 때린 날은 기억나지 않아요. 계절을 기억하지 못해요. 파란색 추리닝 한 벌을 1년 내내 입었어요. 일주일에 한 번인가 이 주일에 한 번 그 추리닝을 세탁해요. 다 떨어진 옷은 기워서 입었죠. 항상 그 옷이었어요. 바깥에서 유명 인사가 오거나 하면, 그때는 사복을 입혀줘요. 운동화도 주고. 그분들이 가면 도로 제자리예요. 옷을 다 벗어서 반납했어요.

죽어도 벌써 죽었을 것 같은데 안 죽고 살아난 게 이상해요. 발로 차서 넘어지면 씨발년아, 머리를 막 때렸어요. 울면 운다고 때려서 나중엔 울음을 참았어요. 이를 꽉 깨물었어요. 모르겠어요, 열 살에 무슨 생각을 했었는지.

제발 누구도 사고 좀 치지 마라, 가만히 있어라, 매일 속으로 빌었어요. 처음엔 죄책감이 들었지만 나중엔 한 애가 잘못하면 같이 때리면서 욕을 했어요. 너 때문에 개작살난다고. 한 애가 잘못해서 벌을 서면 나중엔 몰려가서 때렸어요. 조용히 좀 살라고. 저도 많이 맞았어요. 그저 맞나 보다, 바보가 되어갔어요. 어쩔 때는 깜빡깜빡해요. 머리통을 하도 많이 맞아서 그런가 봐요. 제가 아는 천주교 선생님이 그러는데 머리에 난 십자가 표시는 맞아서 그런 거래요. 맞아서 찢어진 거라고. 가끔은 지금도 기억이 잘 안 나요.

나중에 형제원을 나온 후에 조장 언니를 소년원에서 만났어요. 이름도 안 까먹어요. 소년원에선 형제원에서 알게 된, 말숙이도 만났어요. 말숙이는 지금 보호를 받고 있어요. 정신병이 왔거든요. 성당 대모님 아시는 분이, 보호해주고 있어요. 말숙이는 그때도 말투가 어눌했는데 지금은 정신 지체 3급이에요.

우리들이 갇힌 소대 앞에는 산봉우리가 있었어요. 산봉우리들이 무덤처럼 보였어요. 도망가다 잡히면 개 패듯이 때렸어요. 몽둥이로 아무 데나 두드려 팼어요. 병신이 될 만큼. 중대장이 우리를 양반다리로 앉게 하고는 양쪽 다리에 손을 올리게 했어요. 도망치다 붙잡힌 사람이 개처럼 맞는 걸 보게 했어요. 다른 곳을 보면 조장이 똑바로 쳐다보라고 때렸어요. 저는 거기서 살아남았어요.

오전에는 개금국민학교 분교에 갔고 점심 먹고는 벽돌 한 장씩을 교회로 날랐어요. 도망가려다 붙잡힌 어른들이 옷처럼 쌀가마니를 입어요. '도망가다가 잡혔습니다.' 쌀가마니에는 그렇게 적혀 있던

걸로 기억해요. 도망가려다 잡힌 사람들은 재래식 화장실 공사하는
데 동원됐어요.

형제원에서 아기 때부터 자란 사람이 있어요. 박봉석 선생. 교회
생활 열심히 하니까 선생이라는 직함을 원장이 줬어요. 박봉석이 아
이를 가장 많이 건드렸어요. 성기를, 가슴을 만졌어요. 열 살도 되지
않은 애들. 산하고 소대 사이에 길이 하나 있는데 쉬할 때 데리고 가
서 만졌어요. 나중에는 아이 손에 박봉석이 준 사탕, 초코파이가 들
려 있어요.

원장 사택 앞 흙바닥에 애들이 단체로 나와서 앉아 있었어요. 잠
시 담배 한 대 피고 올게요. (이경애 씨가 바깥에 나가 담배를 피곤 실내로 들어온
다.) 개금분교 4학년 때였어요. 박봉석이 제 옷 안에 손을 집어넣었어
요. 예쁘다고 볼에 뽀뽀를 했어요. 왕사탕 하나를 줬어요. 만지면 그
렇게 하나 보다. 그게 뭔지 몰랐어요.

소대장한테도 몇 번 당했어요. 23소대 이충열이라고. 소대마다
잠금장치가 걸려 있었고, 문 가까이에 소대장 자리가 있어요. 거기
서 몇 번 봤어요. 소대장이 아이를 자기 침대로 불러요. 무슨 짓 하는
지는 몰라요. 예쁜 애랑은 같이 잤어요. 열세 살, 열네 살 애들. 소대
안에서도 추리닝 속으로 손을 집어넣어 가슴을 만졌어요. 만질 대로
다 만지면 가라고 했어요. 다른 애들도 봤겠죠. 모르겠어요. 지금 생
각하면 다 아는데 그때 당시에는 그게 뭔지 몰랐어요.

누가 누구를 건드렸다, 누가 애기 아빠다 그런 소문들. 영자 언니
가 있었어요. 영자 언니는 모자랐어요. 침 흘리고 오줌 싸고 그럼 다
같이 맞는 거예요. 언니가 미웠어요. 그 언니도 나중에 소년원에서

봤어요. 영자 언니가 모자라니까 남자들이 건드렸어요. 아기를 두 번 세 번 임신하고 보냈다는 이야기를 들었어요. 몇 번을 하곤, 또라 이가 되었다고. 정신이 나가선 옷을 벗고 다니고 밑을 보여줬어요.

영자 언니는 다른 힘 센 언니들이 시키면 뭐든 했어요. 성기를 보이라고 하면 보여줬어요. 애를 낳고 그래서인지 몰라도 거기가 축 늘어져 있었어요. 기자라는 여자애가 얇은 막대기로 거기를 쳤어요. '걸레지 사람이냐'고. 또라이가 되어서 자꾸 옷을 벗고 괴성을 지르면 조용히 하라고 사람들이 영자 언니를 때렸어요. 피가 터져가면서 옷을 벗고 말해요. 나 여기 있다, 나 여기 있다고.

영자 언니가 처음에 형제원에 왔을 때는 예뻤대요. 머리 긴 애들은 다 잘라버리고 거지처럼 만드니까 제가 처음 봤을 때는 예쁘지 않았지만 운동장에서 영자 언니를 만나면, 어느 순간 돌아버려서 옷을 벗어서 제가 입혀줬어요. 언니는 매일 멍이 들고 맞다가 고막이 터졌어요. 들리지 않게 됐어요. 그래도 병원에 가지 못했어요. 말숙이란 애도 많이 맞았어요. 그 애도 어눌했어요.

형제원 안에 있는 개금분교 선생은 잘 해줬어요. 수업 가기 전에 소대 중대장하고 조장이 교육을 시켜요. 선생한테 쓸데없는 말 하면 죽여버린다고. 어떤 애가 자기를 밖에 보내달라는 편지를 아빠한테 전해달라고 선생님께 부탁했어요. '아빠, 저 좀 살려주세요, 저 어디 어디 있어요. 제발 데리러 와주세요.' 다른 애가 편지를 전하는 걸 보고 소대에 일렀어요. 분교 선생님은 우리들이 어떻게 생활하는지 몰라서 그랬는지, 바깥 사회에 왜 알리지 않았는지 모르겠어요. 애들 꼬라지가 다 거지 같아서 그랬는지. 그 선생도 원장 편에서 돈을 받은 건지. 별 말이 없었어요. 수업만 하곤 갔어요. 선생님 성은 정씨였어요. 남자 선생님이었어요.

편지를 준 걸 본 다른 아이가 중대장에게 이르니까 우리를 소집하고 기합을 줬어요. 허벅지를 때리다가 팔이 아프다며 조장 보고 때리라고 했어요. 중대장에게 이른 아이는 기합을 받지 않고 옆에 가만히 서 있었어요. 미웠어요. 편지를 준 애도 중대장한테 이른 애도요. 기합을 받다가 팔이 부들부들 떨려요. 조금이라도 자세가 흐트러지면 또 맞고. 때리면 주저앉게 돼요. 끝까지 참아야 돼요.

안 죽고 살아난 게 기적이죠. 지금도 다리가 약하지만, 그때도 다리가 약하니까 기합을 오래 받으면 넘어졌어요. 나 때문에 애들 벌서는 시간이 길어져요. 기합 끝나고 다른 애들한테도, 조장한테도 맞았어요. 물세례를 맞은 적이 있어요. 맞다가 정신을 잃었어요. 눈을 떠 보니까 화난 애들한테 둘러싸여 있었어요.

형제원에서 영원히 못 나올 줄 알았어요. 사람들이 그곳에서 결혼을 했어요. 밖으로 나가지 못하고 그 안에서 자라서, 결혼하고 애들까지 낳아야 하는 줄로만 알았어요. 1, 2년 그곳에서 살다 보니까 왜 때릴까, 왜 맞을까, 생각이 들지 않아요. 재 죽었다, 나 죽었다. 그런 생각만. 우린 사소한 것 때문에 맞았어요. 기합 받다가 못 버텨서, 침대에 모포 각이 잡혀 있지 않아서, 사물함에 옷이 잘못 접혀 있어서. 사소한 것들 때문이었어요.

도망간 아이 때문에 이틀 밤잠을 자지 못한 적이 있어요. 김은희라고, 분교 4학년이었어요. 은희가 탈출했어요. 걔가 다시 형제원에 왔을 때가 그러니까…. (경애씨가 기억을 더듬는다.) 반팔에 치마를 입었으니까, 여름이었겠네요. 은희와는 친하지 않았어요. 낮에 우리는 서로를 보기는 봤는데, 언제 사라졌는지 몰랐어요. 점호하는데 애가 사라졌어요. 형제원 내부 건물마다 잠금장치가 있고 바깥으로 나갈 수 없게 철문이 있는데도 애가 없어졌어요. 그 애를 본 사람, 탈출 모의한 사람이 있는지 취조했어요. 중대장이 와서 빨리 말하라고. 다들 모르는데 기합을 받았어요.

내가 갇힌 형제원은 산에 둘러싸여 있어요. 한 달인가, 두 달인가 있다가 은희가 산을 타고 뒷산에 나타났어요. 뒷산에 나타나선 애들을 불러요. 나는 분교 옆에 시멘트 바닥에 앉아 있었어요. 원생들이 은희를 쳐다봤어요. '야, 배고프지?' 은희가 큰 봉지를 던져요. 봉지 안에 든 초코파이가 담장 너머로 떨어지고. 은희는 커트 머리에 치마를 입었어요. 초라한 차림은 아니었어요. 경비들이 은희를 보고 호루라기 불면서 저거 잡으라고, 달려오고 걔는 봉지만 던지곤 바로 도망갔어요. 경비들이 그 높은 담벼락을 올라가요. 초코파이가 바닥에 떨어지고 널브러졌어요. 은희는 사라진 뒤였어요.

매일 배가 고팠어요. 새벽 5시에 일어나면 밥을 줬어요. 반찬은 김치에 단무지, 허연 국. 저는 소금밥을 먹었어요. 아침에 일찍 먹고 하루 일과가 시작돼요. 하늘 보고 원망했어요. 왜 여기 왔을까, 왜 여기에 살아야 하나. 영원히 못 나갈 줄 알았어요. 1년에 한두 번은 귤 하나, 초코파이 하나, 왕눈깔 사탕 하나를 봉지에 담아서 우리에게 줬어요. 가끔 어린이날 짜장면을 줘요. 건더기, 야채, 양파가 들어 있고 고기는 없었어요. 춘장이랑 밥이랑 나왔어요. 형제원에선 누가 물건을 훔치면 난리가 났어요. 어린이날처럼 특별한 날 외부인에게서 받은 과자를 먹지 않고 놔두었는데 누군가 훔쳐가면 싸움이 나요. 우린 배가 고팠고, 배고파서 늘 화가 나 있었어요.

조장에게 잘 보이고 싶은 애들이 많았어요. 명절날 외부 사람이 왔을 때 준 과자를 감추어놓고 있다가 자기가 뭘 잘못했을 때 조장한테 줘요. 조장이 밤에 몰래 까먹어요. 걔는 뭘 잘못했어도 얻어먹은 것 때문에 넘어가기도 했어요. 조장 언니는 예쁘장하게 생긴 애들이나 말 잘 듣는 애들을 예뻐했어요.

어느 날 원장이 구속됐어요. 그날 밤, 다른 곳으로 옮겨졌어요. 어디로 가는지는 몰라요. 다른 고아원에 간들 여기서 겪은 일들과 같을 거라고 생각했어요. 새로운 곳에서 많이들 도망갔어요. 새로 옮겨간 고아원에선 맞지 않았지만, 또 때릴지 모른다는 생각에 도망을 나왔어요. 집이 어딘지 기억이 나지 않았어요. 도망 나와서 집은 못 찾겠는데, 해운대에 사는 큰 이모 집은 기억났어요. 먼 길을 찾아갔어요. 너는 우리 조카가 아니다. 이모가 내쫓으려 했어요. 나중에 동생한테 들었는데, 엄마가 나도 사라지고 아빠도 술만 먹으니까 동생에게 쥐약을 사오라고 했다고. 엄마가 자살하셨다고. 이모가 나도 안 보고 싶었겠지요. 아버지는 재혼을 했다고 이모한테 들었어요. 이모한테 여기 살게 해달라고 빌었어요. 가라고, 만 원인가 이 만 원인가 손에 쥐어줬어요. 어떻게 해서 아빠를 찾았는데 재혼해서 배다른 동생이 한 명 있었어요. 여기 살고 싶다니까 재혼해서 안 된다고 했어요. 서울 올라와서 돈을 벌어야겠다는 생각에, 열다섯인가 열여섯 나이에 신당동 가방 공장에 들어갔어요.

사장님이 먹여주고 재워주고 적금을 넣어준다고 했는데, 성폭행을 당할 뻔했어요. 공장에서 나간다고 했더니 먹여주고 입혀주고 재워줬다며, 돈 몇 만 원만 쥐어줬어요. 갈 데가 없어서, 노숙을 했어요. 교회에서 자고, 아파트 옥상에서 자고, 버스 정류장에서 자고. 안정이 되지 않았어요.

배가 고파 빵을 훔쳤어요. 자살도 두 번 시도 했어요. 사는 게 힘들어서. 배가 고팠고 씻지도 못해서 완전 거지였어요. 소년원에 갔어요. 올림픽 때였던 것 같아요. 88년도쯤. 아빠한테 연락했더니 나쁜 소식을 전한 거니까 그런 딸 없다고 했어요. 판사님에게 형제복지원에서 어떻게 살았는지 이야기했어요. 나와서 갈 곳이 없었다고. 판사님이 불쌍하다고 내보내주셨어요. 또 갈 데가 없었고 양말 공장에 갔더니 어리다고 돈을 안 주고 밥만 먹여줬어요. 공장을 나와 거리나 교회에서 자고 그 생활의 반복이었어요.

식당에서 남의 것에 손을 댔어요. 가방에 이만 원인가 들어 있었어요. 손을 댔는데 한 아줌마가 절 봤어요. 법정에 섰을 때 무서웠어요. 이번에 또 걸렸으니까 판사님이 굶고 다니지 말고 좋은 데 보내줄 테니 기술이라도 배우라고 했어요. 밥 먹여주고 기술 배워 준다니까 저도 가겠다고 했어요. 그곳이 교도소인지는 몰랐어요.

소년원은 드라마에서 보던 교도소 풍경이었어요. 방도 있고, 2층에 올라가면 공부하고 봉제 기술도 배울 수 있는 곳이었어요. 방에는 서열이 있어요. 열다섯 명이 한 방에 자는데, 그땐 쓰러질 정도로 말라 있었어요. 뼈다귀밖에 없었어요. 나는 봉제 반이었어요. 일주일에 한두 번 소년원 반장이 때리기도 하고 선생이 때릴 때도 있지만, 그곳엔 공무원들이 있잖아요. 단체생활이라 기합을 받아도 형제원보다 나았어요. 반찬도 잘 나오고 밥도 제때 제대로 나오고 공부도 가르쳐줬어요. 바깥에 못 나간다 뿐이지, 운동장도 있었어요. 하루에 한 번 운동장에 나가 놀았어요. 운동장에 앉아만 있었지만. 그래도 좋았어요.

형제원에서 만났던 엄기자랑 지혜, 지영이, 은영이, 말숙이도 교도소에 들어왔어요. 형제원에서 조장이었던 엄기자는 다른 애들도 다 무서워했어요. 키가 크고 통통했어요. 지나가다가도 '야, 인사 안 해?' 그랬어요.

소년원에서 어떤 사장님을 만났어요. 천주교에서 청소년 선도위원을 하신 분인데 그분이 제 사연을 들었나 봐요. 소년원 선생님이 퇴소할 때 저를 데려가주셨어요. 독산동에 있는 사장님 봉제 공장이었어요. 잠은 기숙사에서 잤어요. 적금도 넣어주고 명절 때는 사장님 식구들하고 보냈어요. 소년원에 같이 있었던 지영이, 은영이가 사장님 친구 분 회사에 있더라고요. 은영이, 지영이를 다시 만났을 때 서로 부둥켜안고 울었어요. 반가움은 아니었던 것 같아요. 그냥 눈물이 났어요. 그러다 사장님 회사가 망했어요. 회사가 망한 게 거기서 지낸 지 1, 2년 흐른 뒤 같아요. 90년, 91년쯤이었나? 사장님과는 지금도 연락해요.

사장님이 미안한 마음에 친구 회사를 소개시켜 줬는데 나쁜 길로 빠지게 되었어요. 제 또래 아이들이랑 언니들도 있었는데 어린 나이에 술, 담배를 배웠어요. 방 한 칸 얻을 돈이 되어서 공장에서 나가 살았어요. 술을 먹다 보니까 회사를 빠지게 됐어요.

그러다 남편을 만나고 결혼했지만 내가 형제원에 살았다는 걸 아

직 알지 못해요. 절대 말하지 않을 거예요. 지금도 죽고 싶죠. 살고 싶
지 않아요."

2014년 초여름 팥빙수 가게에서 생존자를 만났다. 실명을 밝힐 수
없으므로, 그녀를 이경애 씨라고 썼다. 처음 만난 지 일주일이 지
난 뒤 이뤄진 두 번째 만남이었다. 팥빙수 가게는 맞은편에 앉은
사람의 말을 알아듣기 어려울 만큼 시끄러웠다. 팥빙수를 앞에 두
고 마주 앉은 이경애 씨 얼굴이 굳어 있었다. 그녀는 자신에게 일
어난 불행을 납득할 수 없다고 했다.

아이는 어른이 돼서도 거리를 전전했다. 빈곤의 덫이 그녀를 따라
다녔다. 그녀에게 손을 내민 이가 거의 없었고, 자신조차 이해할
수 없는 불행의 근원을 따질 곳도 없었다. 그녀는 피해자였으나 가
해자를 처벌할 수 없다.

그녀는 내게 형제복지원의 기억을 이야기한 뒤로 악몽을 꾼다고
했다. 그 이후로는 만나지 않았다. 아니, 만날 수 없었다.

불덩어리였어

"마음이 항상 불덩어리야. 용서하려는데 용서가 안 돼. 잠을 잘 못 잔 지가 몇 년 됐어. 잠을 한 시간, 두 시간 자고 깨. 사람들이, 이야기를 들어주지 않아.

열 살 때 내가 업둥이로 들어간 집에서 도망을 나왔어. 거기 할머니가 치매에 걸렸는데 날 친자식이 아니라고 미워하고 학대했어. 광명국민학교 3학년을 다녔는데 열 살 때 그 집을 도망 나와선 서울역에 갔어. 이상하게 다 역에 들어가나 봐. 역에 갔는데, 껌팔이, 신문팔이, 볼펜팔이 시키는 양아치들이 날 잡았어. 밥은 먹여주니까 시키는 대로 껌을 팔러 다녔어. 경쟁이 붙어서 길거리에 부랑자가 보이면 양아치들이 자기들끼리 서로 갖겠다고 싸웠지. 이후에 경찰에 붙잡혔고, 불광동 소년의집으로 갔어. 미국 신부가 세운 성스러운 곳이라고 하지만 그렇지 않았어. 거기서도 탁구채로 맞았어. 틈만 나면 도망가려고 했지. 어느 날 소년의집에서 부산 형제복지원으로 호송을 당해서 왔어. 그때 나이가 12살이었어. 1978년 5월.

형제복지원, 거기는 기본이 곡괭이야. 어린애가 곡괭이에 맞으면 몇 미터는 날아가지. 나도 곡괭이 자루에 찍혀서 머리에 상처가 있어. 복날에 개 때려서 잡는 것처럼. 쪽수대로 정부에서 돈을 받으니까 다 잡아 와. 술 먹다 온 사람들이 잡혀 와서 반항을 하잖아. 대드는 강도가 세면 그냥 산 채로 정신병자로 만들어. 막 패면 정신병자가 되는 거지. 왜 도망을 가지 못하는지 알아? 거긴 공포가 있었어. 아우슈비츠 같은 공포가.

먹는 거는 반찬이 두 개. 반찬으로 쇼트닝도 나왔어. 허연 기름이 뜨는 걸 먹으면 구역질이 나. 쇼트닝을 깍두기처럼 썰어서 두 개를 주는데 억지로 먹어야 해. 그걸 먹으면 얼굴에 기름기가 돌아. 반들반들해져. 아, 우리 애들 얼굴 한 번 보십시오. 빛나지 않습니까? 외부 인사가 가끔 오는데 그러는 거지. 외부인이 왔을 때 살려달라고, 집에 집사람도 있고 자식도 있는데 안 보내준다고, 선생님 좀 살려주세요, 이야기하잖아. 박 원장은 웃어. 당당하게 외부 인사 앞에서 쟤를 치우라고 그래. 걔는 그날 죽는 거지.

방 깨기를 많이 했어. 한 소대에 오래 못 있게 하는 거지. 같은 소대에서, 같은 사람들끼리 오래 못 보게. 애고 어른이고 할 것 없이 저녁에 30분은 강대 맞아야 해. 물구나무를 서서 발목을 잡고 확 집어 던지면 그걸 강대라고 하는데 복사뼈가 박살이 나지. 안 맞은 순간은 없어. 그곳은 자기들이 할 수 있는 걸 마음껏 했어.

내가 형제원에 들어갔을 땐 16개 동이 있었어. 16소대까지 있는데 취사장 뒤에 여자 소대가 있었고. 1소대는 누구나 할 것 없이 처음 입소할 때 들어가는 신입소대, 14소대는 아동소대. 4소대가 규율이 센 곳이었어. 강제로 자지 빨기를 시켰어. 강간을 했어. 문제가 많이 생기니까 14소대, 아동소대를 따로 만든 거지. 나는 다 거쳤어. 1소대, 4소대, 14소대.

채찍을 맞으면서 교회를 지었어. 교회가 완공될 때까지 벽돌을 날랐지. 교회로 가는 산길이 400미터쯤 되는데 부대 하나씩 등에 지고 가면 채찍을 얼마나 때리는지 몰라. 버드나무 가지로. 흙벽돌 나르는 길에 중간중간 조장들이 서 있으니까 계속 때려. 애 어른 없이.

흙벽돌을 나르면서 잠시라도 놀면 다른 생각할까봐 제식 훈련을 시켜. 일반적인 제식 훈련이 아니었어. 좌향 앞으로, 우향 앞으로, 뒤로 돌아 삼보 좌우로 가, 그러면 무슨 말인지 못 알아먹어. 사람들이 탈락해. 그럼 패는 거야. 사람들이 인성을 잃어가지.

소대장들이 형제원 원생 출신이기도 했지만 아닌 곳도 있었어. 공장소대 같은 곳이 그랬지. 사람들 시켜서 비누 만들고. 유대인 포로수용소지. 어린 시절이, 매일매일이 힘들었는데, 그걸 언제부터, 언제라고 이야기해야 하는지 모르겠어. 가야라고, 내 친구랑 같이 탈출을 했어. 흙벽돌 나르기 전에 제식 훈련 하다가 탈출을 했어. 서로 모의한 것도 아니었어. 입 벌리면 이름 적히니까 말을 함부로 못해. 말하고 있으면 다른 사람이 일러. 그럼 이른 사람이랑 나랑 원수가 되지.

하루는 가야하고 눈빛이 마주쳤는데, 서로 눈빛을 읽은 거지. 아무 소리 안 하고 둘이 같이 뛰었어. 가파른 언덕길을 올라가는데 원래 보초들이 있던 자리인데 수영장 공사하는 바람에 없었어. 담장이 있었고, 담장 밑을 보니 낙엽이 쌓여 있기에 뛰어도 죽지 않겠구나 싶었어. 가야라는 애랑 담장을 뛰었지. 그런데 담장에서 뛰고 보니 그 애는 기절을 했어. 도망을 가려고 하는데 벌써 늦었어. 호루라기를 부는데 무릎을 꿇고 그 애 옆에 엎드려 있었지.

그날 잡혀가서 맞았어. 나는 까무러치고, 눈을 떠보니까 1소대에 오른쪽 제일 구석 자리에 가야가 던져져 있고 나는 그 옆에 있었어. 턱이 깨질 정도로 아파서 의식이 왔다 갔다 해. 죽은 척하고 바지에 오줌을 쌌다. 시간이 한참 지났는데 라면, 삼양라면 끓이는 냄새, 천국의 냄새처럼 너무너무 맛있는 냄새가 나는 거야. 애가 누워 있었는데 그놈들은 라면을 끓인 거지. 소대장이 어쩌다 한 번씩 충성스러운 개들, 조장들한테 라면 한 개씩 던져줬거든. 나는 잘못했습니다, 손이 발이 되도록 빌었어.

사람 목숨이라는 것이 라면 한 봉지도 안 됐어. 그 상황에서도 열심히 시키는 대로 자지 빨아주고, 항문 내주면서 뭐라도 하나 먹으려는 사람들이 그곳에서 평화를 누리며 살았어.

교회가 완공이 됐는데 박 원장이 가만히 보니까 뭐가 좀 부족한 거야. 성가대원을 뽑더라고. 어느 날 음악 선생님이라는 사람이 왔어. 악마 같은 새끼. 그 새끼는 항상 20센치 쇠자를 들고 다녔거든. 내 머리 옆에 있는 흉터가 다 그 새끼가 한 거야. 손등 찍고, 자기가 원하는 소리가 나와야 해. 타닥, 하고. 세게 때려도 기분 좋은 소리가 안 나면 멈추질 않아. 나는 정강이가 전기 톱니처럼 오돌토돌해. 하도 맞아서. 쇠자로 정강이를, 지 마음에 드는 뼈 소리가 날 때까지 때리고 때려서.

옛날에 이가 그렇게 많았어. 디디티를 한 달에 두 번 뿌리는데, 비 오는 날 새벽에 애들을 다 밖에 내보내. 빗속에서 옷을 털게 해. 잠을 자는데 이가 튀었다는 거지. 마른 수건이 어딨어? 바깥에서 비 맞은 옷으로 들어와 발발 떨다가 자는 거지.

형제원에서 나도 합창단에 들어갔지. 왠지 밖에 나갈 수 있을 것 같았어. 선생한테 맞으면서도 알랑방귀를 뀌었지. 마치 아무 감각도 못 느끼는 것처럼. 악마 같은 새끼가 날 신뢰하더라고. 원생은 혼자서 못 돌아다니게 돼 있는데 나한테는 사무실에 가서 뭐 갖고 와라, 시키면 혼자 다녔거든.

원래 일주일에 한 번 물 두 바가지를 주고 목욕을 시켜. 5분 안에 씻지를 못해. 비누 하나 갖고 사십 몇 명이 씻는데 비누를 쪼갤 수도 없어. 쪼개면 맞아. 그걸 돌아가면서 사타구니하고 겨드랑이만 씻지. 효율적으로 생각해낸 것이, 한 사람은 샤워기처럼 쪼르륵 물을 부어주고 나머지는 씻는 거야. 그런데 그 날은 물을 마음대로 쓰라고 시간을 주더라고. 첫날 나가는 날 가슴이 벌렁벌렁했어. 머리도 깎아주기에 어딜 간다 생각이 들었어. 방송국에 합창단이 나가는 날이었어. 그날 나가서 방송국 건물에서 도망을 쳤어. 기찻길 옆으로 오래도록 달렸어. 어느 마을에 들어가서 고구마 삶은 거 훔쳐 먹고 생옥수수를 뜯어 먹었어. 비둘기호 기차를 잡아탈 수 있었거든. 기차를 잡아타고 그 길로 용산으로 왔어.

원장은 뭐랄까. 아, 저거라고 이야기하면 되겠다. 사람들이 구원파 유병언 이야기하는데, 사람들이 유병언이 만만한 줄 알고 웃기게 말들하고 생각하지만 구원파 안에서는 하나님이고 예수님이잖

아. 박 원장은 왕이야. 말 하나에 모든 게 이루어져. 일반 사람들은 병신 새끼라 할지 모르지만 박 원장은 더 큰 왕이야. 대한민국 정부에 대놓고 대주던 사람이야. 우리들을 학살하고 때리고 그런 걸 신경도 쓰지 않았지.

교회가 완공돼서 지 마누라하고 지 새끼들 데려다 놓고 하나님 노래하는 거 보니까 나는 세상이 원래 악마들만 사는 것인 줄 알았어. 고통받고 죽어야 하는, 세상이 그런 줄로만 알았어.

형제원을 나와서, 열여섯 살 때 내가 다 컸다고 생각을 하고 1년을 칼 쓰는 연습을 했어. 목포, 여수, 군산 이런 데 다니면서 합기도를 배우고 오로지 칼을 연습했어. 단시간 내에 살상하는 게 칼이잖아. 통일호를 타고 부산역까지, 그리고 형제원에 갔어. 다 죽이려고.

허리에 칼을 차고 갔는데 그 철문이, 작은 철문이 열려 있는데 거길 들어가지 못했어. 제일 가까운 데, 왼쪽에 사무실이 있고, 거기 들어가서 몇 놈 쑤시고 그래야겠다 싶었는데, 그런데 그 작은 철문을 못 넘겠어. 삼사십 분을 고민하다 울면서 내려왔지. 저거 죽이려고 내가 살았나. 지금 생각해보니 확실히 알겠어. 도대체 누구를 대상으로 삼아야 했는지 몰랐던 거야. 너무 많았어. 닥치는 대로 죽이고 끝이다 했는데. 너무 끔찍하고 더러운 기억을 갖고 살아서 정상인으로 살 것 같지 않았어.

어느 날 남산에 여자랑 남자랑 고등학생들 돌아다니고, 사진 찍고 노는데 나는 저렇게 한 번이라도 데이트 해보고 살 수 있을 만한 사람일지. 그렇게 여겨지지 않았어. 이 원인이 어디 있는가? 계속해서 분노의 복수를 하려고 칼 쓰는 사부님들, 칼 가르쳐주는 데는 건

달들밖에 없거든. 마음은 급한데 크면 가르쳐준다고 하기에 혼자서
연습을 했었어. 그런데 말이야. 그 조그만 철문조차 넘지 못했어."

2014년 형제복지원 피해 생존자의 집에서 인터뷰를 했다. 세월호
침몰 사고 이후의 만남이어서 그는 박인근 원장을 구원파 유병언
에 비유했다. 복수를 위해 칼을 배웠다는 그의 이야기를 당시 기사
로 쓰진 못했다. 어떤 기억은 대다수 피해 생존자들의 증언과 다른
것도 있어서, 공통적으로 증언되어지는 내용을 책에 옮겼다.

형제복지원 수용자 함천수 씨의 탄원서[1]

□

"전두환 대통령 각하의 만수무강을 기원하옵니다. 탄원인은 사회에서 심한 병을 앓고 있다가 소문에 듣기로 한국에서 최대의 부랑인 보호시설이 있다기에 형제복지원으로 보호 받으면서 의료보호 혜택, 각종 시설을 이용하기 위해서 자원해서 이곳 형제복지원으로 와서(84년 11월 10일) 지금은 건강한 인간으로 탄생한 것이나 다름없이 형제복지원의 혜택을 보호받고 있는 수용자의 몸입니다. 지금까지 형제복지원에서 의식주, 생활보호, 의료혜택을 돈 한 푼 없이 이용하고 이곳에서 신앙인이 되어 변화된 탄원인의 모습을 발견하고 본원의 은혜에 너무나 감격한 국민의 한 사람으로서 이 고마움의 사실을 전두환 대통령 각하께 밝혀 드리고 싶은 마음이옵니다. 세계에서 가장 앞선 복지국가들은 국민 스스로가 땀 흘리고 노력하는 정신에서 복지국가를 이룩했습니다.

　현재 부산에 있는 형제복지원을 이용하고 있는 부랑인 부랑아들을 보면 천하의 더러운 거지, 도둑들, 가정 파괴자, 악질인간, 사회 윤리와 도덕을 파괴한 자, 문란케 한 자, 기소중지자, 도망자, 사회안전법대상자, 현행범, 군탈영자, 병역기피자, 범죄은닉자, 알콜중독자, 생활무능력자, 가정파괴자, 신체장애자, 미친 자, 정부 비난자, 공산주의 동조자, 고아, 김일성이 노래 부르는 자, 강매, 구걸, 노숙, 부모 형제 때리는 자, 어린 자녀 폭행자 등 비민주적이고 비인간적인 잡초 같고 쓰레기 같고 사회와 가정에 악질적이며 암적인 부랑인들이 도둑 근성, 악질 근성, 공짜 근성, 요행 근성을 가지고 매일 같이 똑같은 꼴불견으로 경찰에 의뢰되어 이곳 형제복지원에 와서 한국 36개 부랑인 보호 시설 중에서 최대의 복지시설인 형제복지원의 혜택으로 의식주 해결은 물론 보호를 받고 있는 실정을 말씀 드리옵니다.

전두환 대통령 각하, 탄원인도 형제복지원으로 와서 의식주 혜택과 각종 후생시설의 혜택을 지금 이 시간까지 무료로 받아 오면서 병든 몸까지 완쾌한 새로운 인간으로 탄생한 사람 중의 한 사람이옵니다. 이곳에서 생활하면서 형제복지원 원장님이 설립하신 엄청나게 큰 새마음교회에서 원장님의 정신에 따라 이곳 시설 이용자들 전원을 대상으로 새마음교회에서 신앙관, 국가관, 애국관 정립을 위한 정신 교육 그리고 원장님의 뜻에 따라 새마음 교육을 지금까지 맡아 오고 있습니다.

탄원인이 지금까지 인생을 살아오면서 너무나 크게 감명 받은 것이 있다면 형제복지원 박인근 원장님은 오직 주님 한분에게만 그렇게 매어 달려서 형제복지원을 위해서 희생봉사하는 분임을 대통령 각하께 말씀 드리고 싶습니다.

이곳 형제복지원은 원장님의 기독교 신앙을 통하여 피와 땀과 눈물의 액체로 이룩된 형제복지원의 기적과 원장님 그리고 임직원 이동자들의 조화로 한국 사회 사업사에 찬연히 섬광을 발휘하고 있는 오늘의 현실을 대통령 각하께 밝히지 않을 수가 없습니다.

원장님은 안위의 기도와 신앙을 통하여 오늘의 형제복지원 부랑인의 터전이 이룩된 것입니다. 위대한 영도자이신 전두환 대통령께서도 말씀하신 것과 같이 가난의 구제는 나라도 못한다, 역시 게으르고 나태한 국민이 없어야만 국가가 잘 되고 국민도 잘 산다라고 밝히신 바 있습니다. 한국 사회 발전에 독버섯 같고 잡초 같이 사회 발전의 현실에 크나큰 문제점을 시키고 있는 이들을 구제하거나 생활보호 해주기 위해서 돈 있는 사람, 위치 있는 사람이라고 쉽게 손대는 자가 없습니다. 형제복지원 원장님은 진정한 사회사업가이시고 신앙인이시기에 오직 주 하나님만을 믿고 거지 도둑 근성, 비민적인 부랑인들을 생활보호해주시고 신앙심으로 깨우쳐 삶의 의지와 의욕을 심어주고 있는 현실입니다. 이곳 이용자 모두에게 자주, 자립, 진취적인 정신 바른 신앙심을 키워주면서 형제원에 있는 제도로서 결혼 제도, 자유배식 제도, 의식주 생활보호 제도, 운전 교육대에서 운전면허증 취득, 각 부서인 자활사업장에서 기능인을 양성해서 귀가시켜주며 자활사업장에 이용자 자유의사에 따라 취업을 시켜서 자립 적금, 선도 적금, 사회직장 학원 등에 취업 알선은 물론 각종 기술기능인을 양성시켜 나라를 위한 산업역군을 배출하고 있습니다. 그러나 이곳을 이용하고 있는 이용자 대부분은 재수용된 자들이고 적금과 저금을 백만원 이백만원, 기능 인지 자격증까지 취득해서 귀가시켜주어도 10차례나 다시 수용되는 현실임을 밝혀 드립니다. 천하의 더러운 거지, 꼴불견으로 악취를 풍기면서 가정 파탄, 사회질서 파괴, 알콜 중독 등으로 타락해서 재수용되는 자들이 엄청난 비중을 차지하고 있는 것을 볼 때 수용자 개인마다 삶에 대한 목적이 없고 의지가 약한데 원인이 있고 사회사업가이신 원장님의 슬픈 마음과 고충 그리고 애로는 말로서나 글로서는 표현하기 어려운 현실입니다.

전두환 대통령 각하, 현재 형제복지원 이용자들 중에는 불구자, 알콜 중독자, 전과자, 간질, 중풍, 고혈압, 결핵, 동상, 맹인, 노아, 노약자, 무의탁자, 생활무능력자, 정신분열, 성격장애, 정신박약, 저능아, 신체장애자, 신경쇠약, 누워서 밥 받아 먹는 자, 대소변 부축 받아야 하는자, 온갖 병마를 지닌 자들이 형제복지원시설을 이용하면서 생활보호를 받고 있습니다. 거지로 이곳에 온 자들을 원장님의 주선과 뒷받침으로 합동결혼(7회나 되며 23쌍 46명이 합동결혼, 9쌍 8명이 사회로 진출)한 이용자 부부에게 이곳에서 아파트까지 제공, 품행이 좋은 이용자 선발하여 벌금 대납, 무직자, 호적취직, 운전 정비, 기능인, 각종 면허증 취득, 일인일기 기능인 양성, 지역사회 대민 봉사로서 형제복지원 차량으로 매일 통학생 출퇴근, 전투경찰대 이발봉사, 가출아동 주3회 집 찾아서 차량 동원, 교통정리 봉사, 매월 생일잔치, 이용자 보건위생 건강체크, 진료, 투약 주사를 매일 정신요양원도 완벽에 가까운 시설로 운영되고 있는 실정입니다.

탄원인은 형제복지원에서 이용자의 몸으로서 신앙교육, 새마음 교회 교육을 담당하면서 수용자 각 동을 돌아가면 침식을 하면서 같이 피부로 느낄 수 있는 상황을 더욱 자세히 관찰해서 살아 있는 교육을 해오고 있습니다. 형제복지원이 한국 최대의 복지시설이란 사실은 자타가 인정하고 있사오며 만약 국가공무원이 3천여 명의 이용자를 수발한다면 국가의 재정낭비가 얼마나 될 것이며 이용자 자치회가 있어서 자치제로 운영되고 있고 원장님과 원장님 가족들, 목사님과 가족들, 총무님과 가족들, 임직원 가족들 모두가 원내 한 집에서 의식주를 같이 하고 있는 곳도 형제복지원뿐입니다. 분야별 자활사업 훈련장 각 부서로는 운전 교육반, 포크레인반, 목공부, 가구부, 나전칠기부, 자개부, 목각부, 빠우부, 푸레스부, 철공부, 용접부, 선반부, 금형부, 대장간부, 모타부, 페인트부, 미용부, 양화부, 세탁부, 모자이크부, 뜨개질, 편물, 봉제부 등이 어느 시설에서도 찾아볼 수 없는 형제복지원만 활발하게 발전하고 있는 실정입니다.

전두환 대통령 각하, 수용자(이용자) 전원은 박인근 원장님의 신앙관과 애국심 그리고 희생봉사정신에 감명을 받고 있는 현실이오며 탄원인 역시 수용자로서 교육담당 교사로서 2년간이나 원장님을 지켜보면서 피부로 느끼면서 이 세상에 한국의 하늘 아래 박인근 원장님 같이 독실하신 신앙인 처음 보았사오며 그 기백과 희생 봉사는 눈물 없이는 볼 수 없을 정도로 있음을 알아볼 수 있습니다. 원장님은 훈시, 회의자 기도시 신앙생활을 통하여 이용자들에게 언제나 정신적인 자립을 함양시켜 주시며 성실과 인내력으로 목적 있는 사업과 목적 있는 일을 할 때 사람은 성공하는 것이라고 행동으로 보여주시고 역설하면서 밤낮을 가리지 않고 쉬지 않고 일하는 불사조 같은 신앙인이십니다. 수용자에게 일일이 참된 삶을 위해서 기능인이 되기 전에 신앙인이 되고난 다음에 기능인이 되자, 조국과 개인을 위해서 일하는 인간이 되자, 사회와 가정을 위해 신앙을 가지고 충실한 일꾼이 되자라고 외치면서 사는 분입니다. 본원 원장님은 복지국가, 복지 사회의 실현이 인간답게 사는 불평등의 해소라고 하시면서 부랑인 이용자들에게 일일일기, 한사람 한 통장 갖기 운동을 전개하고 그 결실을 거두고 있는 실정입니다.

전두환 대통령 각하, 탄원인은 지난날 사회에서 경제연구소를 운영해오다가 실패, 인생의 실패의 쓴 잔도 마셔보았습니다. 그 후 사회에서 경제 평론, 논문 패스 그리고 저술을 해 왔었습니다.

이 탄원서를 올리게 된 동기는 병든 탄원인이 형제원에서 이곳 시설 이용하면서 원장님의 뜻에 따라 신앙의 길을 가게 되었고 병든 몸이 완전히 완쾌되어 새 인간으로 탄생하였기에 형제원의 고마움을 대통령 각하께 한국에도 형제원 같은 부랑인아 보호시설이 있고 빛도 이름도 없이 희생 봉사하는 불굴의 사회사업가 본원 원장님께 보다 적극적인 정부에서의 협조, 사회를 위해서 가장 일하시고 노력하는 박인근 원장님께 용기와 신념을 주시옵길 꼭 더욱 용기를 주시옵길 비옵나이다. 천구백팔십육년 시월 삼십일일 탄원인 함천수. 1942년 8월 15일생."

형제복지원 수용자 함천수씨가 전두환 전 대통령에게 보낸 탄원서이다. 박인근 원장에 대한 찬양과 더불어 국가의 협조를 탄원하는 내용이 포함돼 있다. 정부 당국이 직접 시설을 운영할 경우 소요되

는 경비에 비해 박인근 원장의 형제복지원 운영으로 공적 비용이 축소된다는 메시지도 있다. 함천수 씨는 시설 내 교육을 담당하고 있다고 자신을 소개한다. 실제로 형제복지원 내 중간 관리자를 비롯한 수많은 인력들이 이곳 출신들로 구성됐다. 그나마 형제복지원 내에서 간부급 위치를 차지하면 다른 수용자들보다 편안한 일상을 누릴 수 있었다고 피해 생존자들은 증언한다. 원장에게 차출된 수용자들의 역할은 원장이 이룬 세계가 무너지지 않도록 돕는 것이었다. 형제복지원 바깥으로 이들을 배제한 세계가 있었다면, 형제복지원 내부는 추방된 이들이 이룬 계급 사회가 있었다. 배제와 계급은 형제복지원 바깥과 안에서 수용 세계가 무너지지 않게 공고화하였다.

2장

수용소 설계자

정부가 수용을 계획하고 집행하면, 수용소를 구체적으로 설계하고 운용하는 사람들이 있었다. 시설 원장들이다. 이들은 국가 보조금을 받으며 자신을 위법시설 운영자가 아닌 국가 협력자로 인식했다. 수용시설에서 일어나는 죽음, 인권 유린, 강제노동은 '운용상의 수단'으로만 여겼다.

"내가 생각한 나는 다른 사람과 달랐습니다. 저는 국가에 대한 애국심이 남달랐습니다."

형제복지원 원장 박인근은 2010년 발간한 자서전에서 자신을 애국자로 인식한다. 시설 원장, 국가 그리고 이들의 위법을 눈감아준 공무원이 얽혀 감금의 시대를 공고히 했다.

박인근은 1987년 각종 혐의로 구속 수감됐지만 그와중에도 부산 시내를 활보했다. 32회에 걸쳐 외출하고 간수장의 집에서 목욕을 했다. 구치소에 찾아오는 고위 공무원에게 호통을 쳤다. 그를 수사한 김용원 검사에게 수사를 종결하고 횡령 혐의를 축소하라는 검찰 상부의 압박이 이어졌다. 특수감금에 대해 무죄를, 다른 각종 혐의에 대해 유죄를 선고받은 박인근은 2년 6개월의 형기를 채우고 1989년 7월 20일 출소했다.

형제복지원은 이후 서민들을 파탄에 빠지게 한 부산상호저축은행 사태의 중심에 선다. 그는 여든일곱의 나이로 2016년 6월 27일 전남의 한 요양병원에서 사망했다. 사망 전까지 치매를 앓은 것으로 알려졌다.

박인근은 마지막까지 용서를 구하지 않았다. 그에게는 죄의식이 없다. 인간을 학대하고 죽음에 이르게 하는 행위는 죄이나, 국가가 그의 죄를 사하였으므로, 죽음 이전까지 그가 가진 것은 죄책감이 아니라 억울함이었다. 죄의식은 감정의 본능에 기반한 것이지만 사회적인 결과이기도 하다. 박인근이라는 인물을 통해 감금의 설계자들이 어떻게 탄생하고 몰락했는지를 살펴본다.

죄는 어떻게 은폐되었나²

□

"박인근 원장을 구속하면 안 됩니다. 빨리 석방해야 합니다."

부산지검 울산지청의 젊은 검사 김용원은 1987년 1월 18일 한 통의 전화를 받았다. 전화를 건 이는 김주호 부산시장이다. 농수산부 출신으로 경남지사에 발탁됐다가 부산시장 자리로 옮긴 김주호는 당시 잘나가는 관료였다. 지방 자치가 실시되기 전인 1987년, 지역 단체장들은 선출직이 아닌 제5공화국에서 임명된 공무원이었다.

김용원은 김주호 시장의 제안을 거절한 뒤 전화기를 내려놓았다. 첫 발령지인 서울중앙지검에서 2년 6개월을 보낸 서른두 살의 김용원은 울산지청으로 내려와 대규모 수사를 벌였다. 성공한 사회복지사업가의 추악한 이면을 드러내는 일이었다. 박인근은 만만찮은 상대였다. 과거 형제복지원에서 감금당했다고 고소한 자가 도리어 무고죄로 구속된 전력이 있을 만큼 거물이었다. 1월 17일 박인근을 구속한 다음날부터 그를 비호하는 세력은 빠르게 움직였다. 진실을 막으려는 권력과 검사 한 명의 힘겨루기가 시작됐다.

비슷한 시기, 서울대생 박종철 고문 살인 사건이 터졌다. 정부에 대한 대중의 여론이 악화됐다. 형제복지원 사건이 분노에 기름으로 작용할 수 있었다. 전두환 정권은 박종철 고문 살인 사건을 무마하면서 형제복지원 사건 수사도 방해했다. 그러나 형제복지원이 연일 언론의 관심을 받으면서 정권으로서는 없던 일로 덮을 수만은 없었다. 울산지청은 검찰 수뇌부에 박종철 사건과 형제복지원 사건이 서로 관련이 없음을 해명해야 했다.

2월 4일 울산지청 정보보고

○검찰에서 수사 착수 당시 박종철군에 대한 고문 치사 사건을 염두에 두었는가.

-당 지청에서 먼저 복지원에 대한 수사에 착수했으므로 박종철군에 대한 고문치사 사건을 염두에 두지 않았다.

-당 지청에서 내사 착수한 것이 1986년 12월 초이고 일단의 자료를 수집 완료한 것이 1987년 1월 12일이며 직접 피의자 임의 동행을 염두에 둔 것은 1월 13일인바 이에 반하여 박종철군 고문치사 사건이 발생한 것은 1987년 1월 14일이고 고문치사의 혐의가 있다고 발표된 일자도 1987년 1월 18일이며 고문치사가 명백하다고 발표된 것은 1987년 1월 19일임.

울산지청의 해명은 일정 부분 사실이었다. 형제복지원 사건은 서울대생 박종철 군이 숨지기 약 한 달 전인 1986년 12월 21일 일요일,

우연한 기회에 포착됐다. 이날 사냥꾼의 차를 타고 꿩을 잡으러 울주군의 산속을 헤맨 김용원은 저녁까지 한 마리도 찾지 못했다. 허탈한 심정으로 숲속을 다니던 사냥꾼은 김용원에게 지나가는 말로 한마디 던졌다.

"멀지 않은 곳에 이상한 작업장이 하나 있는데 경비원들이 몽둥이를 들고 인부들을 지키고 있어요. 경비원들이 개 패듯이 인부를 때리는 걸 본 적이 있지요."

"거기가 어디요? 한 번 가봅시다."

김용원은 사냥꾼과 함께 알 수 없는 숲속 길을 따라 작업장으로 달려갔다. 자동차 교습소 건설 현장이었다. 사냥꾼의 말은 사실이었다. 김용원이 차에서 내려 작업장 안으려 들어가려 하자 몽둥이를 든 청년들이 몰려와 그를 에워쌌다. 개들이 컹컹 짖었다. 청년들은 경계심 가득한 눈으로 김용원을 주시했다. 김용원은 작업장을 빠져나갔다.

김용원은 다음날인 22일부터 내사에 착수했다. 운전 교습소 건설이 한창인 경남 울주군 청량면 삼정리 산97 지번은 아직 정식으로 초지 훼손 허가가 난 곳이 아니었다. 김 검사는 경찰관들에게 쇠창살로 가로막힌 인부들의 숙소와 몽둥이를 든 경비원들을 사진기로 촬영하도록 했다. 인부들은 부산의 형제복지원에 수용된 수용자로 이곳에서 노예처럼 일하고 있었다.

김용원은 차를 타고 형제복지원을 찾아가 주위를 빙빙 돌았다. 단단한 철문, 성곽 같은 담장이 에워싼 건물은 교도소를 연상시켰다. 단 한 번에 치밀하게 덮치지 않으면 손안에 쉽게 잡히지 않을 것 같았다.

김용원은 1월 13일 오후, 조사 결과를 요약한 보고서를 들고 부산지검 박희태(2010~2012년 18대 국회의장, 1993년 42대 법무장관 등을 지냈다) 검사장실을 찾아갔다. 영장을 발부받아 원장을 조사하고 압수수색을 하겠다고 했다. 마침 송종의 차장검사는 자리에 없었다. 김용원은 검사장의 허락을 받은 뒤 다시 형제복지원 외곽을 둘러보며 출입문의 위치를 확인했다. 정문으로 쳐들어갔을 때 원장이 후문으로 빠져나갈지도 몰랐다. 다행히 정문 하나밖에 없었다.

1987년 1월 16일 금요일, 그를 잡을 날이 다가왔다. 김용원 검사는 경찰 100여 명을 동원해 정문을 뚫고 복지원 안으로 들어섰다. 출입문이 이중 잠금된 완벽한 감금시설이었다. 원장은 복지원에 없었다. 김 검사는 복지원 간부들을 붙잡아 차에 태우고 나무 몽둥이 13개, 85년 경리 장부 17권, 86년 경리 장부 14권, 지출 증빙 자료, 도망자 명단, 사망 관계 서류, 퇴원자 명부, 각종 차용증서, 수용자들의 1일 작업 현황, 수익 사업 대장 17권, 수용자들의 임금을 강제 저축시킨 적금 관계 노트 5권 등을 압수해 차에 실었다.

박인근은 쉽게 모습을 드러내지 않았다. 김용원이 원장실에 들어가 대형금고를 산소 용접기로 열자 대충 계산해도 20억 원이 넘는 예금증서와 달러, 엔화가 쏟아졌다. 복지원 직원으로부터 검사가 찾아왔다는 보고를 받았을 박인근은 금고가 털리자 그제야 복지원에 나타났다. 그는 김용원 검사 앞에서 적개심을 드러냈다. "왜 남의 금고를 부수는 거요?"

김용원은 박인근을 호송 차량에 실었다. "이 복지원에 사고 나면 당신 책임질 거야?" 박인근은 거만한 자세로 김 검사에게 소리쳤다.

복지원 간부, 수용자들까지 100명이 넘는 인원을 불러들인 울산 지청은 그날 발 디딜 틈 없이 미어터졌다. 박인근은 "검사장을 불러 오라"며 묵비권을 행사했다.

법원은 다음날인 17일 박인근에 대한 영장을 발부했다. 박인근은 복지원 수용자들을 동원하여 산속 초지를 훼손하고 동물 축사를 수용자 숙소로 불법 용도 변경했으며 정부 허락 없이 외화를 소지한 혐의 등을 받았다. 김 검사는 부산지검, 대검찰청, 법무부에 사건 내용을 보고했다.

수사 과정에서 새로운 사실들이 끊임없이 드러났다. 김용원은 박인근이 구속되기 약 5개월 전 울주 작업장에서 마흔 살 수용자 김계원이 소대장 김충식(가명)에게 두드려 맞아 숨진 뒤 암매장된 사실을 추가 확인했다. 1986년 8월 1일 오전 10시, 김충식은 도망치려다 붙들린 김계원을 꿇어앉힌 채 작업장에서 일하던 수용자 180여 명을 집합시켰다. 김충식은 180여 명이 보는 앞에서 김계원을 발과 주먹으로 후려치고 밟았다. 김계원은 바닥에 쓰러져 정신을 잃어갔다. 폭력에 익숙한 수용자들도 주검이나 다름없는 처참한 김계원의 몸을 보지 못해 눈을 돌려야 했다.

다음날인 2일 김충식은 정신을 잃은 김계원을 목욕탕에 끌고 가 찬물을 끼얹었으며 물을 길으라고 작업을 지시했다. 김계원은 몸을 가누지 못했다. 울주 작업장의 동료 수용자 윤우택은 생명을 잃어가는 김계원의 가슴에 안티프라민을 발라주었다. 그날 밤 김계원은 피를 토하며 죽었다. 차마 감지 못한 두 눈은 허공을 향했다. 수용자 이용

완은 자신의 손으로 김계원의 눈을 감겨주었다. 3일 밤 11시, 형제복지원 사무장 주영은이 김계원의 주검을 차에 싣고 갔다.

그의 죽음은 심부전증으로 조작되었다. 형제복지원 촉탁의사인 정명국은 4일 부산시 동래구 연산동 부산의료원 영안실에서 김계원의 주검을 형식적으로 검안했다. 다음날인 5일 오전 11시, 의사 정명국은 직접 사인은 심부전증, 선행 사인은 전신 쇠약이라고 진단서를 작성했다. 경북대 의대를 졸업한 정명국은 부산 북구 의사협회장이었고 영세민들을 위해 무료 진료를 한다는 이유로 보건사회부 장관표창과 대통령 국민포장을 수상한 인물이었다. 부산지방검찰청 선도위원, 부산시청 위민실 위민위원으로도 활동한 의사 정명국은 1983년 1월부터 형제복지원 촉탁의로 활동해왔다.

관련자들은 검찰 조사에서 김계원의 죽음을 이렇게 진술했다. 그들의 진술은 일정 부분 일치했고, 어느 지점에서는 달랐다.

김충식 8월 3일, 부산에 가서 구타 사실을 보고했고 다음날 원장으로부터 김계원이 죽었다는 말을 들었습니다.

김준은 김계원이 죽어서 옷을 갈아입혔습니다. 주영은이 김계원은 폐결핵 3기인데 그 때문에 죽었다고 소대원에게 이야기하라고 지시했습니다.

사인을 바꾼 의사 정명국은 구속되지 않았다. 검찰 상부는 김용원에게 의사 정명국에 대한 불구속 지시를 내렸다. 정명국의 형이라는 자가 당시 검찰 상부에 로비를 벌였다고 했다. 매번 상부의 지시를 거절할 수도 없는 일이었다. 자칫하면 형제복지원에 대한 수사 자체를 덮어야만 하는 상황이 올 수도 있다. 김 검사는 분을 참지 못하고 조사실에 앉아 있던 의사 정명국을 발로 걷어찼다.

"불구속 수사하라네. 그렇게 할 테니까 한 대 맞자."

의사 정명국이 바닥으로 나가떨어졌다. 그리고 자유의 몸이 되었다. 김계원의 죽음뿐만이 아니었다. 1975~1986년 숨진 것으로 처리된 수용자 513명의 죽음도 미스터리였다. 형제복지원은 1986년 사망한 96명 가운데 56명을 연고자에게 인계했다고 밝혔으나 이 가운데 일부는 사망 서류에 적힌 것과 달리 연고가 없거나 주소가 맞지 않는다는 의혹이 제기됐다.

"1986년 사망자 96명 가운데 김천박(남·22살) 전남일(남·15살) 구일동(남·6살) 구포남(남·20살) 구일순(여·30살) 6명이 연고자에게 사체가 인계됐다고 기록되어 있음에도 불구하고 본적, 주소가 또한 미상으로 기록되어 있다. 또한 김상택(38살) 김영슬(53살) 이방구(65살) 김덕순(38살) 등 11명은 사체 처리가 불분명하고, 연고자에게 사체 처리를 인계했다는 이천용(48살 86년 3월 3일 입소, 86년 9월 19일 사망)의 경우 주소지를 확인한 결과 연고자가 없는 것으로 확인되었다. 우리는 사체가 병원에 실험용으로 팔려간다는 면담자(수용자)들의 주장에 유의하지 않을 수 없으며 적어도 (사망자 현황 등을 기록한) 새마음지에 기재된 사인과 사체 인계 등의 기록은 많은 경우 허위 기재임을 확인할 수 있었다."[3]

김 검사는 울주 작업장 관련 수사를 마친 뒤 부산의 형제복지원에 대한 수사에 착수하려고 했다. 경찰관 30명에게 수사 사항을 알려주고 부산으로 내려보냈다. 이를 보고받은 부산지검 송종의 차장검사는 김 검사에게 노발대발했다. "지금이 어느 때인데 그런 수사를 해?" 부산 형제복지원의 인권 실태는 물론이고 12년간 사망한 513명에 대한 수사는 진척될 수 없었다.

검찰 상부는 김 검사에게 박인근의 외환관리법 위반 등 이미 언론에 드러난 범죄만 수사하고 더 이상 파헤치지 말 것을 강요했다. 김용원은 1월 21일 법무부에 정보보고를 했다. "명에 의하여 업무상 횡령의 점, 수사를 중단하였음."

그러나 물밑 수사가 지속됐다. 김용원은 수사를 시작한 지 3개월 뒤에 박인근의 국고지원금 횡령 액수가 11억 4254만 원임을 파악했다. 횡령 추정액은 1985~1986년 정부와 부산시 보조금 39억 원 가운데 삼분의 일에 가까운 돈이었다. 1987년 서울 강남 압구정 50평형 현대아파트 1채가 1억 5000만 원~1억 6000만 원에 거래되었으므로 박인근의 횡령 추정액은 강남의 50평형 아파트 7채를 사고도 남을 금액이었다. 박인근은 고급 아파트, 골프 회원권, 콘도 미니엄을 소유하고 있었다. 횡령 방법은 치밀하고 꼼꼼했다. 주로 백지 영수증을 받아 허위로 기록했다. 영수증에 기록된 피복 상점이나 식료품 상점에 대한 수사가 진행되었다. 형제복지원의 증빙 영수증에 적힌 가게 주인들은 거래 사실이 없거나 과장됐다고 검찰 조사에서 진술했다.

김용원은 애초 횡령액을 3억 6893만 6460원으로 공소장에 기록했다가 뒤늦게 추가 횡령 사실을 밝혀내 공판이 진행되는 과정에서 공소장 변경을 부산지검에 신청했다. 법률상 횡령 액수가 10억 원

이상이면 무기징역을 구형할 수 있다. 부산지검은 공소장 변경을 쉽게 허락하지 않았다.

김 검사는 5월 15일 오전 6시 30분께 호주머니에 사표를 넣고 박희태 부산지검장 관사에 찾아갔다. 지검장은 김 검사의 요구를 거절했다.

"전두환 대통령이 5월 20일 소년체전 참가차 부산에 오니 그 이후에 공소장 변경을 검토하세."

"검사장님, 그럼 제가 사직하겠습니다."

"사건 하나 해가지고 영웅이 되려고 하지는 마."

박희태 검사장과 김 검사는 의견을 좁히지 못했다. 수사를 막으려는 권력과 사건을 놓지 않으려는 김 검사 사이에 팽팽한 긴장감이 흘렀다. 박희태 검사장은 송종의 차장검사에게 전화를 건 뒤 김 검사에게 바꿔주었다. 차장검사가 김용원에게 버럭 소리를 질렀다.

"꼭두새벽에 검사장 관사에 왜 갔어?"

"그만하십시오. 이제 그런 말 듣는데 신물 났습니다."

검찰 상부의 수사 방해는 매번 집요하고 끈질겼다. 부산지검은 이후 공소장 변경에 결국 동의해주었는데 횡령 액수를 7억 원 이하로 맞추라는 조건을 달았다. 김 검사는 공소장 목록 가운데 일부를 가위로 잘랐다. 공소장의 횡령 액수는 11억 4254만 원에서 6억 8178만 원으로 바뀌었다.

전두환 대통령은 5월 20일 전국 소년체전을 참관하러 부산을 방문했다. 김주호 부산시장은 복지원 사건으로 물의를 일으켜 죄송하다며 허리를 깊숙이 숙였다. 당시 전두환 대통령은 김주호 시장에게 이렇게 말한 것으로 전해졌다.

"박 원장은 훌륭한 사람이오. 박 원장 덕분에 거리에 거지도 없고 좋지 않소?"[4]

자유로운 구속자

"우리 헌법은, 모든 국민은 신체의 자유를 가지며 누구든지 법률에 의하지 아니하고는 체포 구금되지 아니한다고 명시하고 법 앞에 모든 국민이 평등하다고 규정하고 있습니다. (…) 피고인은 울산 작업장 부지를 사재를 들여 매입하고 복지원에 기증하였다고 하는데 사재를 털어 매입한 것이 아니라 보조금 8200만 원을 착복하고 1984년 농협 범일동 지점에서 멋대로 형제복지원을 연대 보증인으로 내세우고 1억 원을 대출받아 땅을 구입한 것입니다. 대출금은 1985년 보조금을 횡령하여 상환했습니다. (…) 이 사건 피고인들과 같은 독버섯이 자라나 사회복지 사업의 그늘 아래 기생하게 된 것은 이 시대를 사는 우리들이 사회복지 사업에 무관심하였고 이 시대의 소외된 사람들에 대하여 눈을 감은 탓이 아닌가 여겨져 유감스러운 마음을 금할 수 없습니다."[5]

박인근은 영장 없이 수많은 수용자들을 복지원에 감금시켰지만, 정작 영장이 발부되어 구속된 박인근은 자유로웠다. 박인근은 경찰관의 집이나 여관에 가서 수갑을 푼 채 목욕을 했으며 측근들을 만나 재판을 준비했다. 구속 기간 박인근이 외출한 시간은 총 5270분으로 4월 10일부터 5월 16일까지 32회에 걸쳐 외출이 허락됐다. 관절염 치료 때문에 병원에 가야 한다는 박인근의 요구를 검찰이 받아들이자, 경찰을 매수한 것이다. 울산에 당시 교도소가 없었기 때문에 박인근은 울산 남부경찰서에 구속 수감 중이었다. 박인근의 측근은 간수장 송아무개 경사에게 우황청심환, 알부민 영양제, 미제 로열젤리, 현금 등 60만 원 상당의 뇌물을 주었다. 확인된 금액이 이 정도다. 5월 6일 송아무개 경사는 박인근의 동생 박중근과 돈가스를 먹고 자신의 집에 박인근을 데려가 목욕을 허락했다.

언론을 통해 이러한 사실들이 뒤늦게 알려지자 송 경사는 뇌물수수 혐의로 5월 20일 구속되고 경찰 직위에서 파면됐다. 송 경사의 윗선이 어느 정도까지 뇌물 수수에 연루됐는지는 드러나지 않았다. 지휘 감독을 소홀히 한 책임으로 울산 남부경찰서 윤아무개 서장과 허아무개 수사과장, 신아무개 조사계장이 징계를 받았다. 그렇게 사건은 일단락됐다. "박인근이 받은 특혜가 울산 남부경찰서 유치장 간수장 한 사람의 힘으로 과연 가능할 수 있겠느냐."《동아일보》는 5월 27일자 보도를 통해 의문을 제기했다.

박인근은 구치소에서도 형제복지원 직원들에게 복지원 현황을 보고하지 않는다고 호통을 쳤고, 환풍기를 복지원 어느 위치에 달아야 할 것인지까지 세세하게 지시했다. 박인근이 구속 수감 중이던 1987년 2월 20일, 전국부랑인시설연합회 회원들은 박 원장을 회장으로 재선출했다. 보건사회부는 "유죄 확정될 때까지 결격 사유는 없다"며 사실상 박인근을 변호했다. 박인근은 1985~1986년 복지원 원장들에게 돈을 빌려주고 이자를 받았으며 때로 이자를 변제해주는 방법으로 위세를 과시했다. 인천 삼영원 김아무개 원장이 1억 원,

마산 경남 종합복지원 박아무개 원장이 박인근에게서 7400만 원을 빌려가는 등 전국의 부랑인 시설 원장들이 2년간 빌려간 금액이 4억 3400만 원이었다. 때로 박인근은 노동력이 필요한 다른 시설에 수용자들을 보내주었다. 전국 부랑인시설연합회에 대한 비판이 고조되자 협회는 뒤늦게 박인근의 회장 선출을 철회했다.

"부산시장 너무하네. 두고 보자." 2월 19일 구속 기간이 길어지자 박인근은 구치소에서 시장에게 분노를 표출했다. 박인근의 면담 내용은 구치소에서 모두 기록되었는데 면담자의 구체적 인적 사항과 날짜 등은 일부 누락됐다.

2월 5일 오후 5시 50분, 큰아들 박두선과 변호사가 찾아옴.

"내는 추호의 양심의 가책이 없다. 내는 사회복지 사업 관계에 대해 영웅이라 생각한다. 업무지시를 나한테 면회 와서 이야기해라."

2월 5일 오전 11시 20분, 동생 박중근과 큰아들 박두선이 찾아옴.

"애들(자녀들) 잘 있느냐. 애들 학교 오고 갈 때 (수용자들이) 납치하려고 할지 모르니까 조심해라. 그리고 시장, 장아무개 의원, 구청장에게 탄원서 냈으니까 빨리 제출해라. 변호사는 믿을 수가 없다. 나는 떳떳하다. 내가 뭐 잘못이 있느냐. 장아무개 의원에게 자료를 제출하여 모든 것을 확실히 밝혀야 한다. 빨리 힘을 써라."

2월 6일 오후 5시 20분, 큰아들 박두선과 변호사가 찾아옴.

"정부 여당이 우려하는 일을 겁 없이 벌이고 있다. 형사 법령집을 차입해달라."

"신경 쓸 것 없습니다."

"여론이 딴 방향으로 나가고 있다."

"횡령 관계에 자신 있습니까."

"나는 추호의 양심의 가책이 없다. (…) 흔들리면 너희들이 죽는다. 안기부장이 정상적으로 작업을 시키라고 했다. 전부 봉제 공장에 투입시켜라. 수용자들에게 원장이 건재하다고 알려라. 공소장에 횡령 액수가 3억 얼마인데 영양사 일지 등을 변호사에게 보여주고 나에게도 한 부 보내라. 서로 말이 맞아야 한다."

3월 6일 오전 10시, 큰아들 박두선과의 면담.

"간식을 들려달라."

"매일 들어가고 있지 않습니까."

"양이 너무 적다 이 말이지."

"간수 근무자들이 2000원 이상 간식은 끌어주지 않습니다."

3월 21일 오전 11시 5분, 동생 박중근이 찾아옴.

"장부 및 통장 관리에 최선을 다해라."

"그런데 부산시에서도 장부를 공개하자고 하여 걱정입니다."

"부산시에서는 공개해도 우리에게 협조할 것이다."

"더는 밝혀지는 것이 두렵습니다."

"걱정하지 말라. 내가(박인근이) 시키는 대로 해결해버려라. 오늘 결재 서류 갖고 왔느냐!"

3월 23일 오후 6시 50분, 부산시청 보사국장이 찾아옴.

"지난 토요일 보사국장으로 부임했습니다. 제가 오늘 여기 온 것은 형제복지원의 정상적인 운영을 해결하기 위해 왔습니다. 그리고 부임해서 담당 국장으로서 원장 얼굴은 보고 또 사건이 해결되면 같이 만나야 되겠기에 왔습니다. 원장님, 운영을 이 국장에게 맡겨주십시오."

"절대로 관에 맡길 수 없소. 형제원의 3200여 명 가운데 큰 사고가 없었던 것은 운영의 남다른 묘가 있었기 때문입니다."

"제가 온 급한 목적은 임원진 결성 때문입니다."

"앞으로 3, 4일 후에 결정해주겠소."

"임원진 결성이 급합니다. 정상적인 형제원 운영을 위해 구상한 것을 이야기해주세요. 행정기관에서 절대 복지원에 대해 손 떼지 않습니다."

"일선에서 물러나는 것은 문제가 아니지만 여기 수용(구속)돼 있는 복지원의 김아무개 총무가 석방될 것으로 보고 있어요. 여태까지 기다렸는데 더 기다려주세요. 시청에서 강압적으로 한다면 곤란하지 않은가요? 물러나는 것은 나의 자의입니다."

"그러면 원장이 구상하는 4명과 내 이름만 포함해서 5명으로 할 테니 결론을 내려주세요."

"국장이 참여하는 것은 관에서 관여하는 것으로 되어 좋지 않습니다. 설립 당시 재산과 현재 재산을 비교해보세요. 우리 가족이 형제복지원을 위해 얼마나 심혈을 기울여왔는지 말입니다."

"심아무개 교수는 어떻겠습니까. 5인 이상의 이사가 있어도 되니까요."

"5명 이상은 곤란해요. 목적 의식 없이 책임 전가하는 임원진을 구성하는 것은 정말 큰일입니다. 심 교수는 학술과 논리에 능란하지만 그분은 곤란해요."

5월 23일, 아내 임아무개가 찾아옴.

"죽겠다고 죽겠어. 견디기 힘든데. 견디기 힘들어. 당신 하나님으로부터 계시받았다고 했잖아."

"경찰관이 옆에서 듣고 있는데 곤란해요."

"간수장님이 이렇게 된 것(파면)은 하나님의 뜻에 어긋난 것 아닌가."

"집에 가서 이사야 54장 1절, 8절 보라고."

국가는 없었다

국가는 도망치기에 바빴다. 박인근 원장이 구속되고 형제복지원에 대한 관리 책임이 불거지자 중앙 정부는 지방 정부에, 부랑인을 잡아들이도록 훈령을 만든 내무부는 보건사회부(현 보건복지부)에 책임을 미뤘다.

"내무부 간부들은 형제복지원 사건이 터지자 한마디로 보사부 소관 업무라며 남의 일처럼 대하면서도 사건 내용과 파문으로 봐서 김주호 부산시장이 인책되지 않겠느냐고 한마디씩.

이들은 평소 부산시가 내무부에 대해서까지도 고자세를 보여온 것으로 미루어 보면 이번 사건이 왜 터졌는지 알 만하다며 김주호 시장이 농수산부 출신으로 일약 경남지사에 발탁됐다가 아무 지연도 없는 부산시장 자리로 바로 옮겨 앉게 돼 지역 사정과 시정 업무 장악에도 문제가 있었을 것이라는 등 하나같이 비판." (《동아일보》1987년 2월 6일)

보건사회부 또한 부산시에 책임을 미뤘다. 이해원 보사부 장관은 비판이 잇따르자 박인근이 구속된 지 2주일이 지난 2월 4일 복지시설 관리 개선 대책을 발표했다. 그는 사건 초기에 사태를 관망한 이유를 이렇게 설명했다.

"운영 실태는 해당 시·도가 제일 잘 아는데 중앙부처에서 사건이 터진 뒤 직접 조사에 나서거나 이래라저래라 따지고 간섭하면 일이 더 안 될 것 같아 부산시가 사후 수습을 하라고 일임했습니다."(《경향신문》1987년 2월 5일)

"보사부는 2월 6일 밤 10시께 국회 보사위 소속 가운데 집권 여당인 민정당과 국민당만 참석한 간담회에서 7쪽짜리의 보고 자료를 발표했다. 수용 절차, 폭행과 강제노역, 감독 부재, 사체 처리, 원장의 비리는 한 줄도 언급되지 않은 부실 발표였다."(《동아일보》1987년 2월 7일 치)

"이해원 장관은 사건은 조용히 진상이 규명돼야 하며 박인근 원장이 의욕적으로 일하다 보니 터진 사건이라고 설명했다."(《동아일보》1987년 2월 11일)

여당 의원들조차 이해원 보사부 장관에게 소리를 치며 호통을 쳤다. 간담회는 아수라장이 됐다. "장관이 상황을 어떻게 보고 있는 겁니까!" "이런 자료를 갖고는 따질 가치도 없어요."

야당인 신민당은 이날 간담회에 불참했다. 신민당은 형제복지원 사건을 축소하고 은폐하려는 여당의 국회 보건사회위원회 소집을 국민의 이름으로 거부한다는 성명을 발표했다.

부산시는 사건을 은폐하기에 급급했다. 부산시는 형제복지원에 대한 시장의 해명 기자회견에 대한 중앙지 기자들의 취재를 막았다. 박인근이 불법 목장지를 조성하고 감금된 수용자들을 구타하며 사망 사건이 발생한 경남 울주군은 검찰의 수사 발표가 사실무근이라고 경남지사에게 허위 보고를 했다.

부산시로부터 위탁을 받아 운영하는 비영리법인 형제복지원은 전체 예산의 80%를 국고 및 시비에서 지원받고 있으면서도 관리는 허술했다. 복지원에 대한 전문 지식이 없는 구청의 주사보 1명이 사실상 형제복지원 관리를 맡았다. 부산 주례동에 있는 형제복지원의 관할 관청인 북구청 총무국장 이아무개 씨는 박인근으로부터 6500만 원을 받은 것으로 드러났다. 검찰은 이들 간의 돈거래가 대여 형식으로 이뤄진 것은 밝혀냈으나 뇌물 여부를 확인하지 못했다. 내무부훈령에 따르면 파출소장이 일주일에 한 번 부랑인을 보호한 시설을 순찰해야 한다고 되어 있으나 형제복지원에 대한 순찰은 한 차례도 없었다. 형제복지원 관리부장 손이선 씨는 신민당의 형제복지원 사건 진상조사단(단장 문정수)에 "10년 동안 한 번도 감사를 받아본 적 없다. 모든 것을 독자적으로 처리해왔다"고 털어놓았다.

신민당 부산형제복지원 사건 진상조사단은 1987년 1월 29일부터 2월 1일까지의 1차 조사 보고서를 당에 제출했다. 보고서에 기록된 인권 유린과 사망 과정은 잔혹했다.

"근신 소대라고 불리는 특수 내무반이 있는데 여기 수용되면 40kg 이상의 모래주머니를 지고 돌 깨기, 철근 작업, 축조에 동원된다. 건물 뒤쪽 별채에 말 안 듣는 사람만 감금하는 독방이 있는데(약 20개) 여기 수용되면 꿇어앉아 잠을 자야 하는 것으로 밝혀졌다. 정신질환자를 수용할 때 정신과 의사 2명의 진단과 경찰의 입회하에 입소하게 되어 있으나 요양자 70% 이상이 변칙적으로 수용된 정상인으로 파악됐다. 의료 시설은 전혀 없었고 치료 방법은 하루 3~4회 신경안정제를 투입해 요양자 대부분이 중독 상태에 빠져 있었다. 양소영 씨는 86년 7월 규율을 위반했다는 이유로 소대장 임정한에 의해 구타 중 사망했다. 온몸을 덮는 이른바 우주복을 입고 침대에 묶인 채 이불에 덮여 구타, 질식사했다. 그러나 형제원에서 발간하는 새마음(87년 1월)지에 실린 86년 사망자 명단에는 양소영 씨가 빠져 있었다."

부랑인에 대한 감금은 1988년 올림픽 개최를 앞두고 도시 정화를 목적으로 강화되었다. 전두환 대통령은 1981년 4월 올림픽 개최 확정을 5개월 앞두고 지휘 서신을 내린다. "총리 귀하, 별첨 정보보고서와 같이 근간에 신체 장애자 구걸 행각이 늘어나고 있는바 실태 파악을 하여 관계 부처 협조하에 일절 단속 보호 조치하고 결과를 보고해 주시기 바랍니다."

1981년 4월부터 1만 명이 넘는 공무원이 부랑인 단속에 투입되었고 그해 9월 올림픽 개최가 확정되자 정부는 추가 실태 조사와 대책을 마련했다. 1981년 8605명이던 부랑인 수용 인원은 1986년 1만 6125명으로 증가했다.

1984년 전두환 대통령은 부랑인 수용 실적이 높은 형제복지원 원장 박인근에게 국민훈장을 내렸다. 내무부훈령 410호는 형제복지원 사건으로 1987년 2월 16일 폐지되어 역사 속으로 자취를 감추었다.

서른 여섯 곳의 검은 그림자

박인근이 구속된 뒤 부랑인을 단속해 수용하던 전국 36개 시설에 대한 재조사가 필요하다는 여론이 들끓었다. 1987년 충남 연기군에 있는 양지원 수용자 스물일곱 살 김기석 씨가 두드려 맞아 숨졌다. 충남도경은 양지원이 개원한 1983년부터 1987년 2월까지 88명이 숨지고 이 가운데 6명이 폭행치사 당했다고 밝혔다. 양지원을 실제로 운영하는 이는 대전 대화동 성지원 원장 노재중이었다. 마흔일곱 살 노 씨는 박종구 씨를 양지원의 '바지 원장'(실권 없는 서류상의 원장)으로 앉혀놓았다.

1987년 2월 7일, 노재중이 운영하는 대전 대화동 성지원에서 수용자 20여 명이 강제노역 등을 견디다 못해 탈출했다. 형제복지원 진상조사위원회를 꾸린 신민당의 인권 조사단 심완구 의원 등 7명과 기자 2명은 현장 검증을 위해 2월 10일 성지원을 찾았다. 노재중과 술에 취한 수용자 20여 명이 정문 앞에서 각목을 들고 야당 국회의원과 취재진을 막아섰다.

"내가 책임질 테니 국회의원이고 기자고 뭐고 다 죽여버려."

원장 노재중이 힘껏 소리치자 수용자들은 취재진과 의원 들을 때리며 정문 밖으로 밀어냈다. 박인근은 당시 형제복지원에 없었기 때문에 검찰이 진입할 수 있었지만 여긴 달랐다. 노재중은 야당 의원들이 온다는 사실을 미리 알고 정문 앞에서 기다렸다.

뒤늦게 출동한 경찰도 속수무책이었다. 원장 일행은 경찰이 갖고 있던 M16 소총마저 빼앗아버렸다. 야당의 인권 침해 조사는 정문 안으로 들어가지도 못하고 좌절되었다.

"대전시의 부시장과 국장, 구청장 등 관계 공무원도 10여 명이나 함께 갔는데도 국회의원과 기자들에게 그럴 정도라면 그곳은 대한민국의 행정력이 미치지 못하는 이방지대라는 이야기인가. (…) 눈앞에 전개되는 상황을 직접 목도하고도 딴소리를 하는 관리들도 그렇지만 경찰의 자세도 도대체 이해가 가지 않는다. 마지못해 하는 듯한 기색이 역력한 경찰의 늑장 출동에다 그 엄청난 소동이 벌어졌는데도 사건 발생 다음날인 11일 오전까지 연행된 사람 한 명도 없었다니 도대체 말이 되지 않는다. 사건 당시 현지 경찰이 수용자들의 폭행을 만류하자 '이렇게 하면 약속과 다르지 않느냐'고 항의했다는 원장의 태도는 무엇을 뜻하는가. 경찰이 이런 일에 M16 소총까지 빼앗겨가며 이토록 허약한지 알다가도 모를 일이다."(《동아일보》 1987년 2월 11일)

신민당 조사단 12명은 2월 12일 저녁 7시 20분부터 13일 오전 8시 20분까지 충남도청 도지사실에서 성지원 운영 실태에 관한 자료 제출을 요구하며 철야농성을 벌였다. 김성기 법무장관은 신민당 의원들이 농성을 끝낸 13일 기자회견을 열었다.

"신민당 조사단 12명이 농성을 벌였습니다. 과연 이런 일이 있을 수 있습니까. 국회의원도 국회의 결의를 통해 국정조사권을 발동할 경우가 아니면 상대방의 동의를 얻어 조사를 해야지요. 동의가 없으면 주거침입죄에 해당됩니다. 의원과 보좌관들이 도지사실에서 밤새 바둑을 두며 점거한 행위에 무슨 법적 근거가 있습니까?"

김성기 법무장관은 신민당 의원들을 비난했다. 의원과 취재진을 폭행한 성지원이나 관련 자료를 제출하지 않은 충남지사에 대한 언급은 없었다. 김 장관은 신민당 의원들을 거론하며 "신분의 고하를 불문하고 범법 사실에 따라 공정하게 처리하겠다"고 말했다. 취재진과 법무장관 김성기의 질문과 대답이 오갔다.

취재진　도지사실 점거를 문제 삼아 국회의원들을 처벌한다면 성지원을 비호한다는 인상을 주지 않을까요.

김성기　복지시설들이 전체적으로 문제가 있지만 실상을 제대로 알아야지요. 사회 안정을 위해 수용하다 보니 갈등도 생기겠지만 부정적인 시각에서만 볼 수는 없습니다. 어떤 제도적 모순을 정치적으로 이용하려고만 하는 작태를 용인할 수만은 없지 않습니까?

취재진　대전 성지원에 대한 수사는 어떻게 벌일 건가요. 노재중 원장은 구속할 방침입니까.

김성기　현재 쌍방이 맞고소를 해서 사실을 규명하기 위해 검찰이 수사를 하고 있어요. 수사 중인 사건에 대해 특정인을 겨냥해서 누구를 구속하라는 것은 인민재판이나 마찬가지 아니겠어요? 구체적으로 수사를 벌여 혐의점이 인정되고 증거가 명백하면 그때 가서 처벌을 할 수 있겠지요. 보고받은 바로는 내무부 소속 수행 공무원들은 전혀 폭행 사실이 없다고 진술했는데 신민당 국회의원들은 맞았다고 했더군요. 신민당 의원들이 당초 성지원에서 폭력을 유발한 측면이 있어요. 수용자들이 신민당 조사단원들을 50미터가량 밀어낸지점에서부터는 쌍방간에 폭력이 오고 갔어요.

성지원을 탈출해 행방을 감추었던 마흔두 살 현영호, 서른네 살조덕홍 씨는 2월 28일 서울 종로구 연지동 기독교회관에 나타났다. "성지원 생활은 인간으로서는 도저히 참을 수 없는 구타와 폭행이난무하는 생지옥입니다!" 경찰은 성지원 실태를 폭로하던 두 사람을 잡아갔다. 이들의 폭로는 여기서 중단됐다.

감금에 대한 그들만의 정의

박인근은 구속 기간에 변호사와 재판을 준비했다. 박인근을 위한 변호사가 여럿 붙었다. 전상석 변호사가 서울에서 부산으로 내려왔다. 전 변호사는 2월 18일 오후 3시 25분 박인근과 면담을 했다. 면담록에는 각각의 말을 누가 했는지 쓰여 있지 않다.

"헌법상 인권에 대한 것이 뭔가 있어야겠습니다."
"검사가 이번 조사에서 인권 윤리가(인권 유린이) 많았습니다."
"일몰 후에 자택까지 들어와서 수사할 수 없어야 되는 것이 아님니까."

○월 ○일 오후 6시 15분, 이재환 변호사가 찾아옴.

"내일모레 재판을 하는데 재판 순서는 판사 인정 신문 다음에 검사 직접 신문, 변호인 반대 신문으로 시작됩니다."

"예."

"복지원에서 도망 못 가게 하고 구타한 사실을 물으면 수용 위탁을 받은 기관이므로 도망가려 한 걸 못 가게 한 것은 사실이나 구타한 사실은 없다고 답변하세요."

"알았습니다."

"다음은 불법 감금 문제. 울주 작업장은 부산과의 거리가 멀어 매일 왔다 갔다 할 수 없어 땅을 개간하면서 축사를 만들고 거기에 부랑인을 수용했고 문을 잠근 것은 사실이라고 대답하세요."

"알겠습니다."

"횡령 문제. 부식비 3억 원을 횡령한 사실을 물으면 전혀 아니라고 하고 한꺼번에 구입하면 싸고 구입하기 쉬워서 샀는데 그 차액금은 사유재산으로 쓴 것이 아니라 정부 보조금으로 운영하기 어렵기 때문에 복지원 운영에 들어갔다고 답변하세요."

공판을 앞둔 박인근은 3월 14일 오전 10시 25분 면회를 온 동생 박중근에게 자신감을 드러냈다. "3월 18일이 공판인데 반증 자료가 준비되었으니 걱정 마라. 법과 경우가 살아 있다면 법정에서 모든 것이 밝혀질 것이야."

1987~1989년 박인근에 대한 일곱 번의 재판이 열렸다. 형제복지원의 직원들은 진실만을 말할 것을 선서하며 증인으로 법정에 섰다.

취사반장 김봉표　　　양심에 따라 숨김과 보탬이 없이 사실 그대로 말하고, 만일 거짓말이 있으면 위증의 벌을 받기로 맹세합니다.

변호사　　　1년 내내 한 끼에 부식은 원칙적으로 다섯 가지였다는데 사실인가요?

김봉표　　　네, 사실입니다.

변호사　　　복지원에서는 아침 일찍 일어나서 예배를 보고 식사와 직업 보도 훈련, 약 8시간의 노동, 취침 전에도 예배를 보는 등 종교 및 정신 교육과 자활 교육, 노동 등의 규칙 생활을 통하여 수용 당시보다 건강도 좋아지고 정신적으로 나아져가는 경우가 많다는데 사실인가요?

김봉표　　　네, 사실이며 증인도 그러하였습니다.

　검찰은 특가법상 횡령, 특수감금, 외환관리법, 초지법, 건축법 위반 혐의로 구속 기소된 박인근에게 징역 15년에 벌금 6억 8178만 원을 구형했다. 1심은 1987년 6월 23일, 박인근에게 징역 10년에 벌금 6억 8178만 원을 선고했다. 검찰의 구형을 대부분 받아들였다.

　이후 박인근의 특수감금 혐의 유죄 여부를 놓고 대법원의 파기환송과 대구고등법원의 불복(원심 유지)이 수차례 지속됐다. 2심인 대구고법은 1987년 11월 12일, 징역 4년을 선고하면서 특수감금 혐의를 유죄로 인정했다. 그러나 대법원은 1988년 3월 8일 특수감금 혐의를 무죄 취지로 파기환송했다. 대구고법은 1988년 7월 7일 대법원에 불복해 특수감금을 유죄로 재차 인정했다. 대법원(당시 재판장은 박근혜 정부 초대 총리 후보였다가 자진 사퇴한 김용준 전 대법관이다)은 11월 8일 다시 특수감금을 무죄 취지로 파기 환송하면서 이렇게 밝힌다.

"기존 형제복지원 시설만으로 감당하기 어렵게 되어 허가 관청인 부산시장의 시설 일부 이전 및 확장 권유에 따라 울주 작업장 부지를 매수하게 되었다. 형제복지원은 1986년 5월 19일 부랑인 수용시설 협소를 이유로 위 울주 작업장으로 직업 보도 사업 일부를 이전하는 이전 계획서를 접수해 부산시장에게 전달했다. 부산시장이 위 부지에 복지시설 건립을 전제로 초지전용허가 추천을 보건사회부 장관에게 요청하여 장관이 1986년 5월 20일 추천서 발급을 부산시장에게 통보했다. 이러한 점 등을 고려해볼 때 울주 작업장 시설은 적법한 형제복지원의 수용시설의 일부가 아니라고 단정할 수 없다. 뿐만 아니라 형제복지원의 시설장 및 총무직에 있는 피고인들이 수용 중인 피해자들의 야간도주를 방지하기 위하여 그 취침 시간 중 (주간 중의 작업을 시키며 수용한 행위에 관하여는 이미 무죄로 확정이 되었다) 위와 같은 방법으로 (나가지 못하게) 조처한 것은 그에 따른 과정과 목적 수단 및 행위자의 의사 등 제반 사정에 비추어 봤을 때 사회적 상당성이 인정되는 행위라고 못 볼 바 아니어서 형법 제20조에 의하여 그 위법성이 조각된다."

대구고법은 세 번째 상고심인 1989년 3월, 대법원의 뜻을 받아들여 특수감금을 무죄로 판단했다. 박인근의 형량은 1심보다 약 사분의 일로 줄어든 2년 6개월이 선고됐다. 특정경제가중처벌법상의 횡령, 초지법, 건축법, 외국환관리법 위반 혐의는 인정됐다. 박인근은 1989년 7월 20일 출소했다.

황제는 귀환했다. 박인근은 1989년 7월 출소 후 곧바로 재단의 이름
만 세탁한 '재육원'의 이사장이 되었다. 부산시는 이 과정에서 형제
복지원의 법인명 변경 등을 허락해주었다. 국가는 그의 화려한 귀환
에 제동을 걸지 않았다. 박인근은 2003년 부산사회복지법인대표자
협의체 초대 회장으로 추대됐다. 복지시설 원장들의 충성심은 박인
근의 구속과 수감, 언론의 비판에도 사그라들지 않을 만큼 강력했
다.

이사장으로 복귀한 박인근은 1991년 3월 12일 《경향신문》과의
인터뷰를 통해 "지탄받은 것이 가슴 아프다"며 사건 당시를 회상했
다. "비록 죄가 있다고 벌을 받긴 했지만 양심적으로 시설 운영을 위
해 헌신적인 일을 했는데 이를 시기하는 사람들 때문에 뜻밖의 변을
당했어요. 수용자들도 언제나 사랑으로 이끌었는데 혹사 감금 폭행
치사 등 온갖 나쁜 죄는 다 뒤집어쓴 것이 너무나 안타깝습니다."

《경향신문》은 인터뷰를 실으면서 박인근에 대해 다소 애매모호
하게 평가했다. "그의 잘못도 크지만 공로도 인정해줘야 한다는 시
민의 여론도 자못 높게 일고 있지만 그가 형벌을 받기까지엔 상당한
잘못이 있었던 것도 사실이다."

박인근과 김용원 검사의 악연은 23년간 지속됐다. 김용원 검사는
변호사로 개업한 뒤인 1993년, 즉 박인근이 구속된 지 6년이 지나 형
제복지원 수사 과정 등을 담은 저서 《브레이크 없는 벤츠》를 발간했
다. 박인근이 김용원을 명예훼손 혐의로 고소했지만 '혐의 없음'으

로 끝났다. 박인근은 받은 굴욕을 잊지 않고 설욕전을 준비했다. 김용원의 책이 나온 지 17년 뒤인 2010년, 박인근은 형제복지원 수사 과정의 인권 침해와 부당함에 대해 기록한 《형제복지원, 이렇게 운영되었다!》를 펴냈다. 1885쪽짜리 회고록에는 이렇게 쓰여 있다.

"아내의 권유로 김용원 전 검사를 하나님 아버지의 이름으로 용서하였습니다. 모든 것을 제가 부족함으로 여기고 용서하고 나니 마음이 한결 가벼워진 것 같았습니다. 2년 6개월간의 형무소 생활을 마치고 출옥을 할 때도 원망 대신 기쁜 마음이 있었습니다. 형무소에서 지내는 동안 앞으로의 생활을 구상하면서 대한민국에 거지가 없는 나라, 노숙자가 없는 나라, 젊은 사람이 직업 없이 행패 부리지 않는 사회를 만들어야겠다는 일념을 가지고 마음을 먹었습니다." [6]

"김용원 검사가 형제복지원으로 들어왔을 당시 그때에는 이미 모든 공사를 완공하고 설립 당시에 비해 너무도 멋있는 환경 속에서 생활하고 있었습니다." [7]

"대한민국 사회복지시설에서 식사를 자유 배식에 1식 5찬과 잡곡으로, 부식에는 호주산 갈비짝을 4톤 트럭으로 구입하여 곰탕을 만들어 제공하였으며 충무동 수산센터에서 고등어를 구입하여 부랑인들에게 제공하였습니다. 당시 수용자들의 급식이 대한민국에서 제일이었다고 생각합니다. 식탁 위에는 간장에 초를 혼합하여 설탕으로 간을 한 ① 초간장 통 ② 고추장 통 ③ 다시다 통 ④ 맛소금 통 이렇게 4가지 양념통이 배치되어 있어 부식이 입에 맞지 않더라도 맛있게 비빔밥을 만들어 먹을 수 있도록 하였습니다." [8]

"요즘 들어 가끔 서울역, 구포역, 부산진역, 영등포역 등을 돌아볼 때 눈에 띄는 부랑인을 볼 때에 이 모든 것이 김용원 전 검사의 책임이라는 것을 잊지 말아야 된다고 생각합니다. 반드시 진실을 규명할 것입니다."[9]

"정부에서 내무부훈령 410호를 폐지하였던 것은 큰 잘못이었습니다. 그 결과가 오늘날 사회에 부랑인들을 조직화되게 하였고 노숙자들이 노숙 장소 등을 찾아다니며 생겨난 행패가 이루 말할 수 없으며 형제원 수용자 간부들은 아직도 정신 차리지 못한 출신들을 찾아가서 좋은 정보를 주고 옛날 형제원 시설 이야기를 나누었습니다. 그들은 오늘의 현실을 후회하고 있었습니다."[10]

이 책을 펴낼 당시 81살의 노인 박인근은 복지원 원장으로서 최고의 영화를 누리던 1980년대에 여전히 정지돼 있었다. 박인근이 구속과 재판, 출소와 재기를 반복하는 사이 형제복지원에 감금됐던 수용자들의 삶도 과거에서 벗어나지 못했다. 열여덟 채식은 형제복지원을 나온 뒤에도 경찰관만 보면 자신을 잡아갈까봐 뒷걸음질을 쳤다. 열여덟 상명은 복지원을 나와 부산의 한 나이트클럽에서 일하며 업소 일이 끝나면 나이트 정문 앞에서 잠을 잤다. 상명은 사는 것이 힘들어 소주를 마시면 손목에 칼을 그었다. 어른이 된 태길은 부산 영도구 영선동 미니아파트 뒷산에서 나무에 목을 맸다가 다음날 깨어났다. 시간은 흐르고 손목에 그은 칼과 목을 조이던 줄의 자국은 사라졌다. 살아남은 자들의 기억만은 선명히 남았다. 이유를 알 수 없이 겪어야 했던 이들의 슬픈 운명을 국가는 잊으려 했다. 진실은 소리를 내지 않았다.

그의 몰락[11]

한 소년이 죽었다

경남 김해시 생림면 장재로 무척산 인근의 아동보호치료시설 신영
중고등학교. 가정법원, 지방법원의 소년부가 불량 행위를 한 학생들
을 위탁 교육하는 곳이다. 많을 때는 80여 명이 여기서 살았다. 2년
전 그 일이 있기 전까지. 2012년 7월 25일 학생 66명이 전남 신안군
해섬으로 무인도 체험학습을 나섰다. 학생 두 명이 바다에서 놀다
파도를 따라 떠내려갔다. 같이 놀던 아이들이 "구해 달라"고 외쳤지
만 체험학습 여행사 직원은 "수영을 하지 못한다"고 했다. 구명조끼
를 입은 여행사 직원이 바다에 들어갔다 금방 나왔다. 검푸른 파도
를 따라 아이 2명이 멀어지다 작은 점이 되고 어느덧 사라져 보이지
않을 때까지 남겨진 친구들은 모래 위에서 목이 쉬도록 소리를 치는
것밖에 할 수 없었다. 학교 교사들은 전남 무안군 운남면 신월 선착

장에서 여행사 직원들에게 아이들을 맡기고 떠난 뒤였다. 학생들이 여행을 떠난 지 사흘 뒤인 28일 해섬 남서쪽 1.4킬로미터, 북동쪽 1.6킬로미터 해상에서 주검이 된 아이 두 명이 떠올랐다. 아이들은 점차 학교를 떠났고 학교는 2013년 문을 닫았다.

2014년 9월 25일 저녁 이 학교를 찾아갔을 때 사방이 캄캄한 가운데 한 줄기 빛이 새어 나오고 있었다. 사고 당시 신영중고등학교를 소유한 복지법인 신양원의 대표이사 박 씨 그리고 학교장이자 박 씨의 남편이 그곳에 살고 있었다. 형제복지원 원장 박인근은 2008년 8월 29일부터 신양원의 대표이사를 지냈고 2010년 12월 14일 첫째 딸에게 넘겨주었다. 박인근과 아들이 검찰 수사를 받던 2014년 1월 27일, 이 학교 법인의 대표이사는 허아무개 씨로 바뀌었다. 박인근의 지인인 허 씨는 두 차례 김해시장에 출마했다 낙마한 인물로 형제복지원(형제복지원은 이미지 세탁을 위해 재육원, 욥의 마을, 형제복지지원재단, 느헤미야로 줄곧 법인명을 바꾼다)의 각종 행사에 참석해왔다.

학교에서 길을 따라 내려가면 마을에 닿는다. 경남 김해 시내와 한참 떨어진 이 지역은 금방 해가 저물어 마을이 어두컴컴했다. 신영중고등학교에서 10년 넘게 경비로 일하다 퇴직한 노인의 집 창문을 두드렸다. 집 밖으로 나온 노인은 불빛이 새어 나오는 학교를 가리켰다.

"저 불빛 보이지? 교장 부부만 사는데, 저래 보여도 한때는 건물 세 동 있는 멀쩡한 학교였어. 내가 학교 경비를 했는데. 참, 경비가 쉬워 보이지? 아냐. 아이들이 도망갈까 봐 밤마다 문이란 문, 틈이란 틈은 다 확인해. 아이들은 늘 도망칠 궁리를 했거든. 학교는 무슨 이유를 대서라도 아이들을 내보내지 않으려 했어. 애들이 나가면 정부 보조금이 줄잖아. 박인근은 몇 년 전까지만 해도 삼사일에 한 번은 이 학교에 왔어. 와서는 직원들 앞에서 일장연설을 하면서 1987년 구속이 됐지만 자기가 힘이 세서, 무죄여서 감옥에서 나왔다고 했어. 박인근 아들은 비엠더블유인가, 벤츠인가 외제차 타고 다녔고. 몇 년 전이었던가, 김해의 공무원이 감사를 나왔지. 그 여자 공무원이 1987년 사건을 입에 올리자 박인근, 딸, 사위 셋이서 난리를 쳤어. '당장 사과하라'고 고래고래 소리를 질러댔지. 쉽게 말해서 좀 별난 가족이었어. 요즘 박인근은 보지 못했고, 딸 부부는 시커멓게 선팅이 된 봉고차를 타고 왔다 갔다 하는데 동네에 걸어다니는 걸 본 적은 없어. 그 사람들은 동네 사람들과 교류도 안 하고, 차로 왔다 갔다만 해. 왜 그런지 알아?"

집 앞 흰 가로등 아래 선 노인은 눈을 커다랗게 뜨며 옅게 웃었다. 정답을 알고 있다는 듯 얼굴을 가까이 들이밀며 말했다. "구리니까. 뭐가 막, 구리니까."

박인근과 아들은 법인 자산을 횡령한 혐의로 2014년 3월 재판에 넘겨졌다. 그는 재판을 받으면서 종적을 감췄다. 아들 박천광만 징역 3년을 선고받고 법정 구속됐다. 당시 여든다섯 살의 박인근은 뇌경색 진단서 등 의료 기록을 재판부에 제출하고선 법정에 한 차례도 출석하지 않았다. 아들과 사건이 분리됐고 박인근의 재판이 중지됐다.

그가 종적을 감춘 뒤 여러 가지 이야기가 돌았다. 박인근의 측근은 경남 김해시 생림면에서 요양 중이라고 말했고, 건강이 악화돼 딸의 집으로 갔다는 이야기도 돌았다. 박인근 일가는 폐교 밖으로 모습을 드러내지 않았다.

투기적 인간

2년 6개월을 교도소에서 보낸 박인근은 1989년 7월 20일 출소한다. 세상은 달라져 있었다. 올림픽을 앞두고 경상수지가 흑자로 돌아서며 경제가 호황에 접어들었고 부동산 시장이 과열되기 시작했다. 산업의 축은 경공업을 지나 중공업, 전자, 서비스 산업으로 선진화됐다. 감금된 수용자의 노동력을 착취해 봉제공장 등을 가동하던 박인근은 바뀐 세상에서 새로운 복지왕국을 꿈꾼다. 복지시설 규모를 줄이는 대신 수익 사업을 다각화하고 원장에서 사업가로 변신을 시도한다. 박인근의 지인이 부회장이던 부산상호저축은행은 대출 창고를 열어 쉽게 돈을 빌려주었다.

형제복지원은 그가 감옥에 있을 때도 변한 게 없었다. 박인근 대신 대표이사를 맡은 황아무개는 수용자 1200여 명의 임금 2억 3667만 원 가운데 수고비 명목으로 5000만 원을 가로챘다. 이 사실이 드러나자 대표이사 황씨는 1990년 10월 30일 사임한다. 박인근 출소 3개월 만이었다. 나머지 이사들도 임기를 채우지 못하고 그만뒀다.

박인근 출소와 함께 형제복지원은 1987년으로 되돌아갔다. 울산 울주군에서 맞아 죽은 수용자 김계원의 죽음을 신부전증으로 조작한 의사 정명국, 박인근으로부터 6500만 원을 빌린 것으로 드러난 이아무개(형제복지원의 관할 관청인 북구청 총무국장. 검찰은 이들 간의 돈거래가 대여 형식으로 이뤄진 것은 밝혔으나 뇌물 여부를 입증하지 못했다) 등이 부활해 1990년 11월 형제복지원(당시 법인명 재육원) 이사에 선임된다. 서울시 사회복지협의회 회장 등을 지낸 이아무개 씨가 실권 없는 대표이사 명함을 얻었지만 사실상의 대표이사는 박인근이었다. 1987년 인권 유린과 노동력 착취 등으로 세상을 들썩이게 했던 형제복지원이 과거로 돌아갈 때 부산시는 묵인했다. 1992년 12월, 박인근은 대표이사로 공식 취임한다.

경제 성장과 함께 부동산 시장도 활기를 띠었다. 안정세를 보이던 토지 가격은 1987년 이후 상승했다. 정부는 1988년 8월 10일 부동산 투기를 냉각시키려 종합대책을 발표했지만 1990년 증시 침체가 장기화되면서 시중 자금이 부동산으로 흘러갔다. 1990년 땅값 오름세는 서울에서 전국으로 확산됐다. 부산의 부동산 시장도 뜨거워졌다. 부산 주례동 산18번지 형제복지원 일대에는 아파트 개발 붐이 불었다.

수용자들이 만든 형제복지원 건물은 노후화돼 허물어져 갔다. 박인근은 아파트 신축 공사에 주목했다. 개인 자가용에 대한 소유 붐이 불던 1987년 울산 울주군에 자동차 교습소를 지으려 했을 만큼 그는 시대를 보는 꽤 적중하는 안목을 지녔다. 공사 현장을 우연히 보고 수사를 시작한 검사 김용원만 아니었다면 성공적으로 끝났을 것이다. 박인근은 형제복지원 건물을 부수고 아파트를 짓고 싶었다. 1993년부터 형제복지원 부지 매각을 신청하지만 부산시는 별도의 이전 계획이 확정되지 않은 상태에서 불가능하다며 불허했다.

주춤했던 부지 이전 문제는 1995년 6월 27일 지방자치단체장

선거가 끝나자 활기를 띠었다. 박인근은 부산시가 허가를 내기 전 ㄷ건설사와 대지 사용 승락 매입 약정을 맺었다. 1996년 6월 25일, 매각을 불허하던 부산시는 시설 이전 계획이 확정되지 않은 형제복지원 부지 매각을 허락했다. 당시 형제복지원 부지 합필 문제로 뇌물을 받은 공무원이 구속됐음에도 허가가 떨어진 것이다.

"부산지검 수사과(수사관 朴劃相)는 11일 부산 사상구청 지적과 직원 李根五씨(32·8급)가 부산 사상구 주례1동 舊형제복지원땅 3천여평을 합필해주는 대가로 부산 금정구 구서동 84 (주)경붕 건축사 사무소 대표 金覆旭씨(32)로부터 1천5백만원의 뇌물을 받은 사실을 밝혀내고 李씨에 대해서는 특정범죄가 중처벌에 관한 법률 위반(뇌물)혐의로, 李씨에 대해서는 뇌물공여 및 변호사법 위반 혐의로 각각 구속 영장을 청구했다.

검찰에 따르면 李씨는 지난해 6월19일 金씨로부터 부산 사상구 주례1동 산18 사회복지법인 욥의마을(舊형제 복지원)소유인 사상구 주례동 239, 239의1, 239의2 등 3필지 대지 9천6백37㎡를 1필지로 합병해 달라는 보탁을 받고『토지합필은 혼자서 결정할 문제가 아니며 담당 계장과 과장의 결재를 받아야 하는 만큼 1천5백만원을 현금으로 바꿔주면 합필을 해주겠다』고 요구, 과장 전결로 합필해 준 뒤 1천5백만원을 받아 챙긴 혐의를 받고 있다.

또 건축사무소 대표 金씨는 李씨의 요구에 따라 사상구 괘법동 조흥은행 사상지점에서 1천5백만원을 1만원권으로 인출, 쇼핑백에 넣어 자신의 부산 4로7015호 마르샤 승용차 안에서 李씨에게 전달한 혐의를 받고 있다." (《부산일보》 1996년 6월 11일)

여름의 폭우와 또 다른 죽음

1997년 6월 16일, 부산시 오규석 기장군수 집무실에 경찰이 들이닥쳤다. 경찰은 오 군수 등 8명이 민간 공사 현장에서 작업을 방해했다는 진정을 받고 업무방해와 직권남용 등의 혐의로 불구속 입건했다. 형제복지원(당시 법인명 욥의마을) 부지 이전 문제를 놓고 박인근과 대립하던 오 군수는 졸지에 피의자가 됐다. 1980년대 부산시장을 등에 업고 구속된 뒤에도 치료를 핑계로 거리를 활보한 게 그였다. 혐의 입증에 자신을 보이며 집무실을 압수수색하던 경찰은 6월 25일 무혐의로 오 군수 사건을 종결했다.

"사건 자체만으로 볼 때 경찰이 자치단체장 집무실과 가택을 압수수색하고 출장 수사를 하는 등 극히 이례적인 수단을 동원했다는 점에서 그 배경에 시선과 의혹이 제기되는 것도 사실이다. 특히 경찰이 진정서가 접수된 지 불과 20여 일 만에 압수수색과 출장 조사에 나선 것은 관례와 상식을 벗어났다는 지적이다. 특히 집무실과 가택을 압수수색하면서도 직속 상부기관에 사후 보고를 한 점은 경찰 조직의 위계 질서를 의심케 한다."(《부산일보》 1997년 6월 21일)

형제복지원이 자리한 부산시 주례동 부지를 매각한 뒤 기장군 정관면의 개발제한구역으로 시설을 이전하려 한 박인근의 계획은 번번이 좌절됐다. 오 군수 때문이었다. 오 군수는 1997년 6월 13일부터 일곱 차례 전용산림용도 변경 승인 신청을 반려하며 무계획적 개발을 제한하고 주민 공감이 필요하다는 의견을 냈다.

시설 이전을 반대한 기장군 지역 주민과 오 군수를 향해 당시 다

수 언론은 '님비 현상'이라는 색깔을 입혔다. 오 군수는 시설 이전을 허락하라는 정치인들의 압력을 받았다.

시설 부지 이전 문제로 기장군 지역 주민들은 반목하고 갈라졌다. 박인근과 매매 계약을 한 부지 소유주 강아무개 씨가 목재소를 짓겠다며 포클레인으로 작업을 하자 주민들은 공사장 부근에 컨테이너 박스를 설치하고 농성을 벌였다. 매일 19개 마을 주민 10~20명이 동원돼 24시간 공사를 감시했다. 9월 25일 새벽 5시, 공사를 벌이려는 강씨와 이를 막는 주민 70여 명 간에 고성이 오가다 심한 몸싸움이 벌어졌다. 주민들은 부지 소유주 강 씨가 목재소를 핑계로 공사를 하는 것은 복지법인 읍의마을 시설 이전을 위한 꼼수라고 비난했다.

박인근은 한 번 붙잡은 목표를 놓지 않고 밀어붙였다. 민원을 이유로 허가를 불허하는 것은 잘못이라며 행정심판을 청구해 승소했다. 오 군수의 임기가 끝나기 두 달 전인 1998년 4월 14일 부산시가 전용삼림용도 변경을 직권 승인했고 계획대로 기장군 정관면 달산리 산133번지에서 중증장애인을 위한 시설 실로암의집 건설 공사를 시작한다. "기장군 정관면 달산리 일대 부지는 바다가 보이는 산등성이 부분으로 주변 환경이 인가와 더욱 떨어진 지역입니다. 도로와 대지의 경계 부분으로 붙어 있고 지역이 산등성이에 위치하여 민원의 소지도 없습니다." 박인근은 자신감이 넘쳤다. 민가와 가까웠던 주례동 형제복지원 시절을 생각해보면, 세상 사람들의 시선에서 멀어질수록 시설 운영이 수월하다는 판단을 했다.

공사는 2002년 5월 끝났다. 과거 3000여 명에 달했던 형제복지원

(당시 법인명 형제복지지원재단) 시설 거주자들은 건물 노후화와 함께 다른 시설로 이전됐고 중증장애인 46명만 남았다. 기장군청으로부터 준공 검사도 받기 전인 2002년 5월 26일, 장애인 46명이 과거 형제복지원 자리에서 새 시설로 옮겨졌다. 부지 8799평, 연면적 1200평으로 착공된 시설 실로암의집은 건물 터를 확보하기 위해 산허리를 무리하게 깎아 일반인들도 걸어 올라가면 숨이 가빠졌다.

그해 여름, 유난히 비가 많이 내렸다. 2002년 8월 4일부터 중부지방과 영남지방에 폭우가 쏟아지기 시작했다. 낙동강 하류 지역의 물은 넘실대며 넘쳐날 것 같았다. 실로암의집 주변 지반은 비가 7일째 내리던 8월 10일 오전 7시 40분께 무너져 내렸다. 토사 30여 톤이 실로암의집 1층 방과 식당을 덮쳤다. 도망치지 못한 장애인 임병호(13), 박창호(17), 김기한(16), 조수만(18) 군이 젖은 흙더미에 파묻혀 숨졌다. 형제복지지원재단은 절개지 콘크리트 안전벽을 1.5미터 높이밖에 올리지 않고 낙석 방지용 철망도 2미터만 설치했다.

토사가 무너져 내려 사람 네 명이 숨진 그날, 실로암의집은 처참했다. 흙더미에 싸인 시설은 바닥에 가재도구가 나뒹굴었고 사고 현장에서 공무원과 소방대원, 취재진과 시설 직원들이 뒤엉켰다. 박인근은 비에 젖은 흙더미 속에서 취재진을 향해 악을 쓰며 소리를 질렀다. "내가 죽였나? 내가 죽였나? 내 책임이가!"

욕망의 끝

박인근은 복지시설을 최소로 유지하면서 수익 사업을 다각화하여 운영했다. 1996년 5월 7일, 박인근은 이사회를 열어 법인이 소유한 전 재산을 매각하겠다고 밝힌다. "현재 법인 소유 대지 총면적 43만 6816㎡(13만 2136평)로 시가 기준 전체 금액은 379억 3717만 7000원입니다. 주례2동 239번지에 수익용 레저센터를 건립할 부지 3305㎡(약 1000평)를 제외한 전 재산을 정리하여 사회사업에 실질적으로 사용되는 목적용 재산과 실제적 수익성을 갖춘 수익용 재산으로 만들고자 합니다."

박인근의 의지는 1980년대부터 오스트레일리아(호주)를 오가며 보고 배운 것에서 나왔다. 그는 복지법인과 별개로 호주에서 개인 사업을 벌이고 있었다. 사업비의 출처는 확인되지 않는다. 1995년 6월 22일 비상장회사인 잡스타운JOB'S TOWN PTY LTD을 사들여 레포츠센터와 실외 골프연습장을 운영했다. 박인근과 아내 임아무개, 딸과 사위가 돌아가며 대표를 지내다 2011년 1월 10일부터 사위와 딸이 공동대표를 맡았다.

박인근의 계획에 제동을 걸거나 비판하는 이사는 없었다. 1990년부터 2~3년 임기로 이사를 여섯 차례 맡았던 이아무개 씨는 말했다. "복지법인을 잘 모르시네. 이사가 뭘 한다고요. 대표가 다 운영하는 거지. 나는 서울에 있고 1년에 몇 번 안 내려갑니다."

1965년 형제육아원으로 시작돼 국가로부터 땅을 불하받고 정부 지원금으로 규모를 키운 복지법인은 박인근 개인 소유 재산처럼 운영됐다. 박인근의 아내 임아무개 씨가 1985~2005년 시설 원장, 사위와 아들이 번갈아 수익사업체인 사상해수온천의 사장, 막내 딸이 시설 직원이었다. 법인 돈은 박인근 일가의 쌈짓돈이었다. 처남 임아무개 씨가 목사로 재직 중인 호주의 ㅍ교회에 매년 약 1000만 원씩 선교비 명목으로 흘러갔고 목사인 첫째 사위에게 선교비와 교재비로 2005년 약 1900만 원이 보내졌다. 회계 장부에 드러난 단편적인 숫자가 이 정도다. 법인 돈으로 박인근 며느리의 산후 조리비, 가족들의 개인 이자가 지출됐다.

전 재산을 매각하려 한 박인근의 계획은 1997년 외환위기로 지연된다. 그러나 2001년 8월 14일 보유 토지 가운데 주례동 239번지(2만 9012㎡)를 223억 7800만 원에 ㅈ건설사에 매각하는 데 성공한다. 박인근은 사업을 확장했다. 2002년 1월 4일 사하구 장림동의 대형 레포츠센터 건물, 2004년 1월 9일 사상구 괘법동의 해수온천 건물(감정가 130억 원)을 사들였다. 복지국가를 강조했던 전두환 정권 시절에 대한민국에서 가장 크고 선진화된 시설을 운영했다고 자부한 박인근은 새 꿈에 부풀었다. 시대가 달라졌으니 선진국처럼 건강 산업이 발전할 게 틀림없었다. 2005년 3월에는 해수온천 건물을 3층에서 5층으로 증축해 찜질방, 헬스장, 휴게실, 황토방, 옥외 풀장을 만들고 장림동의 레포츠센터는 사업 종목을 바꿔 샘물 생산 공장을 설치한다면 당장 돈이 들어올 것 같았다. 2005년 8월 30일 박인근은 임시이사회를 소집해 사업 계획을 밝힌다.

"현재 리모델링하고 있는 사상온천은 수익성 높은 사업장입니다. 리모델링을 끝내고 개업만 하면 수입이 올라오고 자본을 얼마 들이지 않고 화장품도 생산 시판할 수 있습니다. 융자를 낸 다음 법인 재산인 땅이 팔리지 않는다 해도 이자와 원금을 갚는 것은 문제가 아니죠. 온천수를 수질 검사한 식약청은 해수온천으로서는 너무도 인체에 좋은 영양소가 들어 있다고 하여, 영양크림 외 8가지를 생산할 수 있습니다. 식약청에서는 9가지를 지시하였는데 사업부 담당 기술자는 최고급 화장품, 치약·비누를 포함하여 13가지를 생산할 수 있다고 합니다. 사상온천에서 나오는 제품은 현재 한국에서 생산되고 있는 수입품과 비교할 수 없는 최고급 제품이라 장담하고 있습니다. 물은 염도만 제거하면 해수 안에 인체에 좋은 영양소가 있어 식수로 허가된다고 합니다. 물의 시판은 12월 중순으로 계획하고 있으며 허가가 되면 대한민국 최초의 해수로 만든 물이 될 것입니다."

박인근은 사업을 벌이며 복지법인 소유 부지를 팔기 시작한다. 매매는 독특했다. 1987년 김용원 검사가 우연히 감금된 수용자를 발견한 울산 울주군 청량면 삼정리 784번지 등 27만 8164㎡는 2003년 2월 형제복지지원재단 이사인 이아무개와 첫째 사위의 누나 김아무개에게 팔린다. 함께 땅을 매입할 아무 관계가 없는 이들이 부산상호저축은행으로부터 39억 원을 차입한다. 2006년 8월, 땅을 보유한 이 이사가 해임되자 2달 뒤 박인근의 첫째 사위 김씨가 삼정리 일대 부지를 모두 사들이며 60억 원을 차입한다. 박인근이 명의신탁한 부동산이었다. 박인근은 명의신탁된 이들의 종합소득세를 냈다.

밑바닥 끝까지 무너져 내리며 실패해보지 않은 사람은 자신을, 자신의 선택을 의심하지 않는다. 성공을 점치며 박인근은 사업 확장을 위해 돈을 대출했다. 2001년 과거 형제복지원 부지였던 주례동 산18번지를 매각한 돈 가운데 20억 원을 부산저축은행에 입금하면서 김양 부회장(당시 부산상호저축은행 사장)과 인연을 만든다. 그에게 대출은 너무나 쉬운 일이었다. 복지법인의 재산 처분과 차입 허가를 내주는 사회복지 공무원. 그들은 쉬운 존재들이다. 돈으로, 인맥으로 움직일 수 있는 인간 부류는 어느 조직에나 있기 마련이다. 그들의 욕망을 채워주면, 그들이 나의 욕망을 채워주는 세상 이치를 박인근은 뼛속까지 알고 있었다.

2005년 4월 21일 장기차입 50억 원 허가를 한 차례 거절했을 뿐 부산시는 박인근이 내민 재산 매각, 수입 사업 계획, 장기차입 문건마다 도장을 찍었다. 부산시는 2005년 4월 28일 사우나, 찜질방, 화장품 사업을 인가했고, 같은 해 6월 1일과 9월 27일 사상해수온천을 증축하는 데 장기차입 15억, 30억 원을 연이어 허락한다. 당시 장기차입을 허락한 윤아무개 사회복지과장 아들이 운영하는 ㅌ인테리어와는 수의계약으로 장림동 레포츠센터 리모델링 공사(21억 7800만 원, 2007년), 사상해수온천 리모델링 공사(15억 원, 2011년)를 맡긴다. 아동청소년담당관실에서 아동복지 업무를 담당한 황아무개씨의 남편 이아무개 씨는 2010년 5월부터 그해 12월까지 형제복지원이 운영하는 중증장애인 요양시설인 실로암의집 원장으로 근무하게 했다. 2007년 12월 28일 박 원장은 외환은행 주례동지점에서 당시 시청 보건과 최아무개 계장에게 2000만 원을 송금했다. 10년 가까이 사회복지과에서 근무했던 최 씨는 2012년 퇴직한다. 최 씨는 퇴직 이후 뒤늦게 송금 영수증이 드러나자 뇌물이 아니라 빌린 돈이라고 했다.

공무원들이 박인근이 벌이는 재단 행사에 참석하면서 인권 유린으로 세상을 떠들썩하게 만들었던 형제복지원의 과거는 잊혀졌다. 시민단체 사회복지연대가 제공한 문건을 보면 2007년 8월 6~8일

재단의 장학생 수련회에 박인근이 2000만 원을 송금한 보건과 최 계장, 부산시 정아무개 사회복지과 과장, 부산시 사회개발원 이아무개 회장, 부산시 사회복지과 김아무개 계장, 이아무개 부산시 사회복지 국장 등이 참석해 강의를 하고 20만 원씩 받아갔다. 부산저축은행 김양 부회장, 전 시비에스 부산지역본부장 김아무개, 고신대학교 부총장 안아무개 등도 참석했다. 이들이 참석한 수련회에서 수용자 수만 명의 인권을 짓밟은 형제복지원의 과거를 미화하는 홍보영상 〈종점에서 시발점으로〉와 드라마 〈탄생〉이 방영됐다. 2001년 1월 13일 박인근 막내 딸 결혼식 축의금 목록을 보면 부산 사상구청장, 서구 부구청장, 부산 중구청 총무국장, 부산시청 사회복지과 공무원 4명 등이 이름을 올렸다.

빗장 풀린 욕망은 하늘로 날아가 땅에 발을 딛지 않았다. 박인근의 욕망은 한계선을 넘어서고 있었다. 그는 사상해수온천을 리모델링한다는 명목으로 2005년 6월부터 2008년 6월까지 총 118억 원을 차입하고 뒤늦게 부산시에 장기차입 허가를 신청했다. 시는 2009년 4월 6일 박인근이 내민 장기차입 신청서보다 대출 기한을 1년 연장해 2011년 12월까지 갚으라고 특혜를 줬다. "공시지가 기준 법인의 기본 재산은 237억 307만 8000원, 2009년 4월 현재 기준 채무는 118억 6800만 원으로 공시지가 기준 기본 재산 대비 채무 비율이 50% 수준으로 다소 높은 편이나, 실거래가격은 공시지가와 차이가 있을 것으로 판단함. 법인 이사회 의결 절차의 적법성, 채무상환 등을 통한 경영정상화 대책을 감안하여 허가 조치."[12]

118억 원은 무담보 신용대출로 진행됐다. 부산상호저축은행은

2009년 2월 외부 감사에서 지적을 받자 뒤늦게 박인근에게 근저당 설정을 요구했다. 사실상 박인근은 근저당 설정을 진행하기 위해 118억 원 차입을 받은 상황에서 부산시에 장기차입 허가를 신청했다. 118억 원 대출 과정에서 이사회 회의록, 법인 감정, 인감 증명서, 심지어 대출 서류조차 제대로 된 게 없었다. 부산시는 장기차입을 허가하며 사상해수온천 리모델링 및 소요 사업비에 대해 공인회계사의 회계 감사를 받고 보고서를 제출하도록 조건을 달았지만 박인근은 따르지 않았다.

그는 멈추지 않았다. 박인근은 법인 재산을 도둑질했다. 장기차입을 신청하면서 법인의 기본 재산을 매각해 차입금을 상환하겠다는 계획서를 부산시에 제출했다. 거짓말이었다. 쉽게 돈을 내주는 은행에 돈을 갚을 이유가 없어서일까. 2009년 6~9월 부산 강서구 일대 법인 소유 토지를 21억 4600만 원에 매각하는 등 법인 재산을 팔아치웠지만 박인근은 이 가운데 14억 5300만 원을 빼돌려 셋째 딸의 의사 남편이 울산 달동 ㅇ빌딩을 매입할 수 있게 도왔다.

죄악으로 쉽게 쌓아올린 재산 위로 먹구름이 몰려와 폭우를 쏟아붓고 있음을 그는 알지 못했다. 내일의 몰락을 알지 못했다. 화수분처럼 돈을 토해내던 부산상호저축은행은 2011년 2월 17일 갑자기 영업이 정지됐다. 영업이 정지되기 전날 저녁, 임직원들은 주요 고객VIP들에게만 사실을 알려 함께 돈을 찾았다. 다음날 피 같은 돈을 잃은 서민들은 닫힌 은행 문 앞에서 절규했다. 천문학적인 7조 원대 불법대출과 분식회계, 횡령 등 혐의로 박인근의 측근인 부산저축은행그룹 김양 부회장 그리고 박연호 회장 등 주요 임원 10명이 5월 구속 기소됐다. 나머지 임원 11명은 불구속 기소됐다.

1970~80년대 감금, 살인, 성폭행, 노동 착취, 시신 유기, 미성년자 약취유인, 횡령, 인권 유린 등 세상 온갖 범죄가 깃든 형제복지원은 또 다시 서민들을 파탄에 빠지게 한 부산상호저축은행 사태의 중심에 선다. 박인근 일가의 대출 규모는 법인을 제외한 개인 대출자 가운데 가장 앞에 있었다. 2012년 10월 9일 국정감사에서 새정치민주연합 강기정 의원은 권혁세 금융감독원장에게 질문을 던진다.

"부산에 형제복지재단이라고 있습니다. 들어보셨습니까? 이사장 박인근은 개인대출로 320억(박인근 117억, 사위 김아무개 127억, 김씨의 누나 79억)의 부당 대출을 받아요, 법인 대출 말고. 한 번도 이자를 안 냈는데도 지적을 안 받아요. 그래서 대출 담당자한테 왜 이러냐 그러니까 김양 부회장의 지시로 어쩔 수 없다 그래요. 법인 대출 합치면 575억입니다. 금융감독원, 2010년도 8번 현장조사 갔어요. 그 조사 인력이 68명입니다. 그렇게 많이 조사했음에도 부산저축은행이 한 사람한테 320억 부당 대출한 것, 지적하지 않아요. 금감원의 많은 직원들이 징계 먹고 또 퇴직하면 저축은행 이런 데로 임원으로 재취업하고 도대체 감독을 할 수가 없지요. 오늘 아까 업무보고 할 때도 보니까 저축은행 탓만 하고 있어요, 저축은행 탓. 도대체 금감원은 지금 사건 터지기 전에 옛날에 부산저축은행에 팔십 몇 명이 가서 뭘 조사하고 뭘 보고 온 거예요? 가면 눈을 감아 버리고 가면 귀 닫아 버리고. 답변을 좀 해보세요."

박인근의 건강이 악화되던 2011년 4월 7일 아들이 법인 대표이사를 물려받았다. 부산상호저축은행의 채권은 아이비케이저축은행(옛 예솔저축은행)으로 넘어갔다. 8%였던 이자는 다른 은행에 채권이 넘어가면서 21%로 치솟았다. 박인근 일가의 사업은 넘실대는 이자의 파도 밑으로 침전해갔다. 118억 원에 대한 이자는 연체이자가 75억원으로 불어나 총 채무가 203억 원에 달했다. 채권자인 아이비케이저축은행은 사상해수온천에 대해 임의경매절차를 진행하면서 실로암의집(한국감정원 평가 72억 원)을 제외한 대다수 재산을 가압류했다.

심판과 구원

부산시는 2014년 6월 3일, 복지법인 느헤미야(옛 형제복지원)를 상대로 법인 설립 허가 취소 절차에 들어갔다. 형제복지원 사태가 터진 후 27년, 법인 설립(1965년) 49년 만이다. 그러나 부산시가 쏜 화살은 박인근 일가를 또 다시 비켜 간다.

법인 설립 허가 취소 착수 하루 전인 6월 2일 부산시는 이 문제로 공청회를 연다. 느헤미야의 새 대표이사 서아무개 씨가 갑자기 나타나 "법인을 투명하게 운영하겠으니 거듭날 수 있게 도와달라"고 요청했다. 서씨는 느헤미야 외에 이미 다른 복지법인의 대표를 맡고 있었다. 서씨는 기자에게 "금액을 밝힐 수 없지만 박인근의 아들 박천광이 구속되기 직전 법인을 샀다. 그의 요구로 거래는 은행계좌가 아닌 현금으로 진행됐다. 판례를 보면 복지법인 매매를 인정하고 있다"고 했다.

부산시는 상황을 방관했다. 사회복지과 담당 공무원은 "새 대표이사가 복지법인을 샀다는 것은 처음 듣는다. 해산 명령을 내렸고 절차대로 진행할 것"이라고 답했다. 부산시는 이성숙 당시 시의원이 2012년 8월 31일 형제복지지원재단의 장기차입을 지적하자 뒤늦게 특별점검을 벌였고 박인근 부자를 검찰에 고발했다. 박인근의 아들 박천광은 2014년 5월 6일 23억 원을 횡령한 혐의 등으로 법정 구속됐다. 검찰은 아들을 불구속기소하며 2년을 구형했지만 부산지방법원 제7형사부는 이례적으로 3년을 선고했다. 재판부에 뇌경색 등의 의료 기록을 제출한 박인근에 대한 재판은 중단됐다.

당시 느헤미야 자산 237억 원 가운데 총 부채 202억 원(2014년 4월 기준)을 제하면 법인 순 재산은 약 30억 원이다. 2001년 주례동 239번지 매각 대금이 223억 원인 점을 고려하면, 박인근 일가가 나랏돈으로 운영되는 복지법인을 얼마나 방탕하게 운영했는지 알 수 있다 (1996년 이사회에서 박인근이 주례동 부지를 비롯해 법인 총 자산이 시가 379억 3717만 7000원이라고 밝힌 바 있다). 박인근 일가가 개인적으로 갚지 않은 수백억 대 부산상호저축은행 부채는 방치될 확률이 높다.

박인근 일가가 무리하게 수익사업을 벌이는 가운데 장애인 40여 명이 살고 있는 법인 시설 실로암의집은 피폐해졌다. 2012년 점검 결과 종사자 호봉 산정 부적정으로 인한 과다지급 인건비 2238만 4000원, 시설 장애인 생계 급여를 종사자 식비로 사용한 5288만 4000원 등 7526만 8000원이 적발돼 환수 조치됐다. 자격증 없는 종사자를 물리치료사로 채용하여 의료기사 등에 관한 법률 위반 혐의로 고발당하기도 했다. 실로암의집은 1999년 착공 이후 한 차례도 개보수 공사를 하지 않았다. 부산시 형제복지원 담당 관계자는 "형제복지원 법안이 통과돼도 지방 재정이 열악하기 때문에 피해자에게 보상을 할 수 없고 국가가 책임져야 한다는 게 시의 입장"이라고 전했다.

2014년 9월 28일 오후 2시 서울 자양동 건국대학교 법학관 모의법정에서 '형제복지원 국민법정'이 열렸다. 사법연수원 제44기 인권법학회원과 형제복지원 피해자들이 모의법정에 참석했다. 박인근은 모의법정에서 살인, 사체 은닉, 폭력행위 등 처벌에 관한 법률 위반(집단 흉기 등 강요), 미성년자 약취 유인 등으로 기소됐다. 부랑인들의 시설 수용을 지휘한 전두환 전 대통령은 직권남용권리행사 방해 등의 혐의다. 푸른 죄수복과 흰 운동화를 신은 두 사람은 나란히 앉았다. 박인근 역할을 맡은 인권법학회 회원이 "부랑인들을 먹이고 재워주었다"고 항변하자 방청석이 술렁였다. 실제 형제복지원 피해 생존자 남성이 욕설을 차마 뱉지 못하고 법정 문을 박차고 나갔다. 한 여성 피해자는 실제 법정인 것처럼 연신 흘러내리는 눈물을 손으로 닦았다. 법정에 세워진 가짜 박인근과 전두환을 보며, 실제 피해자들은 울분을 토했다. 이날 모의법정은 연극과 현실이 뒤섞였다. 재판부가 전두환에게 징역 30년, 피고인 박인근에게 무기징역을 선고하자 법정은 숨소리가 들리지 않을 만큼 숙연해졌다.

국가와 부산시의 무능과 묵인, 무관심 가운데 형제복지원은 브레이크 없이 수십 년간 질주했다. 그가 사회에 저지른 범죄, 피해자에게 벌인 악행은 심판을 유예받았다. 그는 용서를 구하지 않은 채 여든일곱의 나이로 2016년 6월 27일 전남의 한 요양병원에서 사망했다.

3장

생존자

홀로코스트 생존 작가 프리모 레비Primo Levi가 말한 것처럼, 억압이 거셀수록 억압받는 사람들 사이에는 권력에 기꺼이 협력하려는 의지가 확산된다. 형제복지원에 수용된 사람들은 이곳의 가해자가 됐다. 박인근은 형제복지원을 군대처럼 운영하면서 중대장, 소대장, 조장 등 차등적 계급을 뒀다. 계급의 자리에 오른 수용자들은 다른 수용자를 감시하고 폭력을 저지르며 자신의 자리를 지켰다.

2014년 4월부터 8월까지 당시 마흔세 살이던 박태길 씨를 인터뷰했다. 1984~1987년 형제복지원에 수용된 그는 피해자였고 어느 지점에서는 박인근이 만든 체제의 협력자였다. 그는 과거를 미화하지 않았다. 자신이 겪은 고통과 타인들에 준 고통을 기억했다. 그곳에서 다른 수용자를 감시하는 협력자였으며, 탈출하려는 소년의 부탁을 거절하지 못했던 피해자였다. 1987년 원장이 구속되면서 박태길 씨는 복지원을 나왔으나 섬의 노예로 또 다시 팔려간다.

그곳에서 생을 빼앗기고 협력자가 될 수밖에 없던 사람들의 이야기를 소설 형식으로 구성했다. 앞서 소개한 형제복지원 피해자들의 증언을 소설에 실었다.

달이 창살에 걸리다

쇠창살 밖으로 검은 하늘에 흰 달이 걸렸다. 쇠창살 사이로 들어온 달이 엄격하게 줄 지어 선 2층 침대를 비췄다. 양쪽으로 스무 개씩 늘어선 2층 침대 사이로 달빛이 스며들자 어둠 속에서 복도가 반질 거렸다. 도열한 침대 위에 같은 방향으로 머리를 두고 누운 아이들은 내일 깨어나지 않을 것처럼 죽은 듯이 눈을 감았다. 이불 밖으로 나온 검은 머리들이 달빛을 맞았다. 낮의 혹독한 노동과 폭력에 지친 눈동자 위로 밤이 내렸다.

아이들이 누운 방문은 바깥에서만 열 수 있다. 내부 창문은 비좁은 쇠창살이 감쌌다. 대지를 떠도는 밤 공기. 알 수 없는 곳에서 불어와 알지 못하는 이에게로 가는 바람. 검은 머리카락을 내리쬐는 투명한 햇빛. 한참을 울다 어느 순간 그치고 마는 여름 장마. 해와 달, 비와 바람과 공기만이 쇠창살을 허락 없이 드나들 수 있었다. 계절과 계절 사이로 아이들은 자라지 않았고 밤과 낮은 무한 반복됐다.

모두 잠든 밤에 태길 홀로 깨어 있었다. 바짝 깎은 푸른 머리통이 침대 위에 걸터앉아 졸음을 이겨냈다. 만약에 있을지도 모를 수용자들의 도주를 막아야 한다. 졸음을 좇아내느라 흰 눈을 부릅뜨다 보면 생각은 바람처럼 쇠창살을 빠져나가 건물 위를 날았다. 건물 위를 떠돌다 운동장을 달렸고 철문을 지나 도시를 날았다. 죽은 엄마 대신 들어온 아빠의 세 번째 여자, 아버지와 동생이 사는 집으로 날아가 불을 댕기면 화염 속에서 비명이 새어 나왔다. 아버지와 새엄마의 행복을 위해 쇠창살 안으로 들어왔다. 그들의 행복을 빌지 않을 거다.

텔레비전은 거짓말을 했다. 부랑인에게 밥을 주고, 새 삶을 찾도록 교육하는 곳, 바로 이곳 형제복지원. 가족들은 아버지의 세 번째 여자와 싸우는 태길을 복지원에 보냈고 원래 없던 사람처럼 3년간 찾지 않았다. 잠이 들지 않는 밤이면 머릿속에서 집에 불을 질렀다. 어떤 날에는 죽은 친엄마 얼굴이 하늘에 달처럼 떴다. 엄마가 죽기 전 일주일에 한 번, 한 시간을 걸어 엄마가 입원한 병원에 걸어갔다. 병실 문 밖에서 보던 엄마 얼굴이 태길의 얼굴을 덮었다. 낮을 밀어내고 밤이 스며들면 저 멀리 버려둔 기억들이 달려들었다.

어린 간수의 시간이었다. 열다섯 살에 간수가 되었다. 여기에 가두어져 타인의 시간을 감시했다. 형제복지원에서는 매일 밤, 한 사람씩 돌아가며 깨어나 한 시간 동안 도망자를 막아야 한다. 복지원이라 불리는 거대한 감옥의 시간이 그랬다. 복지원 입구에 세워진 높고 단단한 철문을 지키는 경비원, 원장 아래 중대장, 중대장 아래 소대장, 소대장 아래 조장 신분인 태길이 그랬다.

그들은 어떤 날, 어느 때 잡혀와 갇혔다. 인연 하나 없던 사람들이 이유도 맥락도 없이 이곳에 들어왔다. 집 없이 싸돌아다니다가, 가족들이 보내서, 술 먹고 길에서 자다가, 여관비를 아끼려 역에서 하루를 새다가. 인연 하나 없던 사람들이 거대한 집에 들어와 같은 이름을 가졌다. 수용자들이다. 경찰, 구청 사람들이 그들을 잡아다 이곳에 인계하였다. 그들이 쇠창살 안에 갇힌 이유를 세상은 설명하지 않는다. 갇혔으므로 갱생해야 한다고, 당신들은 잘못 살아왔다고 말했다. 이곳의 문은 한 번씩만 열린다. 수용자가 들어올 때다. 나가려 할 때는 열리지 않는다. 삶이 쇠창살 안에서 끝날지 모른다. 세상은 이곳의 존재를 알지만 들여다보지 않았고, 감시했지만 헤아리지 않았다. 세상은 이곳을 복지시설이라 불렀다. 기적처럼 탈출한 이들은 감금죄로 신고하지 못하였다. 그들을 인계한 이들은 경찰관이다. 경찰서는 세상 도처에 있다. 세상은 믿고 싶은 것을 믿었으므로. 믿음의 바깥에서 짖어대는 이야기에 귀를 기울이지 않았다.

수용자들 또한 이곳을 정상의 공간이라 여기지 않았으나, 어쨌든 생각을 가져선 안 된다. 생각을 하면 그것은 숨을 쉴 때마다 의문을 뱉었다. 왜 이곳에 갇혀야 하는가. 여기선 질문이 허용되지 않는다. 질문을 하는 순간 정신 나갔다는 소리와 함께 정신을 잃도록 그들이 때렸다. 생각을 멈추면 여기선, 적어도 여기에선 정상이 된다. 질문을 품으면 검은 새가 날아와 쉬지 않고 머릿속을 쪼아대 하얗게 파놓았다. 머릿속이 하얗게 파이면 정신을 잃는다. 관리자들은 머리가 하얗게 파인 수용자들을 또 다른 방에 가두고는 주사를 놓았다. 주사를 맞으면 몽롱해졌고, 몽롱해지면 잠을 자고, 자고 일어나면 어제는 오늘이 되고, 오늘은 어제가 됐다가 내일이 왔다. 시간이 뒤죽박죽 흐르는 '시간 또라이'로 불렸다.

우리는 불볕 아래 누운 복날의 개처럼 혀를 빼물고 생각을 버렸다. 사육장에 틀어박혀 도망치는 년놈이 없는지 둘러본다. 우리를 들여다보지 않고 우리의 이야기를 듣지 않는 세상처럼. 우리는 아무것도 보지 않고 듣지 않으려 한다. 미치거나 길들여진다.

세상 사람들은 원장의 말을 신뢰했다. 그는 복지계의 우상이며 허상이었다. 진실과 사실보다 중요한 것은 믿음이다. 세상은 거리에서 거지들이 치워지기를 바라는 소망으로, 이곳을 사랑의 복지시설이라고 믿는 믿음으로 바라보았다.

조장 태길은 오늘 밤 진실을 안고 도망치려는 자를 막아야 한다. 소대장이 이유 없이 아이들을 때리면 태길은 수돗가에서 코피를 씻겨 줬다. 그러다가 소대장 흉내를 냈다. 눈에 거슬리면 잡아다 두드려 패고 피가 거꾸로 쏠리게 거꾸로 세워두고는 기합을 췄다. 소대장은 충성스러운 태길을 때리지 않았다. 언제부터였는지, 왜 그랬는지는 기억나지 않는다. 어느 순간 자빠지는 것처럼 길들여졌다.

질문이 차단된 세계에선, 그가 법과 질서를 만든다. 원장이 이 세계를 그리고 완성했다. 생각 같지 않은 원장의 생각, 말 같지 않은 원장의 말을 따름으로 우리는 육체의 고통을 덜어냈다. 한 순간 매 맞지 않고 벌 받지 않기 위해서.

우리는 무산자들이었고 넓은 대지에 한 줌 손에 쥔 것 없이 서 있었다. 그것이 우리의 죄였다. 여기선 계급을 부여받았으며 가파른 계단에서 서로를 무너뜨려야 한다. 원장-중대장-소대장-조장-일반 수용자로 이어지는 계급의 계단에서. 높은 계급은 낮은 계급을 개처럼 부린다. 낮은 계급은 더 하찮은 계급을 더 개처럼 부린다. 여기는 세계의 끝이다. 모든 사람은 신체의 자유를 가진다는 헌법에서 배제된 우리는, 형법과 형사소송법의 영역 안에 있지 않았으므로, 우리에게 벌어진 모든 폭력은 죄가 아니다. 죽음이 사계절로 흘러갔다.

조장과 일반 수용자. 두 계급은 야간 근무를 하는데 한 시간에 한 번씩 교대를 바꾸며 탈출자를 감시한다. 여기선 야간 근무자가 누군지 사전에 알려주지 않았다. 소대장은 매일매일 당일에 야간 근무자를 지정했다. 그날은 특별할 것 없는 야간 근무였다. 녀석이 깨나기 전까지는. 밤 열두 시쯤 됐을까. 새벽 한 시였는지도 모르겠다. 어둠 속에서 머리통 하나가 이불 밖으로 솟았다. 밤에 일어나는 이유는 똥을 싸거나 오줌을 갈기러 가거나 둘 중 하나다. 그런데 녀석이 변기가 아닌 태길의 침대 쪽으로 발꿈치를 들고 다가왔다. 태길 앞으로 녀석이 머리통을 들이밀었다. 느려터진 행동으로 사람 답답하게 하는 '곰' 녀석이 얼굴을 바짝 대고는 어둠 속에서 눈동자를 반짝인다. 태길은 아이들 이름을 다 모른다. 대충 별명으로 불렀고 어떤 놈은 이름으로 불렸다. 정확한 나이는 모르지만 곰은 태길보다 두세 살 어렸다. 복지원에서 우리들은 이 소대에서, 저 소대로 끊임없이 옮겨졌다. 곰의 눈동자가 바닥에 엎드리며 빈다.

"조장님, 한 번만 봐주세요."

곰의 눈동자가 노를 저으며 가까이 다가온다. 태길은 선뜻 대답하지 못했다.

삼천여 명의 우리는 때가 되면 이 방에서 저 방으로 떠돌며 같은 공간에서 자고 먹고 싸면서도 서로를 알지 못했다. 입소번호가 매겨지는 것으로 시작된 이곳 생활은 우리로 하여금 서로에게 관심을 가질 수 없게 했다. 우리는 그저 분류될 뿐이었다. 느려터진, 눈치 없는, 기합과 체벌을 불러오는, 주위를 피곤하게 하는. 그런 자와 그렇지 않은. 곰은 전자에 가까운 부류였다. 느려터지고 눈치가 없었다.

어둠 가운데 곰이 머리를 조아리며 태길에게 속삭인다.

"한 번만 봐주세요."

태길은 순간 소대장이 자고 있는 침대로 눈길을 돌렸다. 움직임이 없다. 소대장은 우리를 감시하고, 우리는 우리들을 감시한다.

"뭘 봐줘?"

태길은 소대장을 곁눈질하며 속삭였다.

"도망치려고요."

어이가 없다. 생각도 계산도 없는 곰 녀석이나 할 수 있는 말에 태길은 한동안 입을 열지 못했다. 조장에게 도망갈 테니 봐달라는 겁대가리 없는 행동이라니. 조장이 아닌 다른 수용자가 야간 근무를 설 때 도망칠 것이지, 왜 태길에게 부탁을 하는지 알다가도 모를 일이다. 태길은 곰의 눈동자를 들여다본다.

태길은 소대장의 침대로 눈길을 돌렸다. 움직임이 없다. 만에 하나 곰이 도망친다면 탈출을 방조한 태길도 무사하지 못할 것이다. 심장이 몸을 마구 두드리다 빠르게 방망이질을 한다. 소리는 심장에서 시작해 귀 밑까지 올라와 쿵쾅거렸다. 태길은 소대장에게서 시선을 거두고 곰을 보았다. 적막 가운데 침대에 누운 백여 개의 눈동자가 감겨 있었고 태길과 곰은 서로에게서 시선을 떼지 않는다.

"할 수 있으면 해보든가."

태길이 조는 동안 곰이 도망쳤더라면 녀석을 붙잡아 눕혀 큰소리로 소대장을 깨웠을지도 모른다. 탈출자를 놓치면 몸이 피곤해진다. 우리는 맞지 않으려 서로를 붙잡고 주저앉혔다. 곰 같은 놈이 이곳을 빠져나갈 수 없다. 해봤자 되지도 않을 일, 허락이나 해주자 싶었다. 복도로 향하는 이중 잠금장치 문은 어떻게 열며, 창을 빼곡하게 감싼 쇠창살을 맨손으로 구부릴 능력도 재간도 없는 놈이다.

곰의 탈출을 허락했지만, 되지도 않을 일이라고 태길은 자신을 안심시켰다. 되지도 않을 일, 곰에게 허락이라도 하면 마음이 가벼워질까. 기어오르다 나뒹굴면 다시 담을 넘을 생각을 버릴까. 비굴해져야 할까. 곰은 유령처럼 소리 없이 소대장 책상으로 걸어가 서랍 문고리를 잡았다. 닫힌 서랍이 열렸다. 소대장은 아직 반응이 없다. 소대장이 눈을 감고 곰과 태길의 대화를 엿듣고 있을지 모른다는 생각에 태길은 심장이 쪼그라들었다. 다른 수용자들이 구타와 기합을 받을 때 조장 태길에게만은 열외를 준 소대장이 지금 무슨 짓을 벌이고 있는지 안다면. 어쩌면 그가 감은 눈을 하고 깨어 있을지도 모를 일이다. 결정적 장면까지 포착하고서 태길과 곰의 목을 죄여올지도 모른다. 몇 가지 상상은 태길의 목을 조였다.

곰은 서랍에 손을 깊이 넣어 차갑고 반짝이는 것을 꺼내들었다. 곰은 태길의 예상을 이탈하고 있었다. 곰이 소대장 책상을 벗어나 드라이버를 들고 창문으로 다가갔다. 꿈같은 장면이 태길 앞에 펼쳐졌다. 곰이 환풍기에 드라이버를 갖다 대자 나사가 빙글빙글 돌아갔다. 툭, 뭔가 바닥에 떨어지는 소리가 적막을 깼다. 쿵쾅거리던 태길의 심장이 지진마냥 요동쳤다. 이제는 돌이킬 수 없다. 소대장이 깨면 모두 끝이다. 창이 뚫리자 약속이라도 한 것처럼 다른 아이 셋이 이불 밖으로 머리를 쳐든다. 곰과 탈출하려고 짜놓은 아이들이 이불 속에서 대화를 엿듣고 있었다. 태길이 허락하면 환풍기 밖으로 함께 나가려고. 쉽게 뜯긴 환풍기 사이로 밤 공기가 훅 밀려들어왔다. 아이들 네 명은 뜯겨진 환풍기 사이로 몸을 구겨 넣었고 한 명씩 어둠 속으로 사라져갔다. 경비가 지키는 정문 말고 뒷산으로 도망치면 산을 타고 헤매다 민가에 닿게 된다. 몇 해 전까지 살아온 세계로 돌아갈지도 모른다.

찬 공기는 창살 내부를 떠돌았고 쌓인 먼지 사이로 길을 내었다. 아이들이 떠나고 태길은 뚫린 벽 사이로 죽은 밤을 바라본다. 몇 달전 다른 아이들과 도망치려다 들켜 정신을 잃도록 맞고는 근신소대에 배정됐다. 연장이라고 할 수도 없는 깨진 망치를 들고 손이 얼얼해지도록 종일 돌을 깨는 작업을 배당받았다. 맞지 않으려면 쉬지않고 깨고 부수어야 한다. 근신소대 생활이 끝나고 새 소대에 배치된 뒤 얼마 지나지 않아 우연히 소대장의 눈에 뜨였고 충직한 부하가 됐다. 조장으로 한 단계 상승한 태길은 이제 맞지 않는다.

쉽게 뚫린 벽 사이로 밀려오는 밤공기가 그를 자극했다. 환풍기로 걸어가 열다섯 해를 살아온 어깨를 갖다 댔다. 이곳에서 일 년 넘게 시간을 보내는 동안 커져버린 어깨가 자신을 막아선다. 환풍기 구멍 앞에 두 발을 디딘 채 생각 속에서는 곰을 따라 산길을 헤맨다. 숲속을 걸을 때마다 거인 나무들이 어둠 속에서 검은 손을 뻗어 얼굴을 할퀴었다. 숲이 끝나고 길이 시작되는 곳에 다다랐을 때 새벽이 스며든다. 타닥타닥 걷다가 처음 마주한 집 담벼락에 걸린 빨랫줄에서 젖은 옷을 훔쳐 갈아입고 달아난다. 어깨에 걸린 환풍구 앞에 서서 눈을 뜬다. 상상이 달아난다.

뜯어진 환풍기를 대충 걸쳐놓고 침대로 돌아왔다. 야간 근무자는 한 시간마다 바뀌었다. 태길은 다음 당번을 예정보다 십 분 일찍 깨우고는 재빨리 이불 속으로 숨어들었다. 곰과 약속한 것인지, 우연히 환풍기를 본 건지 다음 당번도 침대에서 일어나 환풍기 구멍으로 걸어갔다. 그도 이내 사라졌다. 수용자 다섯 명이 사라진 방에서 태길은 코를 고는 척 했다. 코 소리를 내면 쿵쾅거리는 심장이 들리지 않는 것 같았다. 다섯 사람을 내보낸 죄를 어떻게 감당할지 심장이 쪼그라들었다. 이대로 사라졌으면 싶었다. 이곳에서 사람은 원장의 재산이니까.

20분이 지났을까. 누군가 뒤척이다 일어났다.

"환, 환… 환풍기… 환풍기가 뚫렸어."

소대장의 또 다른 충직한 조장 '똥개'였다. 똥개의 고함이 울리자 소대장이 발딱 일어나 불을 켰다. 누워 있던 수용자들 머리가 용수철처럼 튀어 올랐다. 뚫린 환풍기 앞에서 소대장은 믿을 수 없어 당혹스러워하다 격분했다. 태풍이 어디로 튈지 모른다. 수용자들은 소대장의 얼굴만 바라보며 어쩔 줄 몰라 했다.

소대장이 중대장을 부르자 성난 얼굴의 사내가 27소대로 달려왔다. 중대장이 쾅, 문을 열고 들어오면서 심문이 시작됐다. 아이들은 침대 앞에 일렬로 서서 똑바로 차렷 자세를 섰다.

"이 새끼들 빠져나가는 거 본 사람 없어?"

"못 봤습니다."

"못 봤습니다."

"못 봤습니다."

"못 봤습니다."

똑같은 대답의 행렬이었다. 같은 얼굴들 사이에서 태길은 어떤 표정도 짓지 않으려 주먹을 불끈 지었다. 새벽이 오도록 기합을 받았다. 쪼그려 걷기. 뜀뛰기. 피가 쏠려 머리가 하얘지게 거꾸로 매달리기. 새벽이 오지 않는다. 곰이 산을 넘고 세상으로 달리는 시간이었다. 이상하게도 후회는 밀려오지 않았다. 1985년의 어느 날이었다.

검은 가죽 장갑을 끼고 예배당에

아이들이 살기 위해 달린다. 운동장에 모래 바람이 뿌옇게 일어난다. 달리는 놈들로부터 저만치 떨어진 꽁지 녀석은 전력을 다해 다리를 굴려보는데 한 걸음 내딛을 때 앞서 달리는 녀석 또한 한 걸음 달려가므로 격차는 좁혀지지 않는다. 운동장에 앉아 달리는 녀석들을 태길이 가만히 앉아서 바라본다. 달리는 녀석들은 태길보다 키가 작고 어리다. 얼굴에 땀을 흘리는 녀석, 미간에 주름을 쥐고 안간힘을 쓰는 놈, 주먹을 불끈 쥐고 죽기 살기로 뛰는 아이, 턱 밑까지 차오르는 숨을 재빨리 몰아쉬며 붉어진 얼굴로 달리는 녀석.

선두를 달리는 아이 뒤로 절박한 얼굴들이 달린다. 우리의 미래는 그에게 달렸다. 원장은 중대장을, 중대장은 소대장을, 소대장은 조장을, 조장은 애들의 어떤 순간을 손에 쥔다. 똥오줌을 눌 권리마저 그랬다. 조장 허락을 받아야 화장실에 갈 수 있다. 기합과 구타를 받지 않은 날은 드물었다. 청소 뒤 먼지가 발견돼서, 조장 기분이 더

러워서, 밥을 늦게 먹어서, 줄을 세웠는데 비뚤어져서, 그조차 이유가 필요하지 않다. 괄약근에 힘이 풀릴 때까지 흠씬 두드려 맞다 똥을 싸는 일도 벌어졌다. 조장 태길은 아이들에게 달리기 시합을 시키고서 물끄러미 바라본다.

태길은 1983년 부산 용두산 공원에서 자다가 우연히 잡혀왔다. 이듬해 태길의 가족들이 강제로 다시 이곳으로 보냈다. 가족들에게서 치워지고 일 년 뒤 조장이 됐다. 곰이 도망친 뒤 소대장은 태길을 추궁하지 않았다. 비밀을 들키지 않았다. 조장은 소대장이 다른 수용자를 구타하거나 기합을 줄 때 열외였다. 조장 자리를 뺏기면 다시 일반 수용자가 되어 개처럼 맞아야 한다. 그날 밤, 왜 곰을 도왔는지 태길 스스로도 이해되지 않았다.

모래 바람 속에서 살아남기 위해 악다구니를 쓰며 아이들이 달려온다. 달려오는 아이들을 보며 생각에 잠긴다. 몇 번까지 봐 줄지, 몇 번부터 두드려 맞을지. 생각은 이럴 때나 하는 것이다. 여기선.

바깥세상에서 민주화를 요구하는 목소리가 울렸지만 성벽 안은 말들이 사라진 지 오래였다. 누구도 여기를 알지 못했다. 죽을 만큼 인간을 패도 이곳에선 죄책감이 중력을 잃고 달아났다. 잠깐 피어올랐다 사라져갔다. 두드려 맞아 병신처럼 흐느적거리는 아이들이 살려달라고 빌면. 그 앞에 선 사람은 신이 된다. 살려줄지, 말지. 두드려 팰지, 말지.

먼지를 뒤집어쓰고 달려오는 아이들을 뒤로 하고 기억은 석 달 전 수요일 저녁 여섯 시로 달아난다. 태길은 함께 다니는 야간 중학교 일 학년 아이 다섯 명과 함께 쉬는 시간에 학교를 빠져나와 목공소로 들어갔다. 이곳엔 야간 중학교, 식당, 목욕탕, 목공소, 공장 같은 시설들, 그러니까 복지시설이라고 불릴 법한 구색들이 갖춰져 있다. 수요일 저녁 여섯 시는 야간 중학교 학생을 제외한 수용자들이 형제복지원 안의 교회에서 예배를 드리는 시간이다. 태길은 쇠창살을 따볼 요령으로 망치며 연장을 옷 속에 숨겼다. 형제복지원 담장을 넘으면 갈아입을 사복과 신발도 챙겨 목공소를 빠져나오는데 얼빠진 한 놈이 자기 키 만한 높이의 막대를 들고 나왔다. 훔친 연장으로 도망치자던 여섯 아이들이 목공소 문을 열고 나오는데 멀리서 고함 소리가 들려왔다.

"이번 일은 없던 걸로 할 테니 가지고 있는 거 다 내려놓고 손 들어. 손 들어, 얼른!"

태길은 손에 쥔 연장을 붙들었다. 목공소를 나오자마자 발각될지는 몰랐다. 한 걸음, 또 한 걸음 가까이 다가오는 목공소 반장 앞에서 이쪽도 어떤 선택을 해야 한다. 연장을 든 소년 여섯과 성인 남자 한명. 어쩌면 한 번 이길지도 모를 싸움이다. 연장을 쥔 손이 떨려오면서 하나둘 연장을 내려놓았다. 아이들은 빈 손이었다. 무엇 하나 이룰 새 없이 빼앗기는 데 익숙해졌던 수용자들은, 무언가를 쥐는 대신 버리는 쪽을 택했다.

연장이 떨어지자 목공소 반장은 저 아래를 지키던 경비원 쪽으로 얼굴을 돌려 눈짓을 보냈다. 경비원들이 순간 달려들어 아이들을 잡아채 형제복지원 꼭대기로 끌고 갔다. 수요 예배가 진행 중인 교회 문이 열리고 소년들이 예배당 뒤쪽에 꿇어앉았다. 경비들이 설교를 듣던 박인근 원장에게 다가가 속삭였다. 목사는 소리 높여 설교를 하는데 원장은 무릎 꿇은 소년들 쪽으로 걸어왔다.

뒤돌아보는 사람은 없었다. 예배 시간에 뒤를 돌아보거나 딴 짓을 하면 맞는다. 떠들어도 맞는다. 태길은 무릎을 꿇고서 눈을 내리깔았다. 원장의 발이 자신 앞에 멈춘다. 원장은 매주 월요일 삼천여 명의 수용자들을 교회에 집합시키고는 조례를 열었다. 일주일간 벌어진 사건 사고가 보고되면 원장은 판결을 내렸다. 도망치려다 잡힌 놈들은 쌀포대를 뒤집어쓰고 식당 앞에 서 있었다. '나는 도망치다 붙잡혔습니다.' 원장의 판결이 쓰인 쌀포대를 입은 그들은 근신소대에 배치돼 똥을 푸러 다녔다.

월요 조례와 일 년에 한 번 열리는 운동회를 제외하고 원장을 가까이 독대한 적은 없었다. 원장이 가끔 멀리서 지나갈 때마다 부동자세를 하고 눈을 마주치지 못했다. 소년들은 공포를 삼켰다. 원장이 바지 주머니에서 검은 가죽장갑을 꺼내 다섯 손가락을 밀어 넣었다. 복싱의 전조였다. 군인 출신인 원장이 한때 복서로 날렸다는 소문이 파다했다. 심판 없는 링, 판사 없는 법정, 인간 없는 복지시설, 신이 없는 여기. 여기엔 그만이 존재했다. 그가 주먹으로 태길의 머리를 내리쳤다. 태길은 주먹과 발을 피하지 않는다. 룰이 없는 이곳의 룰이다. 발길질과 주먹질이 계속되는 동안 눈앞의 풍경이 멀어져 간다. 아스라이, 저 멀리. 정신이 힘을 잃고 비틀댄다. 불처럼 통증이 번진다. 가슴을 걷어찰 때마다 숨통이 막혀온다. 정신이 사라지고 모멸감이나 비참함 같은 것들은, 모르겠다. 인식도, 인지도, 생각도, 정신도 사라져 가는데 몸을 태우는 고통만은 사라지지 않는다.

"살려주세요, 살려주세요."

원장의 주먹이 몸을 찢으면 자동으로 말이 튀어나온다. 살려달라고. 수용자들은 죽겠다는 말보다 살려달라는 말을 한다. 그러나 정작 사는 게 뭔지는 알지 못했다. 여기서 자신의 삶을 살아본 적이 없다. 강단에서 목사는 구원과 생명을 말한다. 찬송가가 들려온다. 자비와 용서, 회개의 노래. 수용자들의 뒤를 돌아보지 않고서 때리는 소리를 듣는다. 목격자가 되지 않으려 고개를 돌리지 않는다. 우리는 우리를 외면했고 사람 하나 없는 거기서, 비좁게 더럽게 거기서, 우린 홀로였다.

악, 소리 한마디 없이 사라져갔고 죽었다. 죽도록 두드려 맞아 정신을 잃은 사람이 업혀간 뒤 돌아오지 않았다. 남녀 숙소가 분리된 형제복지원에서 여자의 배가 부르다 어느 순간 꺼지곤 했다. 배 속의 아이는 어디로 갔는지 묻는 이가 없었다. 두드려 맞아 죽은 이와 시간 또라이 약에 중독돼 제 정신으로 돌아올 수 없는 여자 애의 미침과 소대장의 성폭행으로 아이를 밴 여자의 낙태를 우리는 알고 있었다. 수용자들의 노동이 원장 금고로 들어간다는 것도.

태길과 아이들은 근신 소대로 끌려갔다. 탈출을 시도하다 실패하거나 명령에 순응하지 않는 자들이 그곳에 있었다. 태길은 이제 야간 중학교에 갈 수 없다. 성인 수용자들은 식사와 취침 시간을 제외하곤 미용실, 목공소, 포클레인, 가구, 나전칠기, 미장, 용접, 선반, 뜨개질, 봉제실에서 일했다. 근신 소대에 배정되면 어른, 아이 할 것 없이 온종일 돌을 깼다. 새벽 다섯 시에 일어나 해가 지도록 쉬지 않고 돌을 깨는 일은 성인 남성에게도 힘에 부쳤다. 손에 힘이 빠져 돌을 들 수 없을 때도 등 뒤 소대장들의 감시에 쉴 수 없었다. 허락받지 않은 자는 화장실에 갈 수 없다. 연장이라고 할 수 없는 조악한 도구로 돌은 쉽게 깨지지 않았다. 힘이 빠져 감각을 잃은 손으로 돌을 깨다 손가락을 다쳤다. 식사 시간에 숟가락을 들면 돌처럼 무거워 손이 덜덜 떨렸다. 깨야 할 돌은 끝이 없고 하루의 끝은 쉬이 오지 않는다. 작업량을 채우지 못하면 매질을 당했다.

한 달간의 근신 소대 기간이 끝나고 태길은 10대 소년들이 배치된 27소대로 이동했다. 일반 소대에선 근신 소대와 달리 쉬는 시간이 주어졌다. 해가 뜨고 질 때까지 손에 들던 돌을 내려놓았다. 각 소대마다 군인들처럼 각을 잡고 오른쪽, 왼쪽으로 걸어가는 제식훈련이 이어졌다. 27소대 김충식 소대장은 또래보다 키가 큰 태길을 눈여겨봤다. 소대장이 태길을 조장으로 발탁했다.

조장 태길 앞에 아이들이 표정 없이 달린다. 우리에겐 이유가 없다. 이유 없이 서로를 매일 때렸다.

프로야구와 장례식

고통은 예고하지 않는다. 방어할 시간을 주지 않고 기습하여 시간을 부순다. 이놈은 패배를 모르고 질기게 이기기만 한다. 뿌리째 뽑힌 삶들이 갈아져 아스팔트 도로와 시궁창에 던져진다. 불행이 명령한다. 감당할 수 없는 것을 겪고서 살아남으라고 한다. 콘크리트를 뚫고서 자라난 남루한 하루들이 피어난다. 피투성이라도 살아보라는 신에게 돌을 던지려다 돌멩이를 빼앗긴다. 빈손의 우리가 주저앉는다. 불행은 보편적이나 개별적이어서 주저앉은 인간들은 자신의 운명만을 맴돌 뿐이다. 1983년 프로야구 시즌이었던 것 같다. 불행이 시작된 때가 그때였던 것 같다.

"롯데하고 해태하고 붙으면 누가 이기겠노?"

"롯데가 이기지. 인마, 말이라고 하나? 내기할까?"

부산은 프로야구로 물들었다. 가게마다 프로야구 중계가 나왔다. 식당 구석 텔레비전에서 야구 중계가 나오면 모르는 사람들이 한데 어울려 롯데를 응원했다. 5월의 어느 토요일이었고 롯데와 해태 경기가 예정된 날이었다. 태길과 친구들은 국민학교 6학년 수업을 마치고 집으로 돌아오며 결과를 예측했다. 롯데와 해태가 프로야구 경기를 벌이지 않았다면 기억에 남지 않을 아주 평범한 토요일. 오늘 벌어질 경기로 흥분한 태길과 친구들 곁으로 하얀색 병원 응급차가 급히 달렸다.

"저 차 봐라. 사람 죽은 거 아니가?"

"그런갑다, 야."

태길은 롯데의 승리를 믿으며 친구들과 헤어져 아파트 앞에 다다랐다. 방금 전 스쳐간 하얀 차의 미래는 알지 못했다. 아파트 입구 식육점 아주머니가 태길을 급하게 불러 세웠다. "느그 어머니 병원에서 오셨다. 빨리 들어가 봐라."

하얀 차는 태길을 지나쳐 부산 영도구 영선동 '미니아파트'에 엄마를 내려주고 떠난 뒤였다. 태길은 아파트 301호로 뛰어올랐다. 현관문을 열고 들어서자 아버지와 이모들이 주저앉아 있다. 힘없이 바닥에 누운 엄마는 눈을 감는다.

"엄마, 엄마."

불러도 엄마는 눈을 뜨지 않았다. 얼굴을 만져도 미동이 없었다. 1년 만에 병원에서 집으로 돌아와 아들에게 말 한마디 주지 않았다. 엄마는 백혈병을 앓았다. 부산 중구 메리놀병원에 입원했지만 차도가 없었다. 태길은 일주일에 한 번, 두 시간을 걸어 메리놀병원으로 갔다. 버스비가 없었다. 수시로 면회가 허락되지 않아서 병실 창으로 침대에 누운 엄마 얼굴을 물끄러미 쳐다보다 발길을 돌렸다.

병원 창으로 바라보던 엄마가 오늘 영원히 떠날 것 같다. 긴 해가 몽당연필처럼 짧아져 아파트 꼭대기 너머로 저물어갔다. 사람이 죽어가는 시간이었다. 태길은 밤이 가도록 엄마 곁에서 떠나지 않고 자리를 지켰다. 엄마 냄새를 맡고 팔을 잡고 얼굴을 매만지다 잠이 든다.

꿈에서 통곡이 들린다. 눈을 떠 누운 엄마를 보는데 몸이 있을 뿐이었다. 죽은 몸이었다. 이모들은 소리 내어 울었다. 장례는 다음날 아파트 옥상에서 치러졌다. 기름진 전과 음식이 상 위에 올려졌다. 음식들 사이에 다소곳이 앉은 사진 속 엄마는 말이 없다. 옥상 위로 기름진 냄새가 피어올랐다. 태길은 아파트 아래로 지나가는 아이들에게 장례 음식을 집어던졌다. 전이 공중을 가르고 콘크리트 바닥에 떨어져 쓸모없는 것들이 되었다. 아이들은 옥상에서 떨어지는 음식을 받으려 두 손을 뻗어 뛰어오르다 저희끼리 부딪쳐 깔깔거렸다. 태길은 웃느라 정신없는 아이들을 옥상에서 내려다보았다. 밤이 되도록 문상객들은 옥상에서 밥을 먹는다. 은빛 달이 엄마 잃은 그를 내려다보았다. 기름진 냄새가 봄밤에 스며든다.

장례가 끝나고 집으로 돌아왔다. 엄마가 병원에서 있는 동안 허물어져가던 집은 이제 사람 하나 살지 않는 폐허 같았다. 집은 집이 아니었고 가족들은 저마다 겉돌았다. 엄마가 죽고 10개월쯤 지나 아버지는 여자를 집에 데려왔다. 버스 기사였던 아버지는 천일관광 고속버스 안내원이라고 여자를 소개했다. 비워둔 엄마의 방에 여자가 들어오는 게 싫었다. 여자는 태길의 마음을 얻으려고 빵을 사들고 학교 앞에 찾아왔다. 일찍 서둘러 새 여자를 집에 들인 아버지가 미웠다. 엄마라 부르지 않은 새 여자와 같은 집에서 따로 살았다.

1984년, 비가 억수로 퍼붓던 날이었다. 우산을 써도 금세 옷이 흠뻑 젖는 날이었다. 장대비가 내리던 날, 여자가 짐 가방을 들고 현관문에 서 있었다. 태길은 문 앞에 선 여자를 보았고 둘은 어디 가냐고 묻고 답하지 않았다. 여자가 문을 열고 나갔다. 여자를 실은 택시가 빗속을 뚫고 사라졌다. 태길은 베란다 밖을 내려다보다 창을 닫았다. 그날 이후 여자는 집에 오지 않았고 가족들의 입에 오르내리지 않았다. 고모와 친할머니가 숨진 어머니의 패물이 사라졌다며 여자를 의심할 때였다. 패물은 여자가 사라진 뒤 집 안 어딘가에서 뒤늦게 나왔다.

어머니와 그 여자가 떠나고 태길의 가출이 시작됐다. 중학교 1학년 때 퇴학을 당했다. 학교에 갈 일이 없었다. 그해 여름 집을 나와 남포동 용두산공원 등나무 아래에 누웠다. 머리 위로 꽃들이 흐드러지게 피고 바람이 적당한 날이었다. 노곤한 몸에 잠이 쏟아졌다. 몇 시간쯤 지났을까. 누군가 태길의 허리끈을 달랑 들었다. 열네 살 소년이 버둥거려도 소용없었다. 태길은 짐짝처럼 가리개로 덮인 트럭에 실렸다. 트럭에 '형제복지원'이란 글씨만 없었더라도 뭔지 알 수 없었을 거다. 종종 집을 나갔다 들어오던 동네 친구들은 형제복지원이 사람을 감금한다고 말해주었다. 어른들은 믿지 않았지만 아이들은 알고 있었다.

트럭에는 사람이 스무 명쯤 타고 있었다. 그날 밤 가리개로 덮인 복지원 트럭은 길을 달리다 중간중간 섰고 그때마다 사람들이 짐짝처럼 차에 던져졌다.

"우리를 어디로 데려가는 거요?"

트럭에 탄 아저씨 한 명이 소리치며 반항했다. 복지원 직원으로 보이는 사람 둘이 아저씨를 개 패듯이 지근지근 밟았다. 아저씨는 피를 흘리며 복지원 직원의 발밑에서 신음 소리를 냈다. 이윽고 종잇장처럼 구겨진 아저씨가 트럭 구석에 머리를 숙인 채 처박혔다. 영문도 모른 채 트럭에 탄 사람들은 몸을 떨었다. 개처럼 맞기 싫으면 겁에 질린 얼굴로 꼬리를 내려야 한다.

새벽 세 시쯤 지났을까. 트럭은 정차했고 태길은 사람들을 따라 내렸다. 쇠막대를 들고 똑같은 옷을 입은 복지원 직원들이 돌아다닌다. 절대 열리지 않을 것 같은 거대한 문이 찌그덩 소리를 내며 열렸다 닫혔다. 차에서 내려 신입 소대 건물에 끌려갔다. 복지원 직원들은 팬티 한 장 남기지 않고 옷을 벗으라고 소리쳤다. 사람들이 옷을 벗는다. 나체들이 신입 소대에 두 줄로 정렬하자 직원이 나와 몸을 수색한다. 신체검사가 끝나자 파란색 추리닝을 던져줬다. 옷을 갈아입자 취침하라는 명령이 떨어진다. 태길은 낯선 공간, 낯선 사람들 옆에 누워 눈을 감는다. 꿈인지 현실인지 지금 이게 무엇인지 머릿속에 아무것도 잡히지 않는다. 이불 속에서 소리를 낼 수 없었다. 1984년 어느 여름밤이었다.

라면 스프, 전어젓, 초코파이

때리고 맞는 걸 매일 보며 익숙해졌다. 시간이 우리를 무디게 했다.
수용자들이 맞는 걸 보아도 배가 고팠고 식당에서 숟가락을 들고 식
판에서 밥을 떠먹었다. 사람이 두드려 맞는 일은 비밀스럽지 않았
다. 이곳의 규칙은 존엄해서 어길 때마다 맞는 게 당연했다.

수용자들이 등에 돌을 지고 꼭대기를 오르내리며 만든 복지원 안
에는 각종 시설들이 질서 있게 배치돼 있다. 교회, 내무반, 직원 사택,
선도실, 회의실, 작업보도공장, 식당, 창고, 취사장, 세탁소, 이발소,
개금국민학교 분교, 야간중학교, 목욕동, 사무실, A·B·C 병동, 지하
냉동실 1~4호실까지. 부산시 북구 주례동 산18-1번지,

매일 그렇고 그런 날들이 반복됐다. 새벽 5시 기상, 5시 30분 예
배, 6시 점호, 6시 30분 구보, 7시 아침 식사, 8시 노동…. 각 일과를
지루하지 않게 하는 건 기합이었다. 한강철교, 히로시마 타기, 원산
폭격, 통닭구이, 김밥말이까지 사람을 죽고 싶게 만드는 기발한 방

법들이 여기엔 깔려 있다. 한강철교는 두 팔을 바닥에 짚고 엎드려 뻗쳐서 뒷사람의 어깨에 다리를 올리는 기합이다. 두 번째 사람이 세 번째 사람에게, 세 번째 사람이 네 번째 사람에게, 네 번째 사람이 다섯 번째 사람에게. 수용자들이 똑같은 자세를 취하면 소대에는 사람 다리로 연결된 긴 철교가 형성됐다. 한 사람이라도 철교를 무너뜨리면 기합의 강도는 더 세졌다. 히로시마 타기는 물구나무를 서서 발을 이층 침대에 올리는 자세다. 기합을 받는 시간이 오래될수록 머리에 피가 쏠리고 위 안의 음식물이 쏠렸다. 수용자들이 나란히 누워서 돌돌 구르는 김밥말이를 하면 밑에 깔린 사람은 숨을 쉬지 못했다. 조장들은 가만히 앉아 이 기합에서 저 기합으로 바꿔가며 벌을 줬다.

기합의 이유는 사소했다. 토요일 오전마다 원장 박인근이 각 소대를 돌며 위생 상태를 점검했는데 금주의 실천사항을 외우지 못하거나 위생 상태를 지적받으면 그걸로 끝이었다. 소대장은 원장에게, 조장은 소대장에게 벌벌 기었다. 이불을 제대로 개지 않았다거나 행동이 굼뜨거나 기분을 나쁘게 했다는 이유로 소대장이나 조장이 수용자들을 때렸다.

매일 그렇고 그런 날들이 반복됐다. 매일 같은 것을 입에 욱여넣었다. 전어젓과 양념된장은 늘 식판에 올랐다. 말이 전어였지 썩은 전어를 가져와서 삭힌 희멀건 액체였다. 양념된장에서 된장 맛은 나지 않았다. 딱히 어떤 맛이라고 설명할 수 없었다. 박 원장은 수용자들의 식사가 1식 3찬이나 된다며 외부 세계에 자랑했지만 3찬 가운데 2찬은 양념된장, 전어젓이었다. 선짓국도 신물나게 나왔다. 선지를 넣었다는 물에선 아무 맛이 나지 않았다. 원장 사택 근처에 있는 밭에서 쬐그만 월남고추가 자랐다. 가끔 태길이 그 고추를 손에 쥐게 되는 날이면 밥 한 그릇을 꿀처럼 먹었다. 양념된장이나 전어젓에 비하면 월남고추는 복지원에서 먹을 수 있는 가장 신선한 식재료였다. 그나마 먹을 만한 게 콩국과 빵이었다. 빵을 받는 시간에 수용자들은 긴 줄을 섰다. 빵 한 개를 손에 더 넣으려다 들키면 혼쭐이 났다. 소대장들은 빵을 더 가져가도 괜찮았다.

몇몇 수용자는 쥐나 지네를 잡아먹었다. 그렇게라도 굶주림을 덜어보려고 했다. 산에 지어진 복지원 꼭대기에는 교회와 원장 박인근의 사택이 붙어 있었다. 가끔 사택에선 고기 굽는 냄새가 풍겨 나왔다. 사택에서 풍겨 나오는 고기 굽는 냄새를 맡으며 복지원 꼭대기에서 아래 세상을 내려다보면 손에 닿을 것 같았다. 저 아래 슈퍼마켓과 목욕탕 굴뚝, 주택과 지나다니는 자동차들…. 한발 내디디면 닿을 것 같은데 소리치면 들을 것 같은데 철창 밖 세상은 우리가 이유 없이 이곳에 감금된 사실을 알지 못했다.

세상은 우리들이 감금된 게 아니라 보호받는 것이라고 했다. 외부 손님들은 우리를 자유롭게 접촉하지 못했다. 복지원 직원들은 손님들을 데리고 다니며 건물들을 보여주었고, 손님들은 그 무한한 질서에 감탄을 금치 않았다. 외부 손님들이 올 때면 보이지 않는 공간에 우리들을 보내기도 했고, 늘 입는 추리닝이 아닌 사복을 입혀 전시하기도 했다. 어린이날이나 명절 같은 특별한 날에 손님들이 왔다가 가고 나면 귤, 사탕, 초코파이가 담긴 비닐봉지를 한 개씩 받았다. 그 봉지에 든 음식을 아껴 먹으려고 침대 같은 곳에 숨겨두었는데 없어져서 수용자들끼리 싸움이 벌어지기도 했다.

손님들이 올 때만 잠깐 입혔다 뺏어가는 옷들은 복지원 내부 봉제공장에서 수용자들이 만든 것이었다. 원장은 복지원 내부 공장에서 만들어진 물건을 바깥세상에 내다 팔았는데 우리는 얼마에 팔리는지 알지 못했다. 태길도 국민학교 운동회장에서 아이들이 박을 터뜨릴 때 쓰는 콩주머니 그리고 텐트를 만들었다.

우리들은 1년 365일 늘 같은 파랑 추리닝을 입었다. 신기하게도 매일 똑같은 것을 먹고 똑같은 옷을 입고 똑같은 하루를 살다 보면 시간이 흐릿해졌다. 지나간 사건은 기억이 났지만 어느 계절이었는지, 몇 월이었는지는 잘 기억에 남지 않았다. 시간이 흐르지 않고 돌아올 뿐이었다. 하루는 사라진 아이가 우리에게 먹을 걸 던져주고 달아났다. 쥐도 새도 모르게 복지원을 탈출했던 은희가 형제원 담벼락에 갑자기 나타났다. 열 살쯤 됐으려나, 그 애가 어떤 경로로 뒷동산에 들어왔는지 모르지만 아마 복지원을 둘러싼 산을 타고 왔을 것이다. 흰 블라우스에 치마를 입은 은희는 복지원 담벼락 너머에서 초코파이가 가득 담긴 봉지를 던졌다.

"배고프재? 너거 먹어라!"

은희의 갑작스러운 등장은 한 편의 영화 같아서 초코파이라면 환장하는 아이들도 멍하니 그 광경을 바라만 봤다. 정신을 차리고 떨어진 초코파이를 줍느라 정신없다. 복지원 경비원들이 화들짝 놀라 달려갔다. 날쌘 은희를 잡지는 못했다. 그 아이가 어떤 경로로 복지원에 나타났다 사라졌는지는 지금도 모를 일이다.

굶주림은 사람을 동물로 만들었다. 낮은 비루하고 밤은 비참했다. 남자들은 성욕에 굶주렸다. 수천 명의 수용자들은 남자와 여자로 구별됐다. 멀리서 지켜만 볼 뿐 서로 이야기는 나눌 수 없었다. 유일하게 여자들을 가까이서 대할 수 있는 곳은 복지원 내부의 국민학교 분교와 야간중학교, 식당이었다.

성에 굶주린 소대장들은 밤이 되면 아이들이 누운 침대 위에 기어 올라가 팬티를 벗기고 성기를 끄집어내어 엉덩이에 밀쳐 넣었다. 화장실로 불러들였다. 밤에 일을 치른 아이들은 낮이 되면 제대로 걷지 못하고 절룩거렸다. '후장 따였다.' 복지원 사람들은 그렇게들 표현했다. 아침에 누군가 절뚝거리면 후장을 따였다는 걸 알면서도 서로 묻지 않았다. 그저 짐짓 모르는 체 넘어가는 게 편했다. 후장 따인 엉덩이 밖으로 괄약근이 삐져나왔고 며칠이 지나도록 쉽게 낫지 않았다. 태길은 우연히 잠에서 깨어 옆 침대에서 후장이 따이는 걸 봤다.

일주일에 한 번 복지원 꼭대기의 새마음교회에서는 인민재판이 열렸다. 재판장도 검사도 원장 박인근이다. 후장을 따인 아이가 어른을 유혹한 죄를 뒤집어썼다. 소대장에게서 후장을 따인 어떤 아이는 중대장에게 신고했다가 뺨을 얻어맞았다. 짱구 소대장, 개눈깔 소대장은 아이들 엉덩이에 성기를 집어넣는 걸로 유명했다.

배고픔은 비굴함으로 우리를 인도한다. 박인근 원장 아들은 이따금 사택 창문 밖으로 라면 스프나 십 원짜리를 던졌다. 원장 아들은 수프 하나를 받으려고 날뛰는 수용자들을 물끄러미 바라봤다. 간혹 사택 1층 문 앞에서 수프를 던져놓고 급하게 문을 잠갔다. 아이들은 떨어지는 수프를 잡아채려다 부딪치고 뒤엉켰다. 수프가 던져지면

배고픈 우리는 자동적으로 먹기 위해 뛰어올랐고 서로 가지려고 싸
웠다. 하늘에서 라면 수프가 내릴 때마다 태길이 두 발을 들어 뛰어
올라 잡아채었다.

경애의 사탕

유혹의 순간이 다가왔다. 태길이 아동 소대 조장이 되기 전, 그러니까 탈출에 실패하고 원장에게 실컷 두드려 맞은 뒤 근신소대에 배치돼 온종일 돌을 깨는 고역을 하던 때였다.

"오늘 밤 한 번 대주면 근신소대에서 나가게 해 줄게. 화장실로 따라온나."

부산 영도가 고향이라던 근신소대 조장이 태길에게 슬며시 제안을 해왔다. 태길은 그날 밤 잠을 이룰 수 없었다. 평소 같으면 무시했을 그 덫이 밀물처럼 다가와 빠져나가지 않았다. 매일 반복되는 돌 깨는 작업은 보통 일이 아니었다. 돌을 깨는 손은 감각을 잃을 만큼 얼얼해졌고 조금이라도 꾀를 부리면 관리자들로부터 얻어터졌다. 화장실에 갈 때만 손에 쥔 망치를 놓았다. 엉덩이를 대준다면, 잠깐 내가 아닌 내가 된다면 이 지옥에서 자유롭게 될 것 같았다.

소대의 불이 꺼지고 모두들 자리에 누웠다. 철제 침대에 누운 태길도 눈을 감았다. 화장실로 따라오라던 조장의 목소리가 마음속에서 되풀이된다. 두 마음 사이에서 갈등했지만 팬티를 벗어 편해지고 싶지는 않았다.

다음날 아침이 되었다. 태길은 조장 표정을 살폈다. 별다른 변화가 없다. 소대장은 오늘 중대 발표를 한다고 했다. "84-4218번, 아동소대로 이동!" 84-4218번은 태길의 수용 번호다. 태길이 오늘 근신소대에서 아동소대로 이동한다는 사실을 조장이 미리 알고 유혹한 것이다. 어젯밤 엉덩이를 까든 안 까든 이 무시무시한 근신소대에서 떠날 수 있었다.

소대장 충식은 아이들을 때리다가도 살갗을 쓰다듬는다. 소대장 충식은 남자 아동을 담당하기 전 여자아동소대를 관리했다. 충식은 열 살짜리부터 가슴이 나오기 시작하는 열 몇 살짜리까지 여자아이들을 불러 침대에 앉혔다. 아이의 추리닝 속으로 손을 집어넣고 여기저기를 만졌다. 어린 나이에 복지원에 납치된 아이들은 성교육을 받지 못했다. 충식이 무엇을 하는지, 왜 옷에 손을 넣는지 알지 못했다.

폭행이 은밀한 곳에서 일어나지 않듯 성추행도 눈을 피하지 않았다. 60여 명이 함께 쓰는 여자아이들의 소대에서 충식이 아이의 옷에 손을 넣을 때마다 수십 개의 눈동자가 그를 바라보았다. 어느 날 아침에 보면 침대에 여자아이와 충식이 함께 누워 있었다. 충식은 아이의 살을 만지다가도 심드렁한 표정으로 명령했다. "가." 아이는 시키는 대로 충식의 침대에서 자기 자리로 이동했다. 소대장들은 자신들의 구역에서 작은 박인근이었다.

경애는 열 살이던 1982년 부산 사하구 괴정동에서 내복 차림으로 엄마 심부름을 하러 길을 나섰다. 그리고 다시는 집에 돌아가지 못했다. 검은 차가 다가와 집에 데려다 준다고 하기에 싫다고 했는데 억지로 태웠다. 복지원에 처음 들어온 날 어른 한 명이 다가와 몽둥이를 들고 엉덩이와 어깨를 내리쳤다. 여자아동소대로 옮겨져 몇날 며칠을 울자 아이들이 시끄럽다며 머리끄덩이를 잡아당기고 뺨을 때렸다. 국방색 모포를 뒤집어씌우고는 발길질을 해댔다. 나중에는 때리면 때리나 보다, 그렇게 되었다.

하루는 경애가 사택 앞 흙바닥에 앉아 쉬고 있었다. 복지원의 새마음교회 주일학교 교사 박봉석이 다가와 경애 옆에 앉았다. "너 참 예쁘게 생겼구나." 교사 박봉석은 경애의 볼에 입을 맞추고선 옷 속에 손을 집어넣었다. 아직 나오지도 않은 가슴을 더듬더니 팬티 속으로 손을 집어넣어 만지기를 반복했다. 박봉석은 손을 빼더니 눈깔사탕 하나를 경애의 손에 쥐여 주었다. "이거 먹어." 경애는 눈깔사탕을 손에 쥐었다.

폭력은 여자아이들에게도 예외가 아니다. 충식은 그나마 나은 편이다. 소대장들은 매번 바뀌었는데 어떤 소대장은 여자아이들을 어른 군인처럼 대했다. 다칠 때까지 때렸다. 소대장이 아이들을 때리고 "일어서"라고 명령했을 때 움직이지 못하면 그제야 가만히 놔뒀다. 그조차 상황에 따라 달라졌다. 소대장은 바닥에 엎드려 기진맥진한 여자아이를 발로 툭툭 쳤다.

"이 새끼가 꾀병을 부리네."

소대장은 아이를 억지로 일으켜 세워 손바닥으로 세차게 뺨을 후려쳤다.

"너 아파, 안 아파?"

"안 아픕니다. 괜찮습니다."

"안 아프지?"

"네."

"똑바로 서. 새꺄."

악마의 발길질은 또다시 시작됐다. 소대장들은 모두 복지원의 수용자 출신이다. 일부는 여자, 남자 짝을 이뤄 복지원에서 합동 결혼식을 올렸다. 원장 박인근의 눈에 든 일부 소대장은 원장의 사택에 거주했다.

어떤 언니들의 배는 둥글게 부풀었다가 가늘어졌다. 둥근 배에서 새로운 생명이 태어났다는 소식을, 경애는 듣지 못했다. 배가 볼록 나온 언니가 소대장 발에 걸어차여 바지 밑으로 피가 나오는 걸 보았다. 여자 아동 소대에서 가장 바보 같았던 영자 언니의 배는 몇 번이나 부풀었다 꺼지기를 반복했다.

조장 엄기자와 엄기자의 '꼬붕'인 서지예는 늘 붙어 다녔다. 덩치가 크고 무서운 얼굴의 조장 엄기자도 소대장 앞에서는 순한 양이었다.

"어서 벌려 봐."

엄기자와 서지예는 영자 언니에게 팬티를 벗고 성기를 보이라고 명령했다. 영자 언니는 사람들이 시키면 뭐든 했다. 엄기자와 서지예는 막대기로 영자의 성기를 툭툭 치며 키득댔다. "이게 걸레지, 사람 거냐?" 영자의 성기는 쭈그러진 할머니 것처럼 축 벌어져 있었다.

영자 언니는 정신을 놓는 날이 많아졌다. 아무 데서나 훌훌 옷을 벗어던지며 괴성을 질렀다. 여자아이들은 옷을 벗는 영자 언니에게 발길질을 했다. 영자는 아이들 한가운데서 피를 흘리면서도 자꾸 옷을 벗는다. 붉은 피가 돋아난 영자 언니가 꽃처럼 웃었다.

투견

"때려."

여자 아동 소대에 신입 아이가 한 명 들어왔다. 경애가 몇 달 전 들어왔을 때 그랬던 것처럼 울며 내보내 달라고 떼를 쓴다. 아직 형제복지원이 어떤 곳인지 감을 잡지 못한 것 같다. 작고 힘없는 경애에게 조장 엄기자가 명령한다. "저 애 때리라고."

경애는 주춤거리며 주먹을 들지 못했다. 복지원에 들어오기 전 동네 아이들과 싸움을 하기는 했지만 이유 없이 사람을 때린 적은 없다.

"개새끼." 덩치 큰 조장 엄기자가 경애에게 성큼 다가와 손으로 머리를 후려쳤다. "때리라고. 이년아." 불꽃이 일며 머리가 화끈거렸다.

열 살 경애는 맞아 부은 얼굴로 울부짖는 아이에게 다가가 뺨을 때렸다. 맞지 않기 위해선 때려야 한다. 아이가 더 큰 소리로 울부짖는다. 국방색 모포 속 아이는 처음 복지원에 와서 내보내 달라던 경애의 과거였다.

그 일이 있고 나서 사람을 때리는 일이 어렵지 않았던 것 같다. 신입 소대원이 들어와 서럽게 울고 발버둥 칠 때마다 다른 여자아이들과 함께 국방색 모포를 뒤집어씌우고 주먹과 발로 때렸다. 처음 들어왔다고 우는 아이들은 가엾지 않았고 시끄럽게만 보였다. 동정이나 자비, 공감, 이해, 용서 같은 것들은 복지원에 들어오는 순간 휘발됐다. 조그만 자극에도 분노와 증오가 타올랐다.

"외부인한테 쓸데없는 말 하면 죽는다." 우리는 서로를 감시하도록 강요받았다. 외부 손님이 다녀갈 때나 복지원 내 야간중학교나 개금분교에 다니는 아이들한테는 늘 지시가 떨어졌다.

여자아동소대의 한 아이는 분교 선생님에게 집에 보내는 편지를 전달했다가 소대 전체가 발칵 뒤집혔다. 편지를 전하는 장면이 또 다른 학생의 눈에 포착되었고 금세 소대장에게 보고되었다. 경애가 속한 소대는 밤새 기합을 받았다. 편지를 주는 걸 본 또 다른 아이가 있느냐, 똑같은 일이 벌어지면 어떻게 되는지 아느냐, 협박과 위협이 반복됐다. 소대장에게 고자질을 한 아이만은 체벌을 받지 않고 편하게 앉아 있다. 경애는 고자질을 한 아이만큼 부모에게 편지를 전달하려 한 아이가 미웠다. 조용히 살 것이지.

우리들은 수용자 번호나 별명으로 불리었다. 이름을 갖지 못했다. 도망치거나 죽으면 명단에 줄이 그어졌다. 복지원은 매일 아침 저녁으로 탈출자가 있는지 인원을 점검했다. 매년 복지원 인원은 증가했다. 1975년 12월 516명이던 수용자는 816명, 1111명, 1325명, 1293명, 1221명, 1713명, 1985명, 2525명, 2861명, 3011명으로 매년 증가했다. 1986년 말에는 수용자가 3128명이었다. 형제복지원에서는 12년간 513명이 숨졌다. 누구도 검증하지 못한 장부상의 숫자다. 실제로 얼마나 더 사망했는지는 알 수 없다.

형제복지원 꼭대기에는 작은 무덤들이 듬성듬성 있었다. 누군가는 이 무덤 속에 수용자들이 있다고 했다. 죽어서도 가족들이 찾지 못할 것이며 여기서 벌어진 감금과 학대를 알릴 수 없다. 이곳을 탈출한다고 해도 부랑자로 낙인찍은 시선 때문에 우리가 겪은 일을 믿어주지 않을 것이다.

외부 병원으로 나가는 절차는 까다로웠다. 어떤 날 운동장에서 숨이 넘어가려는 할머니가 들것에 실려 있었다. 복지원 관리자들은 외부 출입을 시키느니 마느니 옥신각신했다. 할머니는 치료조차 받지 못하고 운동장에서 숨을 거두었다. 도망을 치는 사례가 생기자 외부 병원으로 가는 조건은 점차 까다로워졌다. 복지원 내에 의사가 있다고 하는데 만나기는 어려웠다. 간호사 자격증도 없는 복지원 아이들이 어깨너머 배운 기술로 찢겨진 부위를 찢고 실로 깁고 소독했다.

정신과 병동은 비밀스러웠다. 가짜 간호사 노릇을 하며 일반 병동을 돌아다니던 아이들도 정신과 병동 내부에는 들어갈 수 없었다. 복지원 내 목욕탕으로 들어가는 계단으로 올라갈 때면 창문 너머로 정신과 병동 내부가 보였다. 한 여자가 거기에 있다. 발가벗겨진 젊은 여자가 침대에 묶여 팔다리를 버둥거리며 고함을 친다. 어제도 오늘도 그 여자는 늘 거기에 있었다.

붕괴

원장 박인근이 한순간 사라졌다. 1987년 1월 16일이다. 무자비한 권력자가 사라진 공간에 곧바로 평화가 찾아오지는 않았다. 복지원은 무질서와 혼란에 빠졌고 사회는 한꺼번에 거리로 쏟아져 나온 수용자들을 불안해했다. 자유는 대가를 요구했다.

검찰에 끌려간 원장 박인근은 다음날 구속되었다. 박인근이 울산에 짓고 있던 자동차 교습소 건설 현장을 우연히 목격한 검찰의 수사로 원장은 붙잡혀 들어갔다. 원장실 대형 금고에서는 22억 원의 예금 증서와 달러, 엔화가 쏟아졌다. 돈과 예금 증서는 압수되었다. 야당인 신민당 의원이 복지원에 들어와 실태 조사를 하였다. 장시간 가두어진 사람들은 쉽게 두려움에 빠져들었다. 제대로 된 답변을 못하거나 말하기를 주저했다.

맞아 죽은 마흔 살 수용자 김계원은 검찰 수사로 뒤늦게 세상에 알려졌다. 1986년 8월 2일 탈출을 시도했던 김계원은 발각되어 다

른 수용자들이 보는 데서 무릎을 꿇어야 했다. 태길과 경애의 소대
장이었던, 여자아이들의 살결을 만지던 충식은 몽둥이를 들고 김계
원의 몸을 가리지 않고 두들겼다. 김계원은 피를 흘리며 정신을 잃
었다. 찬물을 들이부었지만 정신을 차리지 못했고 숨을 멈추었다.
복지원 촉탁 의사 정명국은 김계원의 죽음을 신부전증으로 인한 사
망으로 처리했다. 소대장 충식은 검찰 조사에서 "김계원이 쓰러지자
원장 박인근에게 보고했고, 이후 원장에게서 김계원이 사망했음을
듣게 되었다"고 진술했다.

한동안 신문과 방송은 복지원 이야기로 떠들썩했다. '복지수용자
강제노역 폭행치사 원장 등 5명 구속', '공포의 복지원 12년, 수용자
513명 병사', '수용자 사망 허위진단서 복지원 사건 의사 입건', '부산
복지원 사건 신민 조사단 파견', '복지원 사건 국회서 다뤄야', '살상
원이 된 복지원', '국민훈장 받은 평통위원 박인근은 누구인가', '행정
부처끼리 책임 회피', '대공 관계 혐의자도 일부 수용, 사체 의학 실험
용 판매 가능성', '부산시 복지원 사태 터지자 은폐로 일관'.

언론은 기사 경쟁을 하며 이야깃거리를 찾아다녔지만 오래가지
못했다. 1987년 한국 사회에는 거대한 물결이 일고 있었고, 부랑인
을 감금하고 인권을 유린한 사건은 쉽게 잊혀졌다. 그해 여름, 전국
은 민주화를 향한 열망으로 뜨거웠다. 서울대 학생 박종철과 연세대
학생 이한열이 고문과 최루탄으로 숨지자 분노한 사람들이 거리로
쏟아졌고 독재 타도를 외쳤다.

감금자들은 잊혀졌다. 513명의 사망자들도 잊혀졌다. 박인근의
성 안에 갇혔던 태길과 경애는 거리로 나왔다.

거리에서

태길은 원장이 잡혀간 1987년 겨울 복지원 정문을 걸어 나왔다. 경비원 누구도 잡지 않았다. 연고자가 없는 이들은 복지원 철문을 나서는 순간 또다시 부랑자가 되어 굶주림과 냉대를 견뎌야 한다. 태길은 복지원을 나와 집으로 돌아갔다. 1984년 여름 납치된 뒤 한 달도 안 돼 복지원에서 만난 이웃집 아저씨의 도움으로 이미 한 번 돌아온 적 있는 집이었다. 그러나 아버지는 그해 겨울 태길을 다시 형제복지원으로 보냈다. 아버지의 세 번째 배우자에게 반항한다는 이유였다. 3년 만에 돌아온 집에 새어머니는 그대로 있었다.

새어머니와 아버지는 부산 남구 대연동 못골시장 앞에서 돼지국밥집을 차렸고 그곳에서 숙식을 해결했다. 태길의 동생은 식당과 떨어진 곳에 방을 얻어 살고 있었다. 다시 거리로 나섰다. 병원으로 가려고 버스를 탔다가 아무 이유도 없이 중간에 내렸다. 충무동을 쏘다니다 극장 앞에 앉아 있는 한 무더기의 아이들과 만났다. "하나,

둘, 셋, 더듬아!" 아이들이 태길의 별명을 불렀다.

태길이 뒤돌아보자 아이들이 달려왔다. 이미 복지원에 끌려가기 전 학교에서 퇴학당했고 하릴없이 느려터진 시간을 보내던 태길은 거리에서 복지원 아이들을 만난 게 차라리 마음 편했다. 그날로 집을 나왔다.

공장엔 취직하기 무서웠다. 복지원에서의 기억 때문에 창문이 작거나 밀폐된 공간은 공포스러웠다. 부산 용두산공원에서 잠을 자고 거리를 헤매던 시절 숙식을 제공해주겠다는 낯선 사람을 우연히 만나 봉고차를 탔다. 그 봉고차를 타고 도착한 곳은 목포 선착장이었다. 태길은 선착장에서 인신매매되었고 배에서 잡일을 하는 노예가 되었다. 1980년대 전국적으로 유괴와 납치, 인신매매가 들끓었다. 태길은 섬에서 섬으로 팔려 다녔다. 마지막으로 간 곳은 전남 신안군 평사도였다. 이웃들도 태길이 노예로 팔려 왔다는 사실을 알았지만 다들 묵인했다.

경애는 박인근이 구속된 뒤 다른 고아원에 보내졌다가 탈출했다. 형제복지원처럼 아이들을 때리지 않았지만 또다시 가두어지는 게 두려웠다. 숙식을 제공한다는 가발공장에 취업했지만 어느 날 밤, 사장이 성폭행을 시도했다. 경애는 몇 만 원을 손에 쥔 채 거리로 나왔다. 길거리나 교회, 아파트 옥상, 버스에서 잠을 잤다. 배가 고파 슈퍼마켓에서 빵 한 개를 훔치려다 들켰다. 경찰에 붙잡혔지만 판사는 경애가 살아왔던 이야기를 듣고 풀어주었다. 또다시 떠돌다 양말공장에 들어갔지만 열여섯 경애에게 사장은 월급을 주지 않았다. 거리에서 2만 원이 든 한 여자의 가방에 손을 대려다 붙잡혔다. 경애는 다시 법정에 섰고 안양소년원으로 옮겨졌다.

복지원을 나온 아이들이 가는 곳은 비슷했다. 경애는 안양소년원에서 형제복지원 시절 자신을 때렸던 조장 엄기자, 서지예를 만났다. 옛날의 공포심이 떠올랐다. 그러나 소년원은 복지원보다 훌륭한 감옥이었다. 적어도 엄기자와 서지예가 함부로 사람들을 때리지 않게 간수가 관리해주고 밥도 먹을 만했다. 경애는 1년 6개월 이후 소년원을 출소해 공장을 전전했다.

태길은 섬 노예가 된 지 2년 6개월 만에 탈출해 정식으로 뱃사람이 되었다. 벌이는 괜찮았다. 복지원을 나와 몇 년이 흘렀다. 하루는 친구를 만나러 용두산공원에 나갔다 막걸리를 마시던 거지 떼를 만났다. 그를 때리고 호령하던 소대장(10소대장 이태희, 3소대장 합죽이, 합죽이랑 결혼했던 여자 소대장, 6소대장 등 6명이었다)들이었다. 박인근에게 붙어 아이들을 괴롭히며 살던 그들은 거지가 되어 술을 마셨다. 복지원에 있을 때 태길에게 발가락 사이 무좀을 긁으라고 지시했던 6소대장과 눈이 마주쳤다. 태길이 소대장의 손에 10만 원을 쥐여 주었다.

"태길아, 고맙데이."

선옥이

1992년 어느 밤 태길은 부산 길을 헤맸다. 배를 타고 바다에 나가 보름씩 잠을 자며 고등어나 조기를 잡던 때였다. 물고기와 바다는 과거를 묻지 않았다. 바다를 건너 육지로 돌아오면 맞고 때리고 피 흘리며 사라진 사람들, 갇혀 살던 기억이 밀려왔다.

그날 밤은 누군가와 함께 있고 싶었다. 여자 생각이 났다는 표현이 더 정확한 건지도 모르겠다. 범천동 대양고무 공장 근처 큰길가 양쪽으로 술집들이 불빛을 번쩍였다. 술에 취한 남자들은 걸음을 멈추고 허름한 술집으로 몸을 숙여 들어갔다.

태길은 그날 밤 범천동 술집 거리를 쏘다녔다. 가수 주현미의 노래 제목을 딴 가게 앞에서 걸음을 멈추었다. '신사동 그 사람'. 태길은 문을 열고 '신사동 그 사람' 안으로 들어갔다. 자리에 앉으니 젊은 아가씨 한 명이 따라 나온다. 아가씨가 태길의 옆자리에 앉아 술잔에 술을 따랐다.

"아가씨, 내 이야기 좀 들어볼라요?"

무슨 생각이었는지 태길은 처음 보는 아가씨에게 복지원 이야기를 털어놓았다. 이야기는 길어지고 아가씨는 술잔에 말 없이 술을 따른다.

"내가 거기 복지원 야간중학교를 다녔거든."

말없이 듣고 있던 아가씨는 두 눈을 뚫어져라 쳐다본다.

"나야, 선옥이. 나 모르겠어?"

"선옥이?"

태길은 짙은 화장을 한 아가씨 얼굴을 유심히 바라보았다. 형제복지원에서 함께 야간중학교를 다니던 선옥이었다. 중학교 1학년 여학생 8명 가운데 가장 예뻤던 선옥이는 같은 반 남자아이들이 한 번씩 짝사랑했던 여자였다. 어린 태길도 말 한번 붙이지 못했지만 선옥이를 좋아했다. 술기운이었는지 무엇이었는지 태길은 선옥을 보자 이상하게 눈물이 터져 나왔다. 복지원을 뛰쳐나와 섬에 끌려가 노예로 살았다. 가족들과도 인연을 끊었다. 심장이 뜨거운 것이 올라올 때면 혼자 어찌할지 몰라 술을 들이부었다. 사람 앞에서 그렇게 마음껏 울어본 적이 없었다. 태길이 소리 내어 울자 선옥도 따라 울었다. 두 사람은 해가 뜰 때까지 껴안고 울다 술을 마셨다.

그날 이후 바다에서 보름씩 물고기를 잡고 부산으로 돌아오면 선옥의 술집을 찾았다. 술집을 나와 선옥의 손을 잡고 거리에서 데이트를 했다. 영화를 보고, 서면 태화백화점에서 선옥에게 새 옷을 입혀 주었다. 선옥을 만나던 어느 날, 태길은 여관에 가자고 했지만 답을 들을 수 없었다. 선옥에게 술집을 그만두고 함께 살자고도 했다.

달세방을 하나 구할 테니 술집 일을 그만두고 고기 잡아 번 돈으로 다른 부부들처럼 살자고 했다.

한동안 바다에 나간 태길이 부산으로 돌아와 다시 술집을 찾았다. 바다에서도 선옥이 생각에 일이 고되지 않았다. 어디서 데이트를 할까 생각하면 심장이 설렜다. '신사동 그 사람' 문을 열고 들어섰지만 아무리 둘러보아도 선옥이 없다. 주인은 선옥이 남긴 쪽지를 전했다.

'복지원에서 당했던 일들 때문에 오빠와 함께할 수 없을 것 같아. 오빠를 좋아하지만 떠날게.'

술집 주인은 태길에게 쪽지를 주며 선옥의 이야기를 들려주었다. 선옥은 손님들이 몸에 손을 대면 다른 아가씨들과 달리 받아들이지 못했다고 했다. 선옥은 한 술집에 정착하지 못하고 범천동 술집 일대를 거의 전전했다. 이번엔 어느 술집으로 갔는지 모른다고 했다.

태길은 선옥이 그곳에서 무슨 일을 당했을지 알 것 같았다. 예쁘장한 여자애들이 소대장한테 성폭행을 당했다던 이야기, 임신했다가 낙태가 됐다는 이야기는 복지원 어디서든 쉽게 들을 수 있던 소문이었다. 태길은 선옥이 왜 여관으로 가길 거부했는지, 왜 술집 손님들이 손을 대면 받아들이지 못하는지 알 것 같았다. 함께 여관으로 가려던 그날 일이 후회되었다.

태길은 그날 밤 선옥이 남기고 간 쪽지를 손에 쥐고 '신사동 그 사람'을 나와 거리를 헤맸다. 같은 기억을 가진 여자와 이해하고 이해받으며 살 수 있을 것 같았다. 아무 술집에 들어가 엉망이 되도록 술을 마셨다. 술집의 불빛과 거리를 달리는 차들과 왁자지껄 떠드는 사람들 사이로 걷고 또 걸었다. 선옥이 꿈처럼 사라졌다. 선옥아, 잘 지내냐? 대답 없는 여자에게 태길은 자꾸만 묻는다. 깊은 밤, 달 아래 그가 홀로 걷는다. 다시 길 잃은 한 마리 개가 되었다.

4장

진실 찾기

1987년 박인근 원장의 구속으로 형제복지원 사건이 세상에 드러나고도 변한 것은 없었다. 25년이 지난 2012년, 형제복지원 생존자 한종선 씨가 국회 정문 앞에서 피켓을 든다. 우연히 국회에 왔다 한종선을 발견한 전규찬 한국예술종합학교 교수와 《살아남은 아이》라는 책을 공저로 냈다. 형제복지원 사건은 다시 언론의 조명을 받지만, 변화는 더뎠다.

내무부훈령에 의한 형제복지원 강제수용 등 피해사건의 진상 및 국가책임 규명 등에 관한 법률안이 2014년 7월 15일 발의됐다. 가난한 사람들이 침묵의 세계와 싸운다. 곡기를 끊고, 머리카락을 잘라내면서 거친 벽을 내리친다. 가진 것 없는 사람들은 자신을 비워 소리를 냈다.

침묵의 시간은 견고했다. 형제복지원 생존자들은 법안 통과를 위해 의원들을 찾아다녔지만 만남조차 쉽지 않았다. 삶을 통째로 수용당했던 그들이 국가와 싸우는 동안 계절은 흐르지 않았다. 겨울 뒤의 겨울이었다. 처절했던 피해 생존자들의 운동에 비해 더디게만 움직였던 세상의 변화를 기록했다.

피해자들의 갈급한 목소리

2014년 11월 5일,
국회 문을 두드리다

"저는 형제복지원 대책위원회에서 나왔습니다. 법안 담당하신 보좌관님 계신가요?"

"약속을 하지 않고 찾아오셨네요. 지금 다른 약속이 있어서요."

1984년 여덟 살 나이에 형제복지원에서 3년간 감금된 한종선 씨 등 6명은 2014년 11월 5일 오후 3시께 국회 행정안전위원회 소속 의원실을 돌아다녔다. 여준민 형제복지원 사건 진상 규명을 위한 대책위원회 사무국장은 "시간이 없다"는 보좌관에게 종이 한 장을 주고 발길을 돌렸다. 법안 통과의 절실함을 담은 종이였다. 새정치민주연합 진선미 의원 대표 발의로 제정된 '내무부훈령에 의한 형제복지원 강제수용 등 피해사건의 진상 및 국가책임 규명 등에 관한 법률

안'(이하 형제복지원특별법)이 상정되기 이틀 전이었다.

낯선 공간에 무작정 들어가 시간을 달라고 부탁하는 건 쉽지 않다. 보좌관, 비서관들이 책상에 앉아 서류를 들여다보고 있는 의원실 방문을 열고 자기소개를 한다. 처음 보는 이들을 향한 낯선 시선을 견디며 5분만 시간을 달라고 부탁한다. "이리로 들어오세요"라고 말하면 감사하고, 바쁘다고 하면 한 번 더 부탁한다. 그래도 안 되면 발길을 돌린다. "좋은 일 하십니다." 이렇게 말하는 보좌관도 있다. 수년간 감금된 인생을 5분 안에 설명하지 못한다. 결국 피해자들은 "법안 통과가 꼭 필요하다"는 호소로 마무리 짓는다.

2012년 여름부터 국회 앞에서 1인 시위를 한 한종선 씨의 표정은 담담했다. "이제 한 걸음 더 나간 것이죠. 그것뿐이에요. 형제복지원에서 일어났던 일을 책으로 냈을 때 첫걸음을 떼고, 대책위원회가 꾸려졌을 때 한 걸음 더 나갔습니다. 내일 법안 상정이니까 또 한 걸음 더 나아간 것뿐이에요."

일주일이 지난 2014년 11월 12일 국회 행안위 법안소위에 형제복지원특별법이 회부됐다.

"이 제정안은 1975년 7월부터 1987년 6월까지 형제복지원에 들어와 당한 인권침해 사건의 진실을 규명하여 피해자들의 명예를 회복하는 법안입니다. 진실화해위원회에 신청됐다면 동 법에 따라 조사가 되었을 것으로 봅니다. 피해자들이 당시 아동이었고 사회 적응 능력이 떨어지는 부분 등이 있고 적절한 조력자가 없어 신청하지 못했을 것으로 추정됩니다."

"정부 쪽 의견 들어보겠습니다."

"예, 형제복지원 진상 규명을 해서 피해자들의 명예 훼손을 구제하는 것에 공감합니다. 다만 보상을 전제로 한 특별법 제정은 국민의 공감대 형성이라든지 타 사건과의 형평성, 국가 재정 등을 종합적으로 고려했을 때 신중한 검토가 필요하다고 생각됩니다."

행정안전부는 법안 제정의 필요성에 공감했다. 형제복지원 피해자들에게 긍정적인 신호가 들렸다.

"진선미 위원님 의견 말씀해주세요."

"네. 다들 알고 계시겠지만 형제복지원 피해 당사자들은 어린 나이에 끌려갔습니다. 과거의 일들을 다시 꺼내서 진상 규명하고 보상금이라든지 재정적 부담이 고민될 수 있다고 생각합니다. 그러나 그런 걸 하지 않으면 국가가 존재할 이유가 있는 걸까, 다시 한 번 우리가 제대로 점검하고 품지 않는다면 (국가의) 존재 이유가 없는 게 아닌가 생각됩니다. 의원님들, 긍정적 검토를 바랍니다."

"지금 진선미 의원 안에 정부 쪽에서 동의를 하시는 겁니까?"

"예, 하고 있습니다."

형제복지원은 27년간 여론의 주목을 받고 가라앉기를 반복했다. 1987년 김용원 검사의 수사로 박인근 원장이 구속되면서 온 나라가 들썩였다. 대법원은 그러나 1989년 원생들을 가둔 특수감금 혐의에 대해 박인근 원장에게 무죄를 선고했다. 횡령, 초지법 위반 등의 혐의만 인정해 2년 6개월을 선고했다. 그렇게 사건이 잊혀졌다. 2012년 한종선 씨가 국회 앞에서 1인 시위를 하고 전규찬 한국예술종합학교 교수와 함께 책을 내면서 다시 여론을 탔다. 진 의원은 "다들 아시겠지만"이라는 말로 발언을 시작했지만 실상은 그렇지 못했다.

이철우 이와 같은 사건이 많이 있을 텐데 이것만 덜렁 특별법을 만들어 놓으면 다른 사건들은 우후죽순 나올 거 아녜요. 이거 제정법인데 공청회 했어요? 그러니까 좀 더 공론화해서, 저는 안 하자는 이야기가 아니고요. 1975년이면 벌써 40년 된 건데 과거에 진실·화해를 위한 과거사정리위원회도 있었고 여러 절차가 있었는데 거기서도 빠졌었단 말이죠.

진선미 그게 피해자가 아동이었기 때문에….

이철우 오늘 이렇게 할 게 아니고 공론화를 해야 합니다. 형제복지원이 갑자기 조용하다가 다시 나타나 가지고 무슨 일이 있는가 싶어서 그래요.

진선미 지금 법안을 만든 것도 아니고 2012년부터 오랜 공론화 과정이 있었습니다. 공청회도 우리가 그냥 만든 게 아니라 (지난 3월에) 피해자들하고 대책위하고 함께 만든 것이거든요. 그 문제를 작년 국정감사 때 언급을 해서 행정안전부 관계 부처 회의도 했습니다. 워낙 오래 기다린 것이거든요.

이철우 피해자 단체나 이런 게 있어요?

진선미 네, 네. 있습니다. 책도 있습니다.

이철우 나는 처음 들으니까 그런 건데…. (생략)

11월이 끝나기 전에 다시 논의하는 것으로 이날 회의는 끝났다. 진 의원은 다음날 한종선 씨의 책 《살아남은 아이》를 이 의원에게 건넸다. 책에는 여덟 살에 감금된 한 씨의 인생이 담겨 있다. 한 씨의 누나는 열두 살에 형제복지원에서 성폭행을 당한 뒤 지금껏 정신분열

증으로 정신병원에 입원해 있다.

나는 행안위 소속 의원 22명을 대상으로 형제복지원 법안 제정의 필요성을 묻는 설문조사를 2014년 11월 18~20일에 벌였다. 응답률을 높이기 위해 정당만 밝히는 대신 익명을 보장한 조사였다. 당시 새정치민주연합, 통합진보당 의원 11명은 모두 "법안이 필요하다"고 응답했다. 내무부훈령 410호에 의해 형제복지원이 원생들을 수용한 것이기 때문에 국가 책임이라고도 11명이 응답했다. 당시 새누리당 의원 11명은 모두 설문에 응답하지 않았다. 형제복지원이 이념이나 정치가 아닌, 인권 문제였음에도 의견은 정당별로 나뉘었다.

법안 상정을 앞두고 "형제복지원은 여·야의 문제가 아니다"며 의원실을 돌며 호소하던 한종선 씨는 설문 결과에 대해 담담하게 말했다. "의원님 개개인이 양심, 소신에 따라 선택해주셨으면 좋겠습니다. 국가의 잘못을 인정하고 싶지 않아 이런 결과가 나온 건지도 모르겠어요. 저희 피해 생존자들은 하루하루 극한 트라우마 가운데 지금도 살고 있다는 걸 말하고 싶어요."

2013년 국정감사에서 형제복지원의 실상을 들은 안전행정부 (현 행정안전부) 유정복 전 장관은 "아직도 그런 시설이 유지된다는 데 아주 깜짝 놀랐다. 관련 부처하고 협의해서 조사하겠다"고 밝혔다. 2014년 11월 12일 안행위 법안소위에서 "진상 규명과 피해자 명예 회복에 동의하되 보상 문제는 신중히 접근하겠다"던 안행부는 회의가 끝난 뒤 입장이 달라졌다. 2014년 11월 20일 형제복지원을 담당하는 정구창 안행부 사회통합지원과장과 통화했다. "진상 조사하는 데 기본적으로 동의하지만 공감대를 형성하는 데 노력하고 좀 더 공론화를 거쳐 진행하겠습니다." 법안소위에서 새누리당 이철우 의원이 했던 발언과 비슷했다.

— 형제복지원은 언론 보도로 꽤 많이 알려진 사건입니다.

"꼭 그렇지 않을 겁니다. 의원님들도 많이 모르시는 부분들도 있고. 공청회라든지 토론회라든지 논의를 진행해야 되지 않겠나 하는 것이죠."

— 의원들이 여론보다 늦은 면도 있습니다.

"하하. 어쨌든 신중하게, 신중하게 진행돼야 합니다."

— 안행부가 진상 조사에 동의하겠다고 했는데 그럼….

"아니, 아니. 진상 규명도 어떤 방식으로 할 것인지, 어떻게 지원할 것인지 공감을 형성하고 진행돼야 하는 것이죠."

— 법안 발의까지도 오랜 시간 거쳐서 진행됐습니다.

"아니오. 그렇게 오래되지 않았을 텐데요."

1987년 박인근 원장이 구속되면서 형제복지원 정문이 열렸다. 정문을 뛰쳐나온 원생 3000여 명이 사회 곳곳으로 숨어 들어갔다. 그들은 형제복지원 출신임을 숨기거나 '부랑인'이라는 시선을 견뎠다.

진 의원 등 54명이 공동 발의한 형제복지원특별법 1조를 보면, "형제복지원 피해 사건의 진상을 규명하여 은폐된 진실과 국가의 책임을 밝혀낸다"고 목적을 밝히고 있다. 법안은 진상 규명과 보상 문제를 담고 있다.

행안위 수석전문위원은 2014년 11월 5일 법안에 대한 검토 보고서를 통해 제정안의 필요성에 대해서는 공감했다. 그러나 이날 수석전문위원은 이례적으로 '국가 책임'과 관련해 검토 보고서를 두 차례 냈다. 최초 보고서는 다음과 같다. "내무부훈령 제410호가 강제수용의 근거였고, 대통령의 지시사항에 따라 부랑인 단속이 강화되었으며, 1986년 아시안게임과 1988년 하계올림픽을 앞둔 시점에서 형제복지원과 같은 보호수용시설이 전국적으로 급증하였다고 피해자 쪽이 주장하는바, 동 내무부훈령에 대해 검토할 필요가 있음. 정부도 동 훈령이 구금 또는 수용의 근거가 될 수 없다는 점을 인식하고 형제복지원 사건 후 이를 폐지하고, 동 사건이 사회복지시설에 대한 관리·감독 소홀에 따른 결과로 발생하였다고 여겨 1987년 3월 사회복지시설에 대해 전반적인 인권유린 실태를 조사하는 등 대책을 강구한 바 있음. 형제복지원이 국가의 지원과 감독을 받는 사회복지법인이었다는 점에서, 업무의 위탁 관계상 국가 또는 부산시는 형제복지원에서 일어난 사건에 대하여 최소한 관리감독자로서 책임이 있는 것으로 보임." 그러나 행안위 수석전문위원은 몇 시간 뒤 검토보고서를 수정했다. "제정안의 제명에서 '국가 책임'을 포함하는 것은, 자칫 현재 시점에서 입증되지 아니한 국가의 책임을 전제로 한다는 오해의 소지가 있다."

이재승 건국대 로스쿨 교수는 형제복지원 사건이 국가 책임을 넘어서는 국가 범죄라고 정의한다. "국가 공권력이 직접 범죄를 행사하는 경우만 '국가 범죄'라고 생각하기 쉽습니다. 그러나 이건 세종대 박유하 교수가 집필한《제국의 위안부》논리와 비슷하죠. '위안부 피해자들을 직접 동원한 것은 조선인 업자다. 국가(일본)에 의한 게 아니다.' 이게 박 교수 주장입니다. 하지만 국가가 어떻게 계획했는지 보면 논란은 일단락됩니다. 형제복지원도 비슷해요. 국가는 내무부훈령 410호를 통해 마음대로 잡아가둘 수 있는 법제를 마련했습니다. 형제복지원을 운영하는 사람들의 재산 취득에 관한 편의도 봐주었습니다. 박인근 개인에게만 책임 지울 수 없는 범죄입니다."

국가 책임을 명확하게 밝히지 않은 법안의 예로 '한센인 사건'을 들 수 있다. 2008년 시행된 '한센인 피해사건의 진상 규명 및 피해자 생활 지원 등에 관한 법률안'을 보면 국가 책임이 나오지 않는다. 한국 정부는 이 법률에 근거하여 지원금 월 15만 원만 지급할 뿐 사과와 배상금 지급을 하지 않았다. 국가는 1980년대까지 소록도국립병원 등에서 한센인들을 대상으로 강제 정관수술(단종)이나 낙태수술을 벌였다. 한센인 회복자 강아무개 씨 등 19명은 국가를 상대로 낸 손해배상 청구 소송에서 2014년 4월 승소했다. 국가 배상을 인정한 첫 판결이다. 정부가 이에 불복했으나 대법원은 2017년 2월 정부가 한센인들에게 가한 강제 단종, 낙태 등 인권 침해에 대한 배상 책임이 있다는 판결을 내놨다.

부랑인 등 사회적 약자들을 사회에서 치워버린 역사는 비단 우리만의 것이 아니다. 나치 독일은 1938년 인종법 시행령에 따라 부랑인, 매춘부, 집시, 알코올 중독자, 전염병·성병 보균자 등을 반사회적 존재로 분류하고 2만 명 이상 강제수용소에 입소시켰다. 이들은 사회와 격리돼 검은색 인식표를 패용했다. 이후 독일은 나치배상법을 제정하여 희생자들에게 연금 형태의 보상을 장기적으로 지급했지만 여기에도 검은색 인식표를 패용했던 부랑인 등은 배제됐다. 인종, 정치, 세계관, 종교에 의한 이유로 배제된 유대인, 정치인 등만 희생자로 인정됐다. 부랑인 등이 생활 지원금을 받기까지는 오랜 시간이 걸렸다.[13] "정통성이 없는 정권이 불안 심리를 사회적으로 가장 취약한 계층에 떠넘기는 경향이 있다. 도시 정화, 보통 사람들의 편안한 퇴근길을 위해서 부랑인을 배제한다는 말도 안 되는 이유를 갖다 붙이고서 말이다."(이재승 교수)

2015년 4월 28일, 국회 앞에서의 삭발식

몇 번의 계절이 지났지만 변한 것은 없었다. 2014년 봄, 형제복지원 특별법이 발의됐고 가을에 국회 행안위에 상정됐다. 그해 겨울 열릴 예정이었던 공청회는 무산됐다. 이듬해 봄이 오도록 법안은 한 걸음도 앞으로 나가지 못했다. 벚꽃이 하얗게 핀 2015년 4월, 그들은 다시 국회를 찾았다. 여의도 윤중로를 감싼 벚꽃들이 만발한 날에 국회 앞에서 머리카락을 잘랐다. 검은 머리카락이 땅에 후두두 떨어졌다. 카메라 셔터가 터졌다. 기자들이 그들의 말을 받아 적었다. 이른 봄에 입사한 수습기자들이 대부분이었다. 다음날 이들의 말을 보도한 신문은 거의 없었다. 머리카락이 바람에 날리고 말들은 바닥에 떨어졌다.

"그곳에 막 잡혀간 그날에도 머리를 밀었지"

서울 여의도의 봄, 국회에서 윤중로로 이어지는 길에 하얀 벚꽃이 피어나고 진다. 진분홍 철쭉꽃이 여기저기서 머리를 내밀어 봄이 한창임을 알린다. 꽃잎에 손등에 떨어지는 햇빛이 비눗방울처럼 투명하게 반질거린다. 봄의 국회에는 등에 가방을 메고 교복을 입은 학생들이 견학을 나와 잔디밭을 걸어 다니고, 노인들이 단체로 국회 헌정기념관을 둘러본다.

2015년 4월 28일 오전 11시, 국회의사당을 등지고 형제복지원 생존자 열한 명이 정문 앞에 의자를 내어놓았다. 의자에 앉은 이들은 흰 가운 밖으로 머리를 내어놓았다. '형제복지원특별법을 제정하라.' 가운에 쓰인 글자들이 소리 없는 시위를 했다. 죄인처럼 가운 밖에 머리를 낸 사람들은 이발기가 머리에 닿기를 기다렸다. 눈 밑이 벌건 여자들은 혹여 울음이 둑처럼 터져, 홍수가 일어나지 않게 입술을 굳게 다물었다. 남자들은 텅 빈 표정이었다. 고통이나 슬픔이 바닥으로 가라앉아 침전된 표정엔 무엇도 담겨 있지 않았다. 옛사람들이 머리를 풀어헤쳐 억울함을 고하듯 시대가 바뀌어 스마트폰 하나로 모든 걸 할 수 있는 세상에서도 가진 것 없는 사람들의 시위는 고전적이다.

이들을 지켜보고 둘러싸는 사람들은 죄다 기자들이다. 시민들도 의원들도 이들의 이야기를 듣기에는 일정이 바쁘다. 카메라 셔터를 누르는 기자들과 수첩에 무언가를 쓰는 기자들. 수첩에 무언가를 쓰는 기자들은 한눈에 보아도 이제 갓 입사한 앳된 얼굴들이다. 국회 앞에서 시위하는 억울하고 가난한 사람들이 한둘인가. 회사에서 교육을 받는 수습기자들이 신문이나 방송에 보도될지 안 될지 모를 내용을 수첩에 열심히 쓴다. 피해 생존자들이 앉을 의자를 꺼내고, 이발기를 꺼내고, 삭발을 진행할 사람들이 형제복지원 생존자들 옆에 일렬로 서는 동안 고해성사가 진행된다. 생존자들은 형제복지원에서 내가 어떻게 살았는지 말한다.

"제가 부산에서 지금 올라와서. 올라오는 그 순간부터 눈물이 나네요. 여기 계신 피해 생존자 분들께도 죄송합니다. 올라오는 내내 저는 힘들었습니다. 동생까지도 그곳에 들어가서 그곳에서 나온 뒤에 자살하였습니다. 동생이 죽고, 아버지 마음이 너무 아파서 돌아가시기 직전에…. 하…. 가정이 파괴되고, 이렇게 다 죽게…. 가슴이 아픕니다. 왜 국가는, 우리한테, 이렇게 아픔을 줍니까. 흐흐흑…. 우리 피해 생존자들… 왜 그러는 겁니까. 아아… 지금까지 계속 이렇게… 너무 아픕니다. 심장이 너무 아픕니다. 죽을 것 같습니다. 여기 계신 국회의원님, 박근혜 대통령님 저희 좀 살려주세요. 왜 국가가, 나라가, 이렇게…. 제발 좀 살려주세요." (생존자 최승우)

2014년 7월 발의된 '형제복지원특별법'은 행정안전위원회(행안위) 법안심사소위에서 한 발짝도 움직이지 않았다. 행안위 안건인 공무원연금 개혁법처럼 여야 의원들이 첨예하게 대립하거나 관심을 두는 법안이 아니었다. 2016년 총선을 약 1년 앞두고 형제복지원특별법이 처리되지 않으면, 19대 국회에선 자동 폐기되고 원점으로 돌아간다.

법안이 수포로 돌아가지 않도록 머리카락을 자르는 생존자들의 모습을 취재진은 카메라에 담았다. 국가 범죄로 인생이 뽑힌 사람들이 국회 앞에서 죄인처럼 머리를 내어놓는다. 형제복지원 피해자 박태길 씨는 삭발식 앞줄 맨 왼쪽에 앉아 있다. 울지 않으려는 듯 눈을 위쪽으로 치켜뜨고 있었다. 얼굴을 하늘 위로 들어 올려 눈물을 집어넣으려 했다. 얼굴을 바닥으로 떨어뜨린다. 이발기가 소리를 내며 머리 한 줄을 밀자 검은 머리카락이 후드득 바닥으로 떨어졌다.

"일천구백팔십일년, 부산에서 살았습니다. 도와주세요, 라고 아무리 외쳐도 도와주지도 않고. 바로 옆에 파출소가 있었음에도 그 이상한 차, 파란 차로 끌려갔습니다. 끌려가고 나서 고함지르면, 이 좆만한 새끼 하고 맞고. 그때 제가 아홉 살인가 열 살인가 됐습니다. 개처럼 살았습니다. 잠자는 시간이 가장 편안했습니다. 항상 부동자세였고 얼굴 예쁘고 귀여우면 남자끼리 그거 하는 거, 그거 해야 했습니다. 집적거렸지만 차라리 때리라고 하니, 방바닥을 기어다녀야 했습니다. 그렇게 4년을, 살았던 세월을 누구에게 하소연하겠습니까. (당시 행안위 새누리당 간사) 조원진 국회의원 님, 한마디만 하겠습니다. 제발 특별법을 제정해주십시오." (김대우)

형제복지원에 입소하면 가장 처음 하는 일이 머리를 미는 것이다. 여자든, 남자든 똑같은 머리를 만든다. 약 30년이 지나 국회에서 머리를 다시 깎으며 몇몇은 눈을 감았다. 형제복지원에 막 잡혀간 그날로 돌아간듯 말이다. 전북 완주군 삼례읍에서 서울에 온 박순이 씨는 의자에 앉을 때부터 입술을 떨었다. 머리가 잘려나가자 눈물이 뺨을 타고 흘러내렸다. 박순이 씨는 지금도 문이란 문을 다 잠그고 누가 쳐들어오지 않는지 살피며 깊은 잠을 자지 못한다. "엄마, 괜찮으니까 금요일엔 소주 한잔하고 자." 평일엔 학교에 아이들을 데려다주느라 술을 마시지 않는 순이 씨는 금요일마다 소주를 털어 넣고서야 깊은 잠에 빠진다. 또다시 누군가 잡아갈까 봐 아이들이 슈퍼마켓에 갈 때도 혼자 내보내지 못했다. 왜 그렇게 키우는지 뒤늦게 알게 된 순이 씨의 자녀들은 엄마가 금요일 밤이라도 깊은 잠을 잘 수 있게 배려했다.

"형제복지원 문제는 30년이 넘도록 아직 풀어지지 않고 있습니다. 이름 모를 513명의 사람들은 알 수 없는 병으로, 폭행으로 희생당했습니다. 형제복지원 사건은 현재진행형입니다. 1987년도의 세월호 사건이었습니다. 아우슈비츠였습니다. 특별법을 얻고자 하는 것은, 생존자들이 왜 끌려갔고 어디로 끌려갔고 왜 희생되어야 했는지 진실을 밝히기 위함입니다. 생존자들은 정신적으로 육체적으로 피폐해 있습니다. 이들의 손을 잡아주는 것, 국가와 사회가 이들의 눈물을 닦아주는 것. 여야의 정치적 쟁점이 아닙니다. 이들이 모욕당하고 자유를 핍박받을 이유는 없습니다. 판결도 없이 10여 년, 5년, 이렇게 감금된 수많은 이들의 눈물을 닦아주는 것은 국회가 마땅히 해야 할 일이라고 생각합니다." (조영선 변호사)

10분쯤 지났을까. 이발이 끝나자 열한 명의 머리가 파르라니 하다. 몇몇은 맞은 것처럼 민머리가 울퉁불퉁하다. 떨어진 머리카락은 하얀 박스에 담겨 밀봉됐다. 2012년 국회 앞에서 1인 시위를 하며 형제복지원 문제를 다시 세상에 알린 한종선 씨가 마이크를 잡았다. 발언할 내용이 적힌 종이를 손에 쥐었다. 손이 떨려온다.

"대한민국 여러분, 그리고 이 대한민국을 이끌어가고 있는, 가고 있을 국회의원 님들, 제발 부탁드립니다."

한종선 씨의 목소리가 깨진 유리창처럼 갈라졌다. 소리를 담은 유리 조각들이 바닥에 떨어진다. "꼭 통과시켜 주십시오." 울지 않으려는 어린아이처럼 숨을 할딱이던 그는 허리를 깊이 숙이며 소리를 질렀다. "진심으로 호소드립니다." 어깨가 아래위로 들썩였다. "죄송합니다. 피해 생존자 여러분. 그동안 우리, 이 아픔 참아낼 수 있지 않았습니까. 우리 대한민국에서, 우리 같은 피해자가 생기지 않는다면 우리 이 아픔 참아낼 수 있지 않습니까."

한종선 씨는 종이를 내려놓고 의자에 얼굴을 박고 소리 내어 울었다. 짐승 같은 울음이었다. 그렇게 삭발식이 끝났다. 머리카락을 내놓는 것 외에 할 수 있는 게 없는 형제복지원 생존자들은 국회 앞에서, 국가가 아닌 서로에게 미안해했다.

머리카락 숲이 벌목된 민머리에 땀이 맺혀 반짝인다. 사람들의 머리에 슬픔이 흐른다. 삭발식이 끝나고 한종선 씨가 말했다. "처음 국회 앞에서 24시간 시위를 하고 대책위원회가 꾸려지고 그럼 해결될 줄 알았어요. 시민단체도, 국민들도 관심 가져줬는데 새누리당이 안 도와주잖아요. 우리가 아무런 행동을 하지 않아서 그런가 보다, 생각이 되니까. 도와주는 시민단체랑 관심 가져준 분들에게 미안해서 머리를 깎았어요."

피해자 열한 명은 이날 삭발식이 끝나고 국회 행안위 소속 의원실을 돌아다니며 특별법을 통과시켜달라고 사정했다. 이리저리 돌아다녔지만 뾰족한 대답을 듣지 못했다. 국회 의원회관 야외 휴게실에 앉아서 복숭아맛 음료수를 나눠 마셨다. 높은 건물들이 내려다보인다. "새누리당 의원실에 비서인가 보좌관인가 그러대요. 알지 않느냐고. 자기들이 도와주고 싶어도 과거사 문제 거론하려면 청와대랑 서로 맞아야 되는데 안 되고 있다고." (생존자 박순이)

머리에 모자 하나씩 둘러쓴 형제복지원 생존자들은 음료수를 마시며 수다를 떨었다.

"오빠, 내가 오빠 맞는 거 실컷 봤다니까."

"안 맞을라고 허벌나게 뛰었다. 기억하나?"

"얻어맞는데 이골이 났다고. 계속 맞으면 (엉덩이를 가리키며) 감각이 없다고."

"아이고. 열일곱에 참 예뻤는데 지금 보니 할마시(할머니)가 다 됐네."

생존자들은 휴게실을 나서 당시 행안위 간사인 새누리당 조원진 의원실과 새정치민주연합 정청래 의원실을 한 번 더 찾아갔다. "(의원님) 오실 때까지 기다릴 테니 한 번만 만나 달라"고 간청하던 이들은 국회 본청으로 자리를 옮겼다. 또 한참을 기다리다 아무도 만나지 못하고 대다수 집으로 돌아갔다. 한종선 씨는 그때부터 오래도록 특별법이 통과되길 바라며 국회 앞에서 잠을 자고 밥을 먹었다. 머리를 밀고서 거리에서 잠을 자는 지난한 투쟁이었다.

그해 봄이 지나 겨울이 왔다. 피해 생존자들의 목소리에 응답은 없었다. 행정안전부가 특별법 제정을 반대하고 나서자 형제복지원 피해 생존자들은 영하로 떨어진 추위 속에서 단식을 시작했다. 2016년 4월 13일 예정된 20대 총선을 4개월 앞둔 시점이었다.

굶주림에 추위까지 더해지면서 하루하루를 버티기 어려웠다. 국회 정문 옆에 은색 돗자리를 깔고, 전기난로를 뗄 수 없어서 궁여지책으로 뜨거운 물이 든 플라스틱 물통을 정중앙에 놓았다. 한종선 씨를 비롯한 피해 생존자들은 뜨거운 물통 주위에 둘러앉아 추위를 견뎠다. 형제복지원에서 탈출을 시도하다 잡혀서 벌을 받을 때 입던 쌀자루를 조끼 대신 걸치고 있었다. 단식 8일째로 접어든 2015년 12월 14일 한종선, 최승우는 저혈당 쇼크와 탈수 증세로 구급차에 실려 병원에 옮겨졌다.

19대 국회 마지막 행정안전위원회 법안심사소위원회가 2016년 5월 11일 열렸다. 형제복지원특별법은 안건으로도 오르지 못했다. 결국 법안은 임기 만료로 폐기됐다. 특별법이 폐기된 그해 10월 2일 한 생존자가 자살을 시도했다.

"형제복지원 피해 생존자가 또 자살을 시도 하셨습니다. 부랴부랴 광주에서 부산으로 내려왔고. 다행히 112에 신고하고 자살은 막을 수 있었습니다. 하루 빨리 특별법이 통과되기만을 기다리고 있지만. 너무나 지치고 힘이 듭니다. 괜히 형제복지원 사건을 알린 건가 싶기도 합니다." (2016년 10월 2일, 한종선 씨가 페이스북에 쓴 글)

느리게 움직이는 세상

진상 규명을 위한 피해 생존자들의 투쟁이 지난한 과정을 거치는 동안 세상의 시간은 천천히 흘러갔다. 법안 통과를 위해서는 여야 합의가 필요하지만 여전히 국회에서 형제복지원은 관심 밖이었다. 법안 통과를 위한 자리에서 형제복지원 사건이 무엇이냐고 묻는 의원이 있었고, 정부는 예산 문제로 법안 통과에 난색을 표했다. 형제복지원특별법은 2016년 19대 의회가 문을 닫으면서 폐기됐다. 그러나 2017년 정권이 바뀌면서, 형제복지원 사건 해결을 위한 전향적인 분위기가 조성됐다. 그간의 일을 기록했다.

2015년 7월~ 2017년 1월,
예산 문제로 난색을 표한 정부

'내무부훈령에 의한 형제복지원 강제수용 등 피해사건의 진상 및 국가책임 규명 등에 관한 법률안' 제정 논의를 위한 첫 공청회가 2015년 7월 3일 열렸다. 박인근 원장이 구속된 지 28년 만이다. 2014년 7월 발의된 법안은 국무총리실 산하에 형제복지원 피해사건진상 규명위원회를 설치하고 피해자와 유족에게 보상금·의료지원금·생활지원금·주거복지시설 등을 지원하는 내용을 담고 있다. 진상 규명에 대해서는 여야 의원들이 공감대를 형성했으나 특별법 제정을 놓고 의견이 엇갈렸다.

당시 행정자치부 고문인 이근동 변호사는 "특정한 사람이나 특정 지역, 특정 사건에서만 적용되는 특별법은 기존의 법 체계를 벗어나기 때문에 이를 합리화시킬 수 있는 근거를 명확히 할 필요가 있다. 개별적 행위가 문제되는 국가기관의 관리감독상의 책임이나 법령에 근거하는 행위로 면피 가능성이 있는 국가기관의 강제수용 자체를 문제 삼기보다는 보다 근본적으로 내무부훈령 자체의 위법성을 밝혀낼 필요성이 있다"고 특별법 제정을 반대하는 입장을 냈다.

그러나 박남춘 새정치민주연합 의원은 "특별법 없이 기존 민형사상 법으로 접근할 경우 청구자가 직접 사실을 입증해야 할 책임이 있는데, 입증이 어렵다"고 특별법 제정의 필요성을 강조했다. 진선미 새정치민주연합 의원은 "형제복지원 생존자들은 너무나 집단적으로 차별적 의식 속에서 자신이 잘못됐다고 생각했다. 공권력에 대한 두려움이 있기 때문이다. 국가가 진상 규명할 수 있게 도와야 한다"며 특별법 제정의 필요성을 알렸다.

피해 생존자 한종선 씨의 말씨가 어느 지역인지를 묻는 엉뚱한 질문이 오가기도 했다. 형제복지원 측 조영선 변호사는 공청회에서 내무부훈령의 위헌성을 지적했다.

2016년 7월 6일,
폐기된 법안 재발의

20대 국회가 문을 열고 진선미 더불어민주당 의원이 2016년 7월 6일 내무부훈령 등에 의한 형제복지원 피해사건 진상 규명 법률안을 재발의했다. 당시 과거사 관련 다수의 특별법이 발의됐다. 진화위가 2010년 종료되면서, 과거에 해결되지 못했거나 새롭게 제기된 과거사 문제들이 산적해 있었기 때문이다. 행안위에 상정된 특별법만 20여 개였다.

권은희 행안위원장은 과거사 관련 특별법을 건건이 처리하기보다는, 과거사법 개정안을 발의해 이런 문제를 일괄적으로 해결할 것을 제안했다.

2017년 1월 10일,
예산 문제로 특별법에 난색 표하는 행정자치부

국회 행정안전위원회에 내무부훈령 등에 의한 형제복지원 피해사건 진상 규명 법률안이 상정됐다. 박수철 국회 행안위 수석전문위원이 법안에 대해 보고했다. "공권력의 행사 및 부랑인 선도시설에 대한 관계 당국의 관리, 감독상의 부실과 관련하여 국가 등 관계 당국의 책임이 존재하였을 개연성이 인정된다." 전문위원은 각 상임위

의원들이 법안을 검토하는데 도움이 되는 의견을 담은 보고서를 작성하는 역할을 맡는다.

행정자치부 차관은 예산상의 어려움을 들며 난색을 표했다. 법안을 대표 발의한 진선미 의원은 "여론이 조성이 되면 정부가 뭔가를 막 하는 것처럼 하다가 여론이 조금 관심이 멀어진 것 같다 싶으면 다시 예산 문제 얘기하고 다른 사건을 이야기한다"고 지적했다.

이날 행안위는 형제복지원특별법 같은 과거사 관련 법안들을 개별적으로 처리하기보다는 과거사법 개정안 발의를 통해 상설적으로 정부가 진상 규명과 책임자 처벌이 가능할 수 있도록 하자는 합의를 이룬다.

2017년 6월 27일,
국가인권위원회 토론회 개최

2017년 5월 9일 더불어민주당 문재인 후보가 대통령에 당선됐다. 문 대통령은 1987년 변호사 시절 부산지방변호사회 인권위원 자격으로 신민당의 형제복지원 조사 작업에 참여한 인연이 있다. 당시 신민당이 현재까지 유일하게 남아 있는 진상 보고서를 냈다.

이제껏 소극적 태도를 보여 온 국가인권위원회가 입장을 바꿨다. 국가인권위원회 주관으로 2017년 6월 27일 국회 의원회관에서 '인권과 민주주의, 그리고 형제복지원 사건' 토론회가 열렸다. 앞서 2013년 12월 23일, 피해 생존자 28명은 국가 차원에서 조사가 이뤄지도록 유정복 안전행정부 장관을 상대로 국가인권위원회에 집단 진정을 제기했으나 각하됐다.

　토론회장 벽면에는 플래카드가 걸렸다. '나는 누구입니까?' 갑작스럽게 삶이 절단된 피해자들의 물음이었다. 이경숙 인권위 상임위원은 "5년 전부터 대책위와 국회에서 노력하셔서 이번에 특별법이 국회에서 발의된 것으로 안다. 인권위도 형제복지원특별법이 통과돼 피해 생존자에 대한 보상과 명예 회복이 이뤄질 수 있게 힘을 보태겠다"고 말했다.

2017년 12월 6일,
인권위의 강제실종 국제 협약 비준 가입 권고

국가인권위원회는 향후 발생할 수 있는 국가기관과 그 종사자에 의한 반인권적 범죄를 예방하기 위해 법무부장관과 외교부장관에게 '강제실종으로부터 모든 사람을 보호하기 위한 국제협약'에 비준 가입할 것을 권고하는 한편 국회의장에게 '형제복지원특별법'의 조속한 제정이 바람직하다는 의견을 표명했다. 국가인권회는 협약상 강제실종은 ▲당사자 의사에 반하는 자유 박탈이 있을 것 ▲국가기관 종사자의 관여, 최소한 묵인 이상의 관여가 있을 것 ▲피해자의 생사나 행방을 확인하기를 거부하는 것을 제시하는데, 형제복지원 사건이 강제실종에 해당한다고 판단했다.

　강제실종보호협약은 2006년 12월 20일 제61차 유엔총회에서 채택됐으며, 2010년 12월 23일 발효됐다. 2017년 11월 기준 97개국이 서명하고 58개국이 비준했다. 국가인권위원회는 협약이 발효되기 전인 2008년 외교부 장관에게 비준 가입을 권고한 바 있다.

인권위는 '형제복지원특별법'의 조속한 제정을 주문하면서 국가 범죄임을 명확히 밝혔다.

"형제복지원 피해 사건의 경우 수용자 가족에게 적절한 연락을 취하지 않고 강제 격리하거나 수용된 점, 내무부훈령 410호에 따라 수용되었으며 관리 감독이 미흡한 점, 가혹행위 및 강제노역을 하게 하고 열악한 생활 조건에서의 사망에 대한 사인 규명이 이루어지지 않은 점 등에 비추어볼 때 위 강제실종 개념에 부합하고 특히 인도에 반하는 실종범죄에 해당한다고 할 것이다." (인권위 보도자료 〈인권위, 형제복지원특별법 제정 의견표명. 강제실종보호협약 가입 권고〉 2017년 12월 6일)

2018년 9월 13일,
검찰개혁위원회 비상상고 권고

법무부 산하 검찰과거사위원회는 2018년 2월 6일 형제복지원 등 11개 사건을 우선 조사 대상으로 선정했다. 대검찰청 산하 검찰개혁위원회는 6개월 뒤인 8월 28일, 검찰과거사위원회 권고에 따라 재수사가 진행 중인 형제복지원 사건을 비상상고하는 방안을 논의했다. 비상상고는 형사사건 확정 판결에 법령 위반이 있을 경우 잘못을 바로잡아달라고 검찰총장이 상고하는 비상 절차다. 비상상고는 검찰총장 고유 권한으로, 법무부 산하 검찰과거사위원회가 아닌 대검찰청 산하 검찰개혁위원회에서 논의에 부쳐진 것이다.

검찰개혁위원회는 9월 13일 내무부훈령의 위헌성과 위법성이 명확하다고 보고, 검찰총장에게 비상상고를 신청하라고 권고했다. 형제복지원 사건은 대법원 확정 판결 29년 만에 법정에 다시 오를 가능성을 얻게 됐다. 대검 진상조사단 또한 당시 수사 과정에서 방해가 있었는지를 놓고 조사를 벌였다. 부산지검 울산지청 김용원 전 검사는 자서전 《브레이크 없는 벤츠》에서 형제복지원 박인근 원장을 기소했으나 검찰 상부의 압력으로 수사를 진척시키기 어려웠다고 고백한 바 있다.

그러나 대법원은 검찰총장의 청구를 기각했다. 대법원 2부는 2021년 3월 11일 형제복지원 박인근 원장의 비상상고심에서 검찰총장의 청구를 기각했다. 재판부는 사건을 인간 존엄성을 침해한 대규모 인권유린으로 규정하면서도 법리적인 이유로 무죄 판결을 취소할 수는 없다고 판단했다. 법정은 아수라장이 됐다. 한 피해자는 "질문이 있습니다, 판사님!"이라고 외치다가 제지당했다. 대법원 밖으로 나온 피해자들은 한을 풀지 못하고 눈물을 흘렸다.

2018년 11월 27일, 검찰총장의 사과

"검찰이 인권 침해 실상을 제대로 규명하지 못했습니다. 당시 김용원 검사가 형제복지원 인권유린과 비리를 적발해 수사를 진행했지만 검찰이 외압에 굴복해 수사를 조기 종결하고 말았다는 과거사위원회 조사 결과를 무겁게 받아들입니다. 검찰이 진상을 명확히 규명했다면 형제복지원 전체의 인권침해 사실이 밝혀지고 인권침해에 대한 적절한 후속 조치도 이루어졌을 것입니다. 피해사실이 제대로 밝혀지지 못하고 현재까지 유지되는 불행한 상황이 발생한 점에 대해 마음 깊이 사과드립니다."

문무일 검찰총장은 2018년 11월 27일 서울 여의도 이룸센터에서 피해자 30여 명을 만나 사과했다. 문 총장은 앞서 11월 20일 한국판 아우슈비츠로 불리는 형제복지원 사건에 대해 대법원에 비상상고를 신청했다. 대법원이 비상상고가 이유 있다고 인정할 경우 무죄가 선고된 원 판결은 파기된다.

2018년 12월~2019년 5월,
'과거사 정리 기본법 개정안' 3차례 상정

인권 유린, 폭력, 학살, 의문사 등을 조사하여 은폐된 진실을 밝혀내기 위해 설립된 진화위는 4년 2개월의 활동을 마치고 2010년 12월 31일 해산했다. 조사 종료 이후에도 상당수 아동청소년 및 부랑인 등의 강제수용 등 국가 폭력 사건이 추가적으로 드러나자 진화위를 다시 열기 위해 진선미 의원 등이 과거사법 일부 개정안을 2017년 2월 3일 발의했다. 20대 국회에서 과거사 정리 기본법 개정안이 7건 발의됐다. 2018년 9월~2019년 5월 국회 행안위 법안심사소위에 개정안이 3차례 상정됐으나 처리되지 못했다.

2019년 6월 25일,
'과거사 정리 기본법 개정안' 법안 심사 소위 의결

국회 행안위 법안심사 소위에서 '과거사 정리 기본법 개정안'이 6월 25일 통과됐다. 기존 발의된 7건의 과거사 정리 기본법이 하나의 법안으로 대체·통과된 것이다. 개정된 과거사 정리 기본법에서는 희생 사건을 사망, 상해, 실종 사건으로 명확히 함으로써 형제복지원과 같은 강제실종 사건이 해당 법률의 구제 대상이 됐다. 피해 및 명예 회복을 위한 조치도 구체화됐다. 기존 법안이 '유가족의 피해 및 명예를 회복시키기 위한 적절한 조치를 취해야 한다'고 명시한 반면 개정안은 '유가족의 피해 및 명예를 회복시키고 이들을 위로하기 위하여 피해에 대한 배상 또는 보상 방안의 강구, 위령 사업 실시 등 적절한 조치를 취해야 한다'고 강행 규정을 뒀다. 그러나 이날 소위에 참석한 기획재정부 측은 다른 의견을 제시했다. 기재부 측은 진화위 활동 재개에 대해서는 이의가 없으나 재정이 수반되는 부분, 즉 피해자에 대한 배상 보상을 강구해야 한다는 '강행 규정'에 대해서는 '임의 규정'으로 하길 바란다는 기재부 입장을 전했다. 상임위 법안심사 소위에서 의결된다 해도 국회 법사위, 국회 본회의를 통과해야 한다.

피해 생존자 한종선이 거리에 피켓을 들고 나선 지 7년이 지나서야 국회 행안위 법안심사 소위를 통과할 수 있었다. 진선미 의원이 형제복지원특별법을 발의한 지 3년이 지난 뒤에 얻은 결과다. 한종선의 회고록을 보면 이렇게 기록돼 있다.

"오가는 모든 분께 목례를 하였다. 그런 내 모습이 어떻게 보면 동냥하는 거지처럼 비춰졌을 수도 있을 것이다. 내가 목례를 하게 된 이유는, 처음에 1인 시위를 하러 갔을 때 그곳의 풍경이 가관이었기 때문이다. 그곳에는 나 말고도 많은 사람들이 있었다. 고래고래 소리를 치면서 주장을 외치는 사람, 수많은 사람들이 피켓을 들고 서 있었다. 그들의 피켓에는 무슨 노조, 어디 단체, 어느 연합 등 무엇인가를 요구하는 내용들이 적혀 있었다. 국회에 출입하는 많은 사람들은, 이런 일을 수없이 봐와서 그런지 눈길 한 번 주지 않고 자기 갈 길만을 재촉했다. 그래서 난 그들에게 목례를 하였다. '케케묵은 오래된 사건을 이렇게 들고 와서 죄송합니다.' 이런 뜻으로 목례를 하게 되었던 것이다. 사실 나는 1인 시위를 어떻게 하는지 몰라서 그냥 뻘쭘하게 복지원 관련 피켓을 세워놓고 남들처럼 서 있었다. 디스크가 있다 보니 서 있기도 힘들고 앉아 있기도 힘들었다. 거기다 찌는 듯한 햇볕은 순식간에 내 살가죽을 벌겋게 물들였다." (《살아남은 아이》 123~124쪽)

5장

지옥에서의 연대

10년 가까이 진상 규명을 위한 투쟁을 하면서 피해 생존자들은 나이 들어갔다. 청년은 중년으로, 중년에서 노년으로 가끔 국회 앞에서 한종선 대표를 만날 때마다 흰 머리가 늘어가는 게 보였다. 그의 집은 국회 앞 작은 텐트였다. 형제복지원에 감금된 아홉 살 아이, 종선이 갖고 싶었던 것은 장난감이 아닌 '관'이었다고 한다. 뚜껑을 닫고 들어가면 누구도 자신을 때리지 않을 관. 그는 관처럼 작은 텐트에서 살고 있으니, 소망했던 바를 국회 앞에서 이룬 것 같다고 말했다.

피해 생존자 최승우가 2020년 5월 5일 법안 통과를 외치며 국회 의원회관 2층 지붕에 올라가 곡기를 끊었다. 그의 친구가 마실 물을 올리고 최승우의 오줌을 받아 내렸다. 과거사법 처리에 여야가 합의하면서 최승우는 단식 사흘만에 농성을 중단했다.

진실·화해를 위한 과거사정리 기본법 개정안, 이른바 '과거사법'이 2020년 5월 20일 통과됐다. 법안이 통과되던 그날 한종선, 안경호와 나는 국회 본회의장에 앉아 있었다. 표결을 앞둔 법안이 대형 화면에 표시될 때마다 의원들은 전자 투표를 반복했다. 간간히 대화를 이어가는 의원들이 보이긴 했지만 대다수 침묵을 지켰다. 법안이 처리될 때마다 결과는 1분도 안 돼 곧바로 전광판에 떴다. 투표는 신속하고 조용했다. 과거사법 개정안 순서가 다가올수록 이상한 느낌마저 들었다. 8년간 이어진 투쟁이 끝을 향하고 있었다. 당시 한종선을 비롯한 피해자들이 잠시 자리를 비웠다. 긴 시간은 아니었는데, 그들이 오지 않는 찰나가 길게만 느껴졌다. 그들은 자신의 손으로 이룬 영광의 순간을 목도해야 한다. 전광판에 형제복지원 법안 차례가 떴을 때 내가 할 수 있는 일이라고는 휴대폰을 켜서 사진을 찍는 일이었다. 뒤를 돌아보았을 때, 한종선, 그리고 법안 통과를 위해 국회 문이 닳도록 드나든 안경호가 앉아 있었다.

주승용 국회부의장이 법안 통과를 선포했다. "재석 171인 중 찬성 162인, 반대 1인, 기권 8인으로 진실·화해를 위한 과거사정리 기본법 일부 개정 법률안 대안은 가결됐음을 선포합니다."

피해 생존자들과 그들을 돕던 활동가는 부둥켜안았다. 오해하고 반목한 적도, 오해를 풀고 다시 함께 나아간 적도 있는 사이었다. 부둥켜안은 그들을 향해 카메라 플래시가 터졌다. 몇 년의 세월 끝에 얻어낸 결과를 안고 그들이 국회 본회의장 문을 열고 나가자 몇몇 기자들이 따라갔다. 국회 본청 계단 앞에서 묻고 답하는 시간이 이어졌다. 김무성, 진선미 의원 등이 그들 곁으로 와서 법안 통과를 축하했다.

나는 그들에게 꽃을 건넸다. 간혹 함께 밥을 먹은 적은 있지만 꽃을 선물하기는 처음이었다. 꽃을 안고서 두 사람이 환하게 웃었다. 의원과 형제복지원 생존자, 취재진이 뒤엉켰다. 눈을 마주치면 누구라도 껴안았다. 꽃은 이 사람에서 저 사람으로, 자연스레 흘러갔다. 마지막에는 김무성과 진선미 의원이 그 꽃을 안고서 국회 안으로 사라졌다.

그때의 벅참은 언어로 표현되지 않는다. 수년이 지난 지금도 그 순간의 감정을 전할 언어를 찾을 수 없다. 축하라는 말은 그들의 투쟁에 비해 가벼웠기에 축하라는 말을 할 수 없었다. 눈을 마주치면 와락 껴안는 것 말이 아닌 심장을 마주하는 것만이 우리가 꺼낼 수 있는 단어였다.

법안이 통과되고 해단식을 하기 전, 그들이 자주 가던 국회 맞은편 식당에서 뒷풀이가 열렸다. 깊은 밤, 한종선이 술잔을 들었다. 투쟁이 시작되고 사실상 처음 든 술잔이었다. 감정을 제어하기 어렵기에 그는 법안이 통과되기까지 술을 끊은 터였다. 모두들 축배를 들었다. 최승우에게 생수를 올려다 주던 친구는, 최승우가 단식할 때면 마시는 '삼다수'를 찾으러 다녔다고 말했다. 국회 근처 편의점에 없어서 찾으러 다녔다고. 한 시민은 형제복지원 운동을 우연히 접한 뒤 응원을 하게 됐다고 말했다. 국회 앞에서 나홀로 피켓을 들고 서 있던, 누구도 거들떠보지 않던 한종선에게 처음으로 인사를 건넨 전규찬 교수도 함께했다.

형제복지원 운동은 찬란하고도 처절했다. 피해자들이 직접 자신의 손으로 변혁을 이끌어냈기에 찬란했지만, 일상적으로 수많은 다툼이 벌어졌다. 피해 생존자들 내부에서, 피해 생존자와 그들을 돕는 외부인 사이에서. 피해자들의 운동은 순수해야 한다는 암묵적 시선에, 이들의 갈등이 드러나지 않았을 뿐이다. 지금은 피해 생존자 단체가 세 개로 쪼개졌다.

모든 운동은 피투성이다. 소설가 존 버거가 말했듯이 연대가 중요한 건 지옥에서지, 천국이 아니다. 우리는 지옥에서 연대한다. 지옥에서의 연대를 이끌어갔던 세 사람, 한종선과 최승호와 안경호를 인터뷰했다. 피해 생존자들의 직함은 인터뷰 당시의 것으로 기록했다.

2020년 2월, 한종선과 최승우

☐

아주 평범한 삶을 찾아서: 한종선

국회 농성 821일인 2020년 2월 7일 한종선 형제복지원 피해생존자 대표를 만났다. 오랜 농성 끝에 그는 서울 면목동의 녹색병원에 입원해 있었다. 20대 국회 임기가 거의 끝나가면서 법의 운명도 알 수 없던 시절이었다. 4.15 총선이 다가오면서 정치권이 선거 준비에 돌입했고, 국회는 개점 휴업 가능성이 커졌다. 법이 언제 통과될지 기약할 수 없는 상황이었다. 그는 지친 표정으로 녹색병원 휴게실로 걸어 나왔다. 인터뷰는 휴게실에서 진행됐다.

박유리　　처음 이 운동을 시작할 때 30대였는데 지금 시간이 많이 지났네요.

한종선　　처음에 서른일곱 살인가 서른여덟인가 그랬고 지금은 마흔 다섯. 나는 딱 1년만 하자고 했어요. 세상이 변하는 과정이 안 보이면 1년만 하려고 했는데 (변하는 게) 확인이 되기 시작하니까, 그래서 조금만 더 버텨보자고 한 거죠.

박유리 희망 고문일 수도 있었겠네요.

한종선 미치고 싶은 거지. 다 죽여 버리고 싶은 거지. 1년 후에는 사이코패스가 되려고 마음먹었던 것인데 벗어난 거지. 운이 좋게도. 전규찬 교수님을 만났고 (시민단체) 발바닥을 통해 진선미 의원이 특별법을 추진했고 〈그것이 알고 싶다〉가 취재했고 확 변했어요. 그 전에 국회 앞에서 (내) 멱살 잡고 '어디서 빨갱이 새끼가 와서 구라치냐'고 그럴 때도 있었죠.

박유리 국회가 법안을 통과시킬까요?

한종선 사회적으로 합의가 이뤄졌다고 봐요. 문무일 검찰총장도, 국가인권위원회도 형제복지원은 국가 폭력이라고 했고, 비상상고 결정 올라왔지. 부산시장도 책임져야 한다고 사과한다고. 다 이뤄진 거죠. 다만 국회만 동의 안 하고 있는 거지. 사회적 합의를 이뤄낸 것까지도 국회가 어깃장 놓으면 안 되는 거죠.

이번에는 양보할 만큼 다 했어요. 가을, 9월에 될 줄 알았는데, 11월에 될 줄 알았는데 안 됐고. 2월 임시 국회에서 합의를 해서 법사위 열어서 본회의에서 수정안이라도 통과시키는 게 마지막 기회죠. 계속 의원실을 돌아요. 그저께는 과거사법 피해자 50여 개 단체가 모여서 법 통과시켜 달라는 성명서를 냈어요.

박유리 어떻게 여기까지 올 수 있었을까요?

한종선 오기인 것 같아요. 반항심으로 왔던 게 아니라. 억울한 일이 있으면 법대로 하라는 말이 있잖아요. 법이 없으니 법을 만들어 달라는 오기죠.

박유리 오기의 근원은 뭐였을까요?

한종선 억울함이지. 이걸 풀고 싶다는. 억울한 게 없다면 오기를 부릴 필요가 없잖아요. 그런데 오기라는 게, 이럴 때 쓸 맞는 단어인가 모르겠네요.

박유리 (국회) 반응이 어때요?

한종선 홍익표 의원은 적극적으로 하려고 하고, 그래서 가능성은 있는데 자유한국당이 변수죠. 어떤 보좌관은 '과거사법에 관심 없습니다' 그러고. 진짜 막무가내야.

박유리 그런 말 들으면 오기 생기죠?

한종선 어떤 생존자들은 그런 이야기 듣고 가만히 있냐고, 주먹이라도 날리라고 그러죠. 내가 그렇게 했다고 치면, 우리가 뭐가 되냐고. 또다시 부랑인 소리밖에 더 듣냐는 거죠. 참을 수 있는 것도 대표의 역할인 거라고. 페이스북도 당분간 안 하고 있고. 우리 피해 생존자들 안에서도 불만 사항이 나오고. 더 강력하게 혈서를 쓰겠다. 그렇게 피해자들이 요구하는데 나보고 계속 죽으라는 거냐, 그런 생각도 들죠.

박유리 임시 국회에서는 될 것 같이 보여요?

한종선 지금 힘이 많이 빠졌어요. 다 때려치우고 싶고 뭘 해도 날 향해 욕하는 것은 사실이고. 물론 날 위로하고 고생했다고 토닥토닥하는 사람이 더 많아요. 몇 명이 그렇게 하는 것에 대해서 지쳐가는 거지. 다만 그래도 이 활동 통해서 승우 형이 일하고 그래도 바른 길로 옮겨오게끔 했다는 것만으로도 다행이다 싶죠. 완벽하지는 않지만.

박유리   국회 앞에서의 농성이 821일째예요.

한종선   그저께 입원을 했어요. 건강이 너무 안 좋아서. 8년 동안 해오면서 몸 상태가 안 좋아졌죠. 내 몸 상태를 느낀 게 무기력하고 허리 척추도 터졌고. 참아지니까 참았고, 걸어지니까 걸었죠. 디스크 시술을 두 번 했었거든요. 몇 개월 동안 스트레칭 해야 하는데 퇴원하자마자 (농성장에서) 쭈그리고 앉아 있고 하니까.

내가 몸이 잘못되어서 움직이지 못한다거나, 자살한다거나, 누군가는 피해 당사자 (운동의) 정점에서 끝까지 해나가야 하는데 잘못된 길로만 가면 안 되잖아요. 승우 형이 있어서, 그래서 안심이 되는 거고. 누가 술 따라주면 형이 먹고 그랬는데 지금은 안 먹으려고 해요. 한 잔만 받고 이제는 안 받더라고요. 이게 과정이에요. 사람인지라. 피해 당사자인지라 한 번 꽂히면 화가 나는 것은 사실이거든요.

2012년부터 국회 앞을 떠나 있었던 적이 1년도 없었어요. 박근혜 탄핵 시절에도 촛불 국회 앞에 있었고 탄핵됐다는 것에 만세 부르고 있었고. 모든 것이 완벽하게 이루어지는 것은 불가능이죠. 완벽하게 하는 것은 독재이지.

박유리   국회가 19대, 20대 지나오면서 반응에 차이가 있었나요?

한종선   부산시의회가 우리를 초대해서 타종행사에도 참가했고 부산시민으로서 인정을 했죠. 시의장이 아주 힘없는 부랑인으로 치부된 사람들이 성과를 이룬 것을 두고 미비하게 작은 성과가 아니라 큰 성과라고, 사회적 합의를 이루는 시간이었다고 했어요. 며칠 전에는 부산시 피해생존자 쉼터를 개소한다고 들었고요. 부산역에서 어떤 시민 분이 형제복지원이라고 적힌 노란 잠바 입은 우리를 보고 '파이팅' 하시더라고. '이 사건을 어떻게 아시죠?' 했지. 세상이 변했다는 거예요. 우리가 보상을 바라고 떼쓰는 행위를 했다면, 가스통 틀고 혐오스럽게 했다면, 우리한테 환대를 하겠냐고요?

피해 생존자 운동의 궁극적인 목표는 살아 있는 겁니다. 살아 있는 것 자체가 활동이죠. 건강하셔야 한다고. 진상 규명하는데 증언해야 하는데 말도 못하고 자살하고 그럼 안 된다고, 건강 하시라고 그러죠.

박유리 인터뷰 때 '사람이 되어간다'는 표현을 종종 썼어요. 한종선에게 사람이 되어가는 시간은 무엇일까요?

한종선 빈 껍데기 안에 무언가를 채워가는 거죠. 지식을 학교에서 배운다고 치면 나는 배운 것이 없었으니 사회에서 배울 수밖에 없었어요. 사회에서 배운 것도 먹고사는 데 집중했고요. 생각의 차이에 영혼이 있다고 한다면 영혼의 지식을 채우는 것이에요. '사람이 무엇일까?' 물음표에 사람으로서 해야 할 부분이 나에게는 없었어요. 한나 아렌트가 쓴 《인간의 조건》에서 '인간으로서 가장 중요한 것들'이라는 부분이 나오잖아요. 결국 가장 중요한 것은 표현할 수 있는 행위죠. 그때, 국회 앞에서 피켓팅을 드는 행위야말로 사람으로서 행한 첫 행위였던 거죠.

우리 피해 생존자 운동에 있어서, '살아남는다'는 것이 꼭 숨만 쉬는 인간을 말하진 않아요. 무언가를 내면에 채워가는 삶으로서 살아남는 것이죠. 배우지 못했다는 것이 우리 트라우마였다면, 하면 된다는 거죠. 그래서 3월에 방통대 청소년학과에 입학을 하려고 해요. 심리학을 최종적으로 전공할 거라서 청소년과를 선택했죠.[14]

나의 청소년 시절, 시설 감금된 때와 관련된 것을 논문으로 쓸 예정이에요. 검정고시는 1인 시위를 하면서 봤어요. 사람들은 학벌이 낮거나 없는 사람을 거짓말로 몰아가잖아요. 인권이라는 개념 자체가 책으로 배운다거나 주입식으로 배우는 게 아니라고 봐요. 가장 기초적으로 인간의 필연적인 감수성에서 출발해야죠. 아주 평범한 삶을 찾는 게 내 운동입니다.

박유리   아버님, 누님은 계속 전주의 병원에 계세요?

한종선   법이 통과하면 가족을 집 가까운 데 모시고 왔다 갔다 하면서 살고 싶어요.[15] 누나랑 같이 살던 그때 진짜 힘들었어요. 아무 준비 없이 동정심에 의해서. 내가 몸소 깨달은 게 있으니까. 동정심으로 대하지 말라는 게, 동정심으로 다가왔다가 사람이 지쳐서 떠나 버리면…. 불안증은 언제나 있죠. 불안증이 불시에 막 찾아오니까. 미쳐버려. 속이 두근 두근 두근…. 최근에 이 활동하면서, 운동이 뭐로 인해서 완전히 자빠지는 그런 불안증이…. 승우 형이 예전에 빽하면 술 먹고 전화해서 죽고 싶다고 하고, 분신한다고. 그럼 미쳐버리는 거죠. 경찰에 신고도 몇 번 했어요. 경찰이 자살 시도 하는 거 막았죠.

기억을 넘어서는 일: 최승우

한종선 대표를 만난 지 이틀 뒤인 2020년 2월 7일. 최승우 피해생존

자 공동대표를 국회 앞 농성 텐트에서 만났다. 23일간의 단식 농성
을 끝낸 지 약 석 달 뒤였다. 그는 2019년 11월 6~29일에도 국회의사
당역 6번 출구 지붕 위에 올라가 곡기를 끊은 적이 있다. 최승우 대
표는 활동비를 아끼기 위해 활동 기간 내내 하루에 한 끼를 먹었다.
한 끼라도 제대로 먹으면 살 수 있다면서. 그는 800일이 넘도록 농성
장에서 매일 일기를 썼다.

최승우　오늘까지 824일째인가? 아, 오늘까지 823일째네. 오늘 어
떻게 살고 (사진을 보여주면서) 이렇게 사진하고 같이. 일기를 쓰니까 기
억력이 더 살아나고, 뭔가 기록을 할 수 있다는 것이 한편으로는 다
행이죠. 중학교 1학년 때 잡혀갔으니까 문명이라든가 국어, 산수
나…. 어릴 때 반공 교육만 받아서 머릿속에는 열네 살에 멈추어 버
린 거죠. 배운 게 없다보니까 비어 있었지. 종선이가 이야기한대로
(일기를 쓰면서) 짐승에서 사람으로 가는 느낌이고 울림이 있는 거죠.

박유리　기록한 지는 얼마쯤 되었나요?

최승우　2017년 11월 7일 농성 첫날부터. 아, 첫날은 기록을 못했
고 둘째 날부터. 트럼프가 미국 대통령 되고 나서 우리나라 처음 방
문했던 날이 둘째 날이라 기억하죠.

박유리　국회에서 노숙 농성이 장기화된 이유가 뭘까요?

최승우　사실은 솔직히 이야기하고자 하면 저는 처음에 (국회) 나
올 때, 그땐 내가 잘 모르니까 국가 폭력 피해자들에게 보상이란 게
주어져야 한다고, 보상받으려고 했어요. 그런데 보상이 다가 아니더
라고요. 돈은 죽고 나면 가져가지 못하는 것이잖아요. 무엇이 나한

테 필요한지 고민하고 종선이와 서로 갈등도 있었고요. 종선이는 진실하게 국가가 죽을 때까지 국가 폭력 피해자들에게 트라우마 치료해주고 그럼으로써 사회가 바뀐다고 생각을 했고 나는 오로지 보상. 그러면서 갈등이 생기기도 했어요. 2017년도까지만 해도 너무 힘들었죠. 노숙이 너무 힘들었고 개인적으로는 내 삶이 또 부랑인의 삶이 된 것은 아닌가? 또 거지 같은 삶을 살아야 하는 것인가? 스트레스도 있었어요. 자살 시도도 하고 많은 우여곡절이 있었어요.

박유리　자살 시도를 하셨다는데 언제인가요?

최승우　그때가 재작년 겨울이죠. 2018년 12월.

박유리　왜 그러셨어요?

최승우　12월경에 아까도 이야기했지만 심적으로 경제적으로도 부담이 되고 굉장히 힘들었어요. 사건을 알린들 내가 무얼 하겠나? 그냥 죽어버리면 아무것도 모를 텐데. 이기적인 생각을 했죠. 그냥 죽자. 이 꼬라지 보지 않고 죽는 게 낫겠다고. 이 썩어빠진 국회를 보면서 어떻게 살아갈까? 트라우마 치유를 5년 정도 받고 있어요. 사람마음 트라우마치유센터라고. 국가 폭력도 있지만 성소수자들이나 학교 폭력 피해자들도 있죠.

박유리　국회에서 3년간 살아보니 많은 것들이 보이겠네요.

최승우　눈으로 보이니까. 그러니까 예를 들어서 국회 식당에 가서 2년 동안 밥을 먹었어요. 국회 식당에 가게 되면 눈에 보이는 거죠. 보좌관이나 의원들이나. 지금 우리나라는 더불어민주당, 한국당, 정의당이 있잖아요. '형제복지원 사건이 도대체 뭐냐? 돈 받아먹으려고 하는 것 아닌가? 관심 없다.' 관심 전혀 없는 사람들이 있죠.

박유리　20대 국회가 저물어가는 시점이에요.

최승우　이 시점에서 정말 첫발이라도 내디뎌보자. 법을 한 번 만들어보자. 희망이 엄청나게 몸속에 자리 잡고 있지. 그렇기 때문에 2019년부터 내가 생각을 달리하고 자살 소동 이후에 트라우마 치료가 제대로 되고 어떻게 잘 싸워갈까 스스로 고민하고 있어요. 작년 11월 6일 고공단식을 했잖아요. 그 전에 2017년도인가 2018년도에 단식을 했었잖아요. 그때 종선이 몸을 알겠더라고요. (종선이 몸이) 안 되겠다. 그래서 나라도 무엇을 할까 생각하다가 뭐라도 해보자 해서 결단한 게 올라가는 거죠. 올라가기 전날, 다시 사람마음 조합원들하고 이야기하기로 했는데, 제가 참석 안 하고 작년 11월 6일에 (혼자) 올라가게 됐어요.

박유리　국회의사당역 지붕 위로 올라가셨죠. 국회가 다르게 보이던가요?

최승우　국회가 달리 보이고 참 아래로 보이더라고요. 내가 높은 데 있으니까 아래로 보이고. 그들이 늘 우리 농성장을 아래로 봐 왔던. 나도 아래로 보니까 시원하고 통쾌하고. 사실 올라가서 〈김어준의 뉴스공장〉과 인터뷰할 때 때마침 황교안 자유한국당 대표가 단식을 하더라고요. 단식도 차별이 있네, 싶더라고요. 저 사람이 하니까 온 미디어가 떠들고 나는 별 볼 일 없구나, 싶었죠. 내가 위에서 아래로 보니까 천막을 두 개나 치고 전기난로도 보이고 보좌를 하고 황제 단식을 하는 거야. 나는 소금하고 물만 먹는데. 너무 사람인데 비교되더라고요. 위치에 있다는 것과 약자. 〈시사자키〉 정관용씨와 인터뷰하는데 내가 그랬어요. 황교안 대표가 황제 단식할 때, 내가 필요했던 건 따뜻한 난로가 아니라 따뜻한 법을 원했다고.

박유리   경제적으로 생활은 어떤가요?

최승우   부양의무가 있잖아요. 아버지가 암 투병 중이시고 연세 많고. 제가 먹여 살려야 하는데 그럴 형편이 안 되고 한 달에 52만 원으로 살아야 하는데 힘들죠. 저희는 모금도 안 하고 있는 상황이거든요. 돈이 결부되면 문제가 되더란 말입니다. 모금도 하지 않고 종선이가 그때 (시민단체) '진실의 힘'으로부터 상금 천만 원 받은 것 조금씩 쓰죠. 밥 한 끼예요. 한 끼 식사로 만족하자고 그렇게 이야기했어요. 그러니까 굉장히 없이 빈약한 활동을 했죠. 그렇게 함으로 인해서 나는 얻은 게 있었어요.

박유리   그게 뭘까요?

최승우   굶어 죽는 사람은 없더라는 거죠. 밥 한 끼라도 든든히 먹으면 든든하더라. 돈이 필요해서 싸울 이유는 없어요. 돈 없이도 밥 먹을 수도 있고 싸울 수도 있어요. 이런저런 단체가 많잖아요. 오만 것들을 봤어요. 어떻게든 후원받아서 활동하라고 했는데 없이 싸울 수 있다는 걸 내가 깨달은 거죠. 깨달은 것이 아니라 알게 되었던 거지.

박유리   아까 짐승에서 사람이 되는 시간이라는 표현을 썼는데, 지금은 어떤 것 같아요?

최승우   되어가는 과정인 것 같아요. 죽을 때까지 배워가는 자세가 되어가는 것 같아요. 배움이 뭐냐 하면, 어떤 사람들은 내가 생각하는 그 이상을 보는 사람들이 있거든요. 예를 들어 연극을 한 편 보더라도 (나는) 연극 한 편을 전체(적인) 생각을 못해요. 연극에 전문적인 사람들은 그 말 한마디, 소품도 꿰뚫어 보는데 나는 보지 못하니까 계속 보고 느끼고 알고 가야 한다는 거죠.[16]

박유리 이렇게 노숙 농성을 오래 할 거라고 생각을 못하셨죠?

최승우 오래 갈 것이라고는 전혀 (생각) 못했죠. 빨리 법이 통과되고 19대에서 조사도 나올 줄 알았는데 그때(19대 국회) 폐기가 되고 나서 그 뒤부터 오랜 싸움이었죠. 내 죽을 때까지 가야되는 거다, 그런 생각이 들기 시작하더라고요. 왜냐면 형제복지원은 국가 폭력에 의한 사건이잖아요. 작은 사건이 아니죠. 어쨌든 우리나라 복지 예산이 어디로 빠지고 있잖아요. 6호 시설이나 노인요양원 시설이나 국가가 투입한 돈이 엄청나죠.

박유리 이 법안이 통과되면, 우리 사회에 어떤 역할을 할 거라고 생각을 하나요?

최승우 어쨌든 많은 국가 폭력 피해자 중의 한 사람이잖아요, 내가. 어떻게든 배울 것은 배워서 이 사회가 나로 인해서 조금 고쳐지고 그럼 좋죠. 국가라는 권력자들이 희생자들이나 피해자들한테 트라우마 치료를 해줘야 한다고 생각해요. 그럼으로써 나라가 성숙해지는 것이 아닌가 해요. 가족들까지도 트라우마가 전이가 돼요. 나는 트라우마 치료를 평생 받을 것 같아요. 받으면서 활동을 하겠죠. 잊지는 못해도 이겨낼 수 있는 능력을 갖고 싶어요.

박유리 '트라우마'라는 단어를 안다고 해서 트라우마를 아는 것은 아니잖아요. 겪어본 사람으로서, 트라우마가 뭘까요?

최승우 나 자신의 트라우마는 기억이죠. 기억에서 벗어나는 게 아니라, 기억을 되살리고 그것을 이겨내면서 사람들한테 내가 이렇게 살아왔다는 것을 알릴 수 있는 힘을 내야죠.

박유리　이제는 치료를 받으면서 그 기억을 누르지만은 않게 되었 잖아요. 어떤 치료를 받으세요?

최승우　보통 트라우마 치료는 처음 과정이 내 안에 있던 트라우 마를 끄집어내는 것인데, 그때가 제일 힘들어. 끄집어냄으로 인해서 굉장히 힘든데 그 힘듦을 견디는 과정에서 상대가 믿게끔 해주는 것 이 중요해요. 어떤 이야기를 해도 선생님이 받아들여주는 것. 관계 가 최고 중요하죠. 다 끄집어내고 굉장히 친해지면서 관계를 키우는 거죠. 대인관계 키움이라고, 관계 키움을 공부해요. 감정 공부를 한 다는 것은 감정의 기복 같은 것들을 관리하는 거예요. 어떤 부분은 숙제를 내요. 조금 고통스러운 기억은 있지만 이겨낼 수 있도록. 이 겨낼 수 있는 습관을 뇌에 넣으면 예전에 형제복지원 안의 기억을 반복적으로 이야기해도 무뎌지는 거죠.

박유리　국회 앞은 각종 피해자들의 인간 시장이라고도 할 수 있 어요.

최승우　여기 인간 시장 맞아요. 국회가 어떻게 하느냐에 따라서 그 사람들의 분류는 달라지겠죠. 국가 폭력을 당했다는 사람들은 늘 나와요. 정부나 청와대, 국회가 어떤 행동을 할 때 모순된 사람들이 많이 나오죠. 박근혜 구속됐다 이러면 석방 해달라는 사람들도 오 고. 별별 사람들이 국회 앞에 있어요. 전자파에 조종당했다고 주장 하는 사람도 있고요. 11시에 (농성 텐트) 문 두드리니까 나가봤죠. (전자 파에) 조종당하고 있다고 그러더라고요. 희극이기도 하고 비극이기 도 하고. 나보다 더 힘든 사람들을 보고 성장하는 것 같아요. 이 활동하면서 국회 앞에서 국가 폭력 피해자들이나 더 큰 폭력의 피해자들을 보면서 '나 외에 많구나' 알게 됐죠. 국가가 맺어준 나쁜 놈들도 있지만, 국가가 맺어준 가족들이 있어요. 딸을 잃은 누나도 있고 콜트콜텍 형님도 있고. 국가가 맺어준 가족이라고 부르죠.

박유리 잘 살아 있자고 그렇게들 서로 얘기하지요?

최승우 왜 그러냐면 우리들이 살아 있는 것 자체가 기록자고 증언자니까. 살아 있음 자체가. 지금까지도 어떻게든 살아남아왔단 말이에요. 죽은 사람도 있지만. 그게 바로 피해 생존자의 삶이에요. 국가가 나서주지 않는 거 자체가 힘들고 괴롭고 고통스럽겠지만 지금까지 살아왔듯이 살아 있는 게 고맙죠. 종선이의 심정을 알겠더라고요. 대표직을 하면 온갖 사람들한테서 전화 오고, 목숨 끊는다고 전화가 오고. 온갖 사람들이 그렇죠.

박유리 그들도 사람이 되어가는 시간 속에 있지 않을까요?

최승우 나는 알리고 싶은데 방법을 모르니까. 그분들도 적절한 치유가 필요하죠. 그분들도 지금까지 힘들게 살아왔기에 현재는 금전적인 것들을 많이 원하죠. '돈이 있어야 내가 싸우지'라고. 그렇지만 트라우마 치료가 꼭 필요하다고 봐요.

박유리 한종선 대표는 지친 감정도 있다고 하더라고요.

최승우 법 통과까지라고, 목표를 못을 박았는데 이렇게도 저렇게도 못하는 상황이고 2년 넘게 노숙 농성을 하면서 얼마나 많은 일들이 있었겠습니까? 힘든 일이 80퍼센트죠. 그래서 지칠 만도 해요. 종선이도, 나도 완벽하지 않고 그래서 종선이도 트라우마 (수업을) 함께 했으면 해요.

박유리   한편으로 막막한 마음은 들지 않나요?

최승우   희망이 있으면 절망도 있잖아요. 지금은 될 거라는 확신을 갖고 있지만 안 될 그때 에너지가 또 생기겠죠. 부딪칠 때 내 몸이 반응을 하는 거지. 매일 하루에 한 가지씩 좋은 생각하자, 그렇게 좋은 생각을 하면서 평탄해보자, 오늘 하루를 어떻게 즐겁게 보낼까? 그런 생각이 맴도는 거지. 인간이라는 게 그렇게 싸우다가도 힘들 때가 있어. 그럴 때는 소주 한잔한다든가. 술을 마시면 개가 된다는 말이 있지. 술 먹지 말라는 게 술 먹으면 개 된다고. 내가 경찰들만 보면 시비 걸고요. 옛날에 경찰이 잡혀간 거 때문에.

박유리   세상에 응답이 없는 질문을 계속 하고 있다는 생각은 안 드세요?

최승우   왜 하필이면 그 시간에 (형제복지원에 잡혀간) 그리로 갔을까? 이 운동하기 전에 계속 질문이 스스로에게 들었죠. 그래서 그걸 어떻게 생각했느냐면, 내 부모 탓이라고 생각했어요. 엄마, 아버지가 이혼을 해서 그때 할머니 밑에 컸기 때문에, 못 살았기 때문에, 가난해서 잡혀간 거라고. 왜 내가 당했을까? 온전한 가정이었다면 잡혀 갔을 수가 있었을까? 아버지와 엄마한테 원망을 했죠. 아버지하고도 안 보고 살고. 동생하고는 같이 형제복지원 안에 있었기에 의지가 됐지만.[17]

박유리   아버지와 계속 사이가 안 좋으셨군요.

최승우   86년 10월 30일인가? 아버지가 찾아오셔서 동생하고 형제복지원에서 나왔어요. 거기서 나와서 아버지랑 부산 기장을 갔어요. 아버지랑 아버지 친구 분하고 술 먹으면서 나한테 회를 먹으라고 하는데 (형제복지원에) 열네 살에 들어가 열아홉 살에 나왔는데 한 번도 안 먹어본 거죠, 회를. 아버지가 하는 말이 '머스마(사내아이)가 그런 데 갔다 올 수도 있지'라면서 머리를 때리더라고요. 그 말이 충격이었어요. 당신은 진짜 안 들어가 보고 그런 말을 쉽게 할 수 있구나. 얼마나 죽을 고비를 넘겼는데⋯. 그때 치가 떨렸죠.

박유리　아버지는 형제복지원이 일종의 고아원이라고 생각을 하신 걸까요?

최승우　아버지는 (날) 찾을 생각을 안 했던 것 같고 살기 바빴어요. 가족이라는 것을 못 느꼈죠. 사회가, 내 가족도 내 편이 아니게 느꼈죠. 형제복지원 그 안에서 성폭행을 오래 당했잖아요. 사회 나와서 89년도인가 88년도에 만난 여자친구가 있었는데 그 여자친구로 인해 성 정체성이 돌아왔단 말입니다. 그 친구를 사랑하고 동거도 하고 행복했어요. (그 친구가) 임신을 했는데 결국에는 가족들이 제가 형제복지원 출신이라고 끌고 가버리고 결국에는⋯. 대한민국이 살 곳이 못된다고 느꼈죠. 90년도에 배를 타러 갔어요. (부산) 자갈치에 배가 많아서 다른 나라로 밀항을 하려고 했는데 못하고 5년 동안 배를 탔죠. 바다가 좋아졌어요. 선원들이 몇 명 있고 가나, 인도네시아로 갔죠. 말이 안 통해도, (농성 텐트에서 같이 지내는 강아지, 고양이를 바라보며) 강아지하고 고양이하고 언어가 아닌 표현으로 친해지고 편하더라고요. 멀리 볼 수 있는 바다가 평온하더라고요. 우여곡절이 너무 많죠. 내 가족을 다 잃어버린 데서 분노가 컸던 거예요.

박유리　형제복지원에서 같이 지낸 동생은 그래도 친밀하게 지냈어요?

최승우 지하고 내하고밖에 없으니까. 최고 의지된 게 동생인데 그놈도 나오자마자 못된 길로 빠져서 그러다가 막노동판에 뛰어들었어요. 막노동을 하다가 공사를 하도 받아서 하는 과정에서 돈 문제가 생겼어요. 우리 동생 죽을 때 돈 받을 거 있었는데, 1억 몇 천인가 못 받아서 힘들었죠. 지하고 나하고 소주 한잔 먹으면 '형제원이 우리를 이렇게 만들었다', 그런 원망을 했었죠.

박유리 동생이 먼저 세상을 떠났습니다.

최승우 2009년 10월 3일 스스로 목숨을 끊었죠, 집에서. 제가 전날 입원을 시키려고 했었는데. 결국에는 피를 두 다라이(대야) 흘렸어요. 그때도 119를 불렀는데 세수 대야 두 바가지를 쏟아놨는데, 과다 출혈로. 내가 가장 먼저 목격을 했어요. 죽을 때도 눈도 제대로 못 뜨고 손을 꽉 잡고 피를 그렇게 토하고 '내가 지금 죽는다. 니는 잘 살아라'고. 시립병원에 갔는데 (동생) 손을 꼭 잡는데 안 놓더라고. 너무 너무 미치겠더라고. 내가 자살을 하려고, 몇 번이나 자살도 쉽게 안 되고. 집 천정에 (매어놓은) 전깃줄이 몇 번이 떨어지고 주택관리공사에서 몇 번 공사를 하고. 그래도 나는 참 지(동생이)가 그렇게 괴롭고 힘들게 살면서 먼저 간 것에 대해 존중합니다. 어쨌든 살아 있으면서 악착 같이 살면 좋았겠지만, '형이 살아 있으니까 어떻게든 해볼게'하는 마음이죠. 나중에 '야후'가 처음 나오고 피씨방이 처음 생겼을 때, 삼보 컴퓨터 쓸 때, 형제복지원을 쳐봤는데 기사가 없더라고. 지금은 (기사가) 나오잖아요. 그걸 알리려고 했는데 2013년도에 《서울신문》에서 우연찮게 툭 (기사가) 나오는데, 이게 뭔가 밝혀지나 보다 싶더라고. 인터넷으로 기자한테 이메일을 보냈다고. 전화 오고 한참 뒤에 방송 나오고 취재를 하게 되고. 대책위원회에서 전화 오고 통화하고. 그렇게 된 거죠.

박유리 가장 사랑하는 가족이 희생된 거잖아요.

최승우 가족이, 사랑하는 사람이 희생당한 거죠. 분노의 삶을 더 살아야겠다는 의지가 강해지는 거지. 그 분노를 갖고 살아남아야지. 그런데 또 한편 생각해보면 내 몸을 관리하면서, 기록하고 계속 증언하고 이야기하면서, 그렇게 국가와 사회가 변해가는 과정을 보면서 죽는 것도 생각해보죠. (지금) 오십이 넘었는데, 69년생이니까. 내 나이가 벌써. 아직까지 혈기는 왕성하죠. 너희가 사과를 안 하는데. (그럼에도) 내가 변해가는 과정인 것 같더라고요. 더더욱 더 잘 변해서 이 운동을 잘 할 것인가. 공부하고 알아가야죠.

박유리 농성장에 고양이와 강아지가 같이 살아요.

최승우 고양이는 '살아'고, 강아지는 '법이'예요. '살아'는 살아남은 아이를 뜻하고, 강아지 '법이'는 법 통과시켜달라는 의미죠. '법이'는 종선이의 새끼 강아지고, 고양이는 유기묘예요. 국회 안에 고양이가 많은데 꼬랑지가 휘어지고 장애가 있는데 버림을 받았어요. 갈 데가 없으니까 쓰레기 담아놓은 데 먹이 구하고 있더라고요. 귀가 눌러 붙어 있고. 쓰레기 더미에 있는 것을 종선이가 발견하고 '나한테 아이가 생기는 구나'하면서 데리고 왔어요. 나한테 생명이 생겼다면서, 아이고 너무 귀엽다면서. 팔자인가 보죠.

2020년 5월, 한종선

살아남는 운동에 대하여

최승우 공동대표는 어린이날인 2020년 5월 5일 국회 의원회관 2층으로 올라갔다. 20대 국회가 폐원하기 불과 24일 전의 일이다. 당시 한종선 대표는 광주에 내려가 있었고 누구도 최 대표의 고공 농성을 예상치 못했다. 과거사법 개정안은 2019년 10월 소관 상임위원회인 행정안전위원회를 통과했지만, 이후 법제사법위원회에 발이 묶인 상태였다.

최승우가 고공 농성을 이어가자 김무성 의원은 5월 7일 오후 2시 52분쯤 창문 면담을 진행했다. 이후 김 의원이 여야당 원내대표에게 전화를 돌려 법안 통과를 구두로 확답받았다. 법이 처리되는 걸 보고 내려오겠다고 최 대표가 응수했지만 김 의원은 "차라리 내 방에서 농성을 하라, 각서를 써 주겠다"며 설득을 이어갔다. 최승우는 5

월 7일 오후 5시쯤 지상에 내려왔다. 과거사법 개정안이 5월 20일 통과됐다. 그로부터 약 두어 달이 지난 8월 1일 한종선 대표를 만나 당시 상황을 들었다.

박유리　　법 통과 이전 상황은 어땠나요?

한종선　　심각했죠. 대표로서의 능력이 한계치에 닿고 통솔도 안 되는 상황이었어요. 이제 집단적으로 자살 시도까지 있는 상황이었고요. 이번에도 통과 안 되면 사람들이 죽겠다고 하고 손가락 자른다거나 혈서를 쓰겠다는 사람들까지 나타났어요. 우리도 어느덧 십 년째 활동하는 상황에서, 장기전이어서 지쳐가는 상황이었죠. 승우 형이 독단적으로 선택을 했어요. 그런데 의원들이 관심을 가지기 시작했죠. 국회 책임이었으니.

박유리　　통과 안 되면 그때는 어떤 계획이었나요?

한종선　　이놈의 세상과 등지려고 했었죠. 세상 보고 싶은 생각이 없었어요. 아시다시피 세상이 변하는 과정을 봤기 때문에 이 일을 했던 것인데…. 그러다 보니 괴로웠던 거죠. 지금도 마찬가지야. 악으로 깡으로 버티다 여기까지 온 것이고, 그 자리에서 버티는 거죠.

박유리　　최승우 공동대표가 올라간 당일 상황은 어땠어요?

한종선　　올라가기 4, 5일 전에 귀띔은 했었죠. 술 먹고, 똑같은 패턴으로. 이런 상황에서 뭐라도 해야 되는 거 아니냐고. '왜 그러는데?' 이러니까 자기 생각에는 극단적으로 했으면 좋겠다고. '하는 건 하는 건데, 형이 왜 그런 생각을 하냐. 나라고 안 했을 것 같으냐'고. '내가 왜 이렇게 버티고 있고 왜 생각을 안 해주냐'고 따졌지. 설득을 통해서 상황이 만들어지면 우리가 해야지, 형 혼자서 하는 거 아니라고. 그런데 일을 쳐버린 거죠. 나는 그날 낮 12시경인가 광주에서 자고 있는데 형사한테 전화가 왔어요. '어? 한 대표님 올라간 거 아닌가요?' 내가 그랬어요. '어디로 올라갔다는 거예요? 뭘요?' 그래서 안경호 형한테 연락 취하고 상황 좀 봐달라고 했어요. 서울에 올라가게 됐죠. 연락받자마자 광주에서 서울 올라간 시간이 오후 세네 시였던 것 같아요.

박유리　밑에서 승우 형을 올려다보니까 어땠어요?

한종선　내가 이런 기질이 있어요. 말이 앞뒤가 안 맞으면 추궁하는. 화가 났죠. 순간 짜증이 확 나는 거지. 같이 하는 사람에게는 신뢰를 가지고 이렇게 가야 하는데 나한테는…. 심정은 이해하는데 이슈식으로, 소비용으로 끝날 것 같은 모습이어서 화가 났어요. 전화를 했어요. 아무튼 화가 나 있으니까 자중하고 있으라고, 형이 선택한 거라고, 외로움도 겪어봐야 하고 무언가를 깨달아야 하고 '혼자 남음'이란 것을 겪어보라고. 형 두 번 다시 안 보니까 찌질하게 내려오면 나한테 죽는다고. 수발은 다 하잖아. 똥오줌 받아주고 건강 체크 알아보고. 연대하러 오신 분들, 이 사람들이 연대하러 온 것은 진심이니까 이해는 해. 그런데 샤우팅을 하려고 그래요. 샤우팅으로 '내가 널 찾아왔는데' 대놓고 이야기해. (승우 형이 같이) 샤우팅하면, 굶은 사람은 굴러떨어진다고. 위험한 상황이니까 전화로 해주시라고 그러지. 어떻게 보면 연대하러 오신 분들에게 싸가지 없어 보일 수 있지만.

박유리　최승우 공동대표와 어떻게 여기까지 함께 오게 됐나요?

한종선   승우 형이 〈그것이 알고 싶다〉 프로그램에 나왔었잖아요. 피해자 모임도 나왔고 대책위에도 있었고 활동하려고 나왔죠. 형님은 이 모임의 대표를 하고 싶고 날 쫓아내고 싶어 했어요. 그러다 우리가 삭발식을 했죠. 승우 형은 보상이 될 거라고 생각하고 내가 하는 이 싸움에 대해서 너무 시간만 가고 결과가 없는 싸움이잖아. 온갖 억측 불만들이 쌓여 있을 때죠. 그렇게 승우 형과 나는 악연으로 시작된 거지. '이 좆만한 새끼가' 그러면 '그래서 왜 이 새끼야?' 덤볐거든. 둘이서 핸드폰으로 싸우고. 그러다 2017년에는 국토 대장정을 했어요. 우리가 처음으로 같이 움직이기 시작한 거죠. 청와대로 가는데 그때 7명이 참석했는데, 오늘은 이 사람하고. 그 다음날은 저 사람하고 싸우고 그랬죠. 별것도 아닌 것 같고 싸우고. 뭔가를 안 해보던 사람들이 해보려니까 방식을 모르는 거지. 국토 대장정이란 것은, 함께 걷는 것인데 누군가 체력이 좋아서 빨리 갈 수도 있지만 보폭을 맞추어서 걷는 것이죠. 낙오 없이 성공리에 끝냈고 형님들이 '우리도 된다' 처음으로 의기투합이 되었어요. 두 달 후에 노숙 농성을 시작했죠. 그때까지만 해도 승우 형이 의심 병이 있었다고. 1년 동안 노숙 농성하면서 고생한다면서, 형제복지원 잘 되기를 바란다면서, 3만 원, 5만 원, 10만 원 주시는 돈들이 있어. 이 돈을 내가 받는 순간 다 기입을 해서 모아 갖고 간직한다는 것을 본인이 그제야 본 거지. 종선이한테 다달이 돈 들어오는 줄 알았는데 어디 돈 들어온 게 없다는 걸 아니까 신뢰가 쌓인 거죠.

박유리   피해자들의 연락도 받지 않아요?

한종선   아주 나쁜 방법으로 화상통화해서, 자기 죽는 모습을 촬영하듯이 그런 식도 있었고. 다음부터는 술 먹고 시그널 보내면 119로 신고해요. 자기가 죽는 모습을 보여준다는 게, 그런 트라우마를 심을 생각을 어떻게 하냐고. 그거 아주 못된 거거든. 나 역시도 페이스북에다 칼 올리고 글 쓰고 시도를 한 적 있는데 전화가 왔어요. 참, 내가 전화를 받았었구나. 그때 내가 횡설수설 했던 것 같아요. 너무 화가 나서. 경찰한테 신고가 들어와서 경찰차 3대, 구급차가 와서 창문 뚫고 들어왔죠.

박유리   법 통과 이후의 상황은 어떻게 되나요?

한종선   과거사위원회가 꾸려지기 전 우리가 무엇을 할 수 있을까를 찾아내야 하는데, 자료를 찾을 수 있는 방법을 생각하려 해요. 피해 당사자들이 제일 찾고자 하는 게 입소 자료죠. 그게 없어서 불안해하는 거고, 입증 자료가 없으면 (누구도 피해자임을) 믿으려고 하지 않거든요. 증언이 확실하면 구제가 되는데 입증 자료가 누락될까 봐 겁을 먹으니까.

박유리   앞으로는 삶을 어떻게 꾸려가고 싶어요?

한종선   지금까지는 너무 많은 역할이 주어진 게, 사실 내가 할 수 있는 것은 억울함을 푸는 건데, 다른 형들은 생계나 급여, 긴급 의료 지원이라든가 그런 게 필요하기도 해요. 부랑인이라고 낙인을 다시는 받지 않는 게 내 역할의 끝이죠. (운동의) 목적과 취지에 대해서 설명을 해도 자기들이 생각하는 부분을 이야기하고 그걸 이해시키는 게 일반 사람한테 두 번이면 이해될 것을 100번을 해야 해요. 그렇게 수없이 말하면 '니가 언제 그런 말을 했었어?' 그러니까. 그리고 가장 큰 것은 피해 당사자들은 자기 아픔을 인정받고 싶어 해요.

박유리　　살아남는 운동이 뭘까요?

한종선　　몸이 삐걱삐걱댄다고 하더라도 공을 차려고 하는 의지, 그걸 '살아 있음'이라고 봐요. '살아 있음'의 운동이라는 게 그런 의미인 거지. 모여서 공도 차고 조기축구 대회도 하고. 꼴찌를 할지라도 등수랑 상관없이 이것도 해볼 수 있다는 거, 그게 희망인 거죠. 부랑인은 술만 먹을 거라는 이미지를 버리는 거. 숨어 살았던 것을 드러냄으로써 사람이라는 것을 보여주고 싶어요. 농성장에 앉아 있으면 (앞에) 전봇대가 있어서 보이는 풍경이 달라요. 자동차들이, 사람들이 잘려서 보이거든. 전봇대 뒤의 세계는 내가 볼 수 있는 세상일까? 잘려 있는 내가 과연 다시 설 수 있을까? 그런 생각도 하지.

박유리　　이 운동을 하면서 많은 사람들과 관계를 맺었어요.

한종선　　이 일을 통해서 내가 사람으로서 처음으로 행동을 취하게 된 계기는 전규찬 교수님. 사회적 운동의 기초, 아주 간단한 것을 인식하게 되면서 그 부분을 숙지하면서 살게 된 거죠. 형제복지원 사건을 알리기 위해서 기억나는 걸 책으로 내게 되었어요. 아무것도 안 해본 내가 책을 쓰게 된 것이 감동이었죠. 종선 씨는 여기에서 붕 뜬 기분으로 생활하면 안 된다고, 어떻게 알릴 것인가에 대해서 진지하게 임하셔야 한다고 그랬어요, 그분이. 그게 기초가 된 거야.

　　여준민 (장애와인권발바닥행동) 사무국장 같은 경우는 내가 1인 시위 하기 전에 각 시민단체에다 전화를 하는 과정에서 만나게 됐어요. 《살아남은 아이》 원고가 시민단체에 돌면서 여 국장이 국회 앞으로 오게 된 거죠. 내 이야기를 들어줄 때 울었기 때문에 실망을 했어요. 인권유린에 대해서 냉정하게 판단하고 분석해야 할 사람이 감정적으로 반응해서 나로서는 화가 났던 거야. 사람들의 감정을 많이 못 겪어 봤으니까. 내가 인권운동가였다면 그렇게 안 하고 냉정하게 들 었을 것 같아요. 그럼에도 불구하고, 여준민 사무국장한테 수많은 칼을 날렸는데도 불구하고, 내공이 있어요. 해결하려는 의지가 있었 죠. 지금에서는 준민 사무국장하고 친밀하게 하려고 하는데 초기에 상처 받은 것들 때문에 서먹서먹했던 부분이 있어요.

송소연 진실의힘 이사님. 그 누나는 내가 잘못된 판단으로, 잘못 된 길로 가려고 하면 따끔하게 하고 진짜 힘들 때 누나로서 토닥토 닥도 해주고. 그 누나가 나한테 가르쳐준 것은 '진짜 아깝다. 너의 삶 을 찾으라'는 희망이었어요. 그러다 보니까 내가 변할 수 있는 계기 가 된 것이지. 목적만 갖고 사는 사람이 아니라, 이 목적은 내 삶의 아 주 작은 일부일 뿐이라고. 내가 이 일을 해결해 가려면, 건강해야 한 다는 것을 알게 해 준 사람. 내게 너무 좋은 사람. 삶의 스승 같기도 하고 친누나, 엄마, 친구 같은 느낌. 일단 이 누나를 대할 때는 가식적 인 게 없어. 나도 이 누나한테 가식적인 게 없는 거지.

안경호 국장님 같은 경우에는 풀어가는 과정에서 진정성은 확실 한 사람이지. 흔들림 없는 사람. 유리 기자님한테도 칼을 몇 번 던졌 는데도 다가와 줬으니까 칼 맞고 다가와준 사람이 좋은 거지. 이 일 을 해가면서 쓴소리 하는 사람 의외로 많아. 정확하게 알지 못하고 정확하게 들여다보지 않은 상태에서 조언은 누구나 쉽게 할 수 있기 때문에 그 부분에서 거를 건 거르고 하지만, 조언으로 버티고 있는 것도 사실이고. 피해 생존자 안에서도 나의 반대쪽 말만 듣고 나한 테 '파쇼'라고 하는 사람도 있었고. 내가 오죽 답답했으면 농성 마지막 날에 '파쇼'라는 단어를 검색까지 해봤으니까. 나를 타도의 대상으로밖에 안 봤다는 생각이 들어. 내가 타도의 대상이 되었나, 멘탈이 깨진 것이지.

박유리   생존자들이 '재수 없음'이라는 말을 많이들 하지요. '재수 없음'이 뭘까요?

한종선   이렇게 된 것이 '재수 없음'이거든. 어떤 사람은 재수 있어서 (형제복지원에) 안 들어갔을 뿐이지. 재수 없어서 들어갔을 뿐인데 평생을 좌우한다는 것 자체가 내 인생에 대해서 이해가 되지 않는 거지. '재수 없음'은 작은 것에서부터 큰 것까지 너무 많아. '재수 없음'이라는 것을 우리만큼 겪은 사람이 있을까? 그냥 집 밖에서 놀던 아이들이 잡혀가고, 지금까지 이 '재수 없음'에 대해서 '재수 없었네' 치부하기에는. 이 '재수 없음'이 헌법의 가치까지 훼손한다? 나처럼 배우지 못한 사람들이 토론을 해보고 싶다고.

박유리   개인으로서의 한종선이 운동 과정에서 훼손된다고 여겨진 적은 없나요?

한종선   지금도 마찬가지고 내가 어떻게 보면, 이 일의 시발점에서 종점까지 가는 과정을 보면, 개인의 나는 존재가 없어요. 어떤 상징성을 갖고 있는 나일뿐이지. 소연 누나가 이걸 이야기해줬어요. 나를 잊지 말고 희망을 가지라고. 그 말 한마디가 고마운 거지. 너의 삶을 살라고. 네가 이 일에 너무 매달려서 파괴되기 전에 놔야 한다고.

박유리   좋은 인연도 있었군요.

한종선   많은 사람들을 만나왔지만 내 스스로 거리두기 하는 경우가 되게 많아요. 누차 이야기하지만 칼을 일단 날려보고 (믿을지 말지) 선택해요. 칼을 던지기도 전에 내 속마음을 이야기하고 싶지 않아. 인연은 맺되 그 사람이 진심으로 느껴져야지. 내 나름대로 세상을 믿지 못하는 시각으로 인해서 칼을 던질 수밖에 없고, 등 돌려서 맞는 것도 싫어하면 (어쩔 수 없지). 내가 악감정이 있다기보다는 내가 살아온 방법이 그거였기 때문에 나만의 방식으로 살아갈 수밖에 없는 것이고. 피해 당사자들이 다혈질이 많아서 공격적인 사람들이 많아요. 모르는 사람들이 성격 이상하다고 치부할 수 있지만, 피해 당사자들이 봤을 때는 외롭고 겁이 많은 사람이라고 봐요. 섣불리 마음 열었다가 혼자되는 것이 싫은. 그게 습관화되는 거죠.

박유리   개인으로서의 나, 한종선은 어떤 인생을 살고 싶어요?

한종선   결혼할 수 있으면 결혼을 하고 아버지, 누나 모시고 조용히 살고 싶어요. 그리고 두 번째 또 다른 목적은 나의 트라우마로 남의 트라우마를 치료할 수 있다고 봐요. 남들이 봤을 때는 큰 트라우마와 작은 트라우마가 있을지라도, 절대 개개인의 트라우마에 무게가 없다고 봐요. 그 사람한테는 내 상처가 가장 크니까. 나를 필요로 하거나 도움을 청한다면 내가 경험한 것을 알려주고 싶고 저 사람이 힘을 낼 수 있도록 버틸 수 있게 하고 싶어요.

한종선은 법안이 통과된 뒤 광주광역시에서 누나와 함께 살고 있다. 아버지를 코로나로 잃고 입원해 있던 누나를 퇴원시켰다. 누나는 형제복지원에서의 감금 생활로 지적 장애를 앓고 있는데, 가끔

은 어린 시절의 누나로 돌아온다. 10대 소녀로 돌아올 때면 누나는 한종선에게 이렇게 말한다. "왜 나한테 누나라고 안 하고 이름을 불러?" 병원 퇴원 이후 한겨울에 누나가 집을 나가 잃어버린 적도 있었다. 슬리퍼를 신고서 동네에서 멀리 떨어진 곳에서 발견됐다. 국가는 그를 시설로 폐기했지만, 한종선은 가족을 책임지면서 살아간다. 한종선은 누나를 돌보는 게 아니다. 그는 누나와 함께 살아갈 줄 아는 넉넉한 사람이다.

우리는 무엇을 기억해야 하는가

나는 언제나 거리를 두고서 형제복지원 피해자들과 마주했다. 솔직하게 고백하자면, 게으름과 이기심 때문에 그러했다. 어쩌면 몇 발자국의 거리가 오래 응시할 수 있는 원천이었는지 모르겠다. 그러함에도 오해와 모함을 받기도 했다.

법안이 통과되기까지 제 집보다 국회를 드나들며 운동의 방향성을 제시한 이는 안경호이다. 최승우 공동대표가 단식 투쟁을 마치고 의원회관 지붕에서 내려오던 날, 안경호가 피해 생존자를 와락 껴안은 사진은 각종 신문에 실렸다. 당시 4·9통일평화재단 사무국장을 맡고 있던 그를 법안이 통과된 지 약 한 달이 지난 2020년 6월 25일 홍대 근처 식당에서 만났다.

안경호는 매일 출입증을 만들어 10년 가까이 국회에 출근했다. 그에게는 수많은 죽음이 있었다. 해고자 복직 투쟁을 할 때 가장 절친한 벗이 스스로 목숨을 끊었다. 고등학교 때부터 노동자로 살자고 다짐했던 또 다른 친구는 의문사를 당했다. 친구의 죽음은 그를 자연스레 과거사 해결로 이끌었다. 그가 1기 진화위 조사팀장으로 일할 때 규명되지 않은 수많은 죽음들. 그는 외로운 싸움을 이어갔다. 법안이 통과된 뒤 그는 2기 진화위에서 조사6과장을 맡고 있다.

가끔씩 귀에서 이상한 벌레 소리가 난다는 사람, 늘 타인들의 안부를 묻고 살지만 자신에게 안부를 묻는 이가 없던 안경호를 인터뷰했다.

박유리　　법이 통과되기까지 피해자들에게 심적으로 어려움이 있었을 것 같습니다.

안경호　　최승우가 분신 시도를 했었어요. 그때가 2018년도 겨울쯤? 전화가 와가지고 갔더니 여의도 지구대에서 최승우를 데려다 놨더라고. 농성장 안에 휘발유를 붓고 라이터 두 개를 이렇게 쥐고 있었다는 거야. 거기서 막 소리 지르고 이러면서 신고가 들어갔던 거죠. 근데 경찰들도 당황을 했고 제압을 한다고 두 명이 그냥 뛰어들어간 거야. 근데 만약에 그 상태에서 최승우가 불꽃이라도 냈으면 가스가 완전 터지는 거고. 하여튼 그래 가지고 지구대로 갔어요. 보호자 없이는 내보낼 수 없다고, 위험하다고. 데리고 나가서 옷 갈아입히고 기름을 뒤집어 썼으니까 목욕탕 가서 목욕시키고 밥 먹이고 다독이고 그랬죠.

박유리　　운동을 하면서 목표로 삼은 것이 있다면요?

안경호　　문제를 해결해야 된다는 생각이 1차적인 목표인데 이 문제 해결은 어쨌든 과거사법을 개정을 하고 2기 진화위를 만든다는 거죠. 그러기 위해선 문제의식을 확산시키는 과제가 남잖아요. 과거 청산이라는 과제죠. 한국전쟁도 있고 국가 폭력에 의한 인권 침해 사건도 있고 간첩 조작 사건도 있고. 형제복지원처럼 시설과 관련된 사건들도 있고. 10년 동안 거의 연례행사처럼 토론회, 공청회, 학술 대회, 유해 발굴, 결의대회, 전시회, 강좌를 했어요. 비로소 하나의 법 이 만들어지려면 국민 여론, 그다음에 대통령이나 청와대나 정권의 결심, 또 여기에 따르는 국회 여야 합의, 이런 것들이 하나가 됐을 때 만이 비로소 국회에서 법이 통과될 수 있으니까요.

그가 의문사 진상 규명 30주년 특별 전시 때문에 군산에 갔을 때, 최승우는 또다시 국회의사당역에 올라갔다. 2019년 11월 6일부터 물과 소금으로 버티며 23일 동안 굶었다. 목숨을 건 단식이 이어지 는 동안 한종선 대표는 나경원 자유한국당 원내대표 앞에서 무릎을 꿇었다. 11월 29일 국회 본회의에서 과거사법을 처리해달라고 호소 한 것이다.

그러나 상황은 악화되어 갔다. 안경호와 최승우, 한종선에게는 지옥 같은 나날이 이어졌다. 안경호는 2020년 5월 1일 '네가 한 게 뭐 가 있냐?'는 비난의 전화를 받았다. 갈 곳이 없어 찾아간 곳이 마석 모란공원이었다. 고등학교 때부터 노동자로 살자던 친구 박태순의 무덤이 있었다.

노동자 권익을 위해 활동하던 박태순은 1년 6개월 형을 선고받 고 수감된 후 1990년 11월 만기 출소했다. 기무사의 사찰을 받고 있 던 친구는 1992년 8월 29일에 실종됐다. 안경호와 영등포의 허름한 술집에서 만난 뒤 보름이 지나서였다. 가족은 10년 가까이 박태순이 살았는지, 죽었는지 알 수 없었다. 소설가 한강의 표현대로 장례식 같은 삶이 이어졌다. "당신이 죽은 뒤 장례를 치르지 못해 내 삶이 장례식이 되었습니다."[18] 대통령 소속 의문사진상 규명위원회가 출범했고, 의문사위는 2001년 시흥역에서 열차 사고로 사망한 신원불상의 변사자가 박태순임을 확인했다. 실종 9년 만이었다. 친구의 실종은 안경호의 인생을 바꾸어놓았다.

안경호　　그 친구 무덤이 있어. 제가 이걸 벗어나지 못하고 잡고 있을 수밖에 없는 게 그 친구가 의문사를 당했고 그 친구 사건을 어쨌든 풀어보고자 의문사위원회에 들어갔고. 여전히 해결이 안 되었고 (나는) 계속 매달리고 있고. 그 새끼가 원망스럽더라고. 어디 도망갈 데가 없으니까 간 거야. 갈 데가 없으니까. 그걸 누구한테 얘기하며…. 지금이나 이런 이야기를 하는 거지.

　　그는 20대 국회에서 마지막 일정을 준비하고 있었다. 2020년 5월 6일 기자회견, 5월 7일은 청와대 시민사회수석 면담을 요청해 놓은 상태였다. 기자회견문을 작성하고 실무를 준비하던 5월 5일 오후 2시쯤 집에서 나오는데 최승우에게서 전화가 왔다. 숨넘어가는 듯한 목소리였다.

　　"지금 농성 올라갔습니다."

　　"뭐야? 어디야?"

　　"국회인데, 저 지금 죽습니다."

　　"뭐야?"

전화가 끊어졌다. 택시를 타고 바로 국회 정문 앞으로 갔지만 최승우가 정확히 어딘지를 알 수 없었다. 현장에 도착하면 경찰이나 소방차도 와 있으려니 생각했다. 현장은 예상과 달랐다.

안경호   방호원 두 명이 아래에 있고 최승우는 국회 의원회관 캐노피, 거기에 있었던 거야. 그래서 전화를 했지. '어떻게 이렇게 올라갔냐? 말도 없이…. 분명히 나랑 상의하기로 하지 않았어?' 일단은 전화를 끊었어. 방호원 두 명이 창문을 통해서 내려가서 최승호가 갖고 올라갔던 유인물이랑 피켓을 압수하면서 최승우가 자극이 된 거야. 그 난간 끝에 와가지고 다 뛰어내린다고, 놓고 가라고. 아래에서 보니까 이게 아슬아슬한 거야. 내가 (방호원들에게) '저리로 안 가?' 소리 지르고. 방호원들은 우리는 (이 사태에) 책임을 질 수밖에 없다면서 접근하고. 나는 최승우한테 '너 새끼야, 빨리 저쪽으로 가라'고 소리치고. 떨어지기 직전까지 간 거야. 막 10분 동안을…. 정말 나는 어디 떨어질 줄 알았어. 그 순간이, 하…. 그러고 나서 방호원이 경찰에 신고해서 경찰차 오고 소방차 오고 매트리스 깔고 한 거야.

박유리   많이 놀라셨을 것 같아요.

안경호   가슴을 쓸어내린 정도가 아니라….

뉴스와 트랜지스터 라디오를 좋아하던 안경호는 군대 제대 후인 1989년 김포공항에 조업직 노동자로 입사했다. 비행사에 제반 서비스를 제공하는 일이었다. 겨울이면 눈을 치웠다. 노동조합 대의원으로 활동했고 파업을 계획하다 해고를 당했다. 1992년이었다. 이후 해고자 복직투쟁을 벌였다. 한진그룹 본사 앞에서 텐트를 치고 농성을 벌였다. 장기간의 투쟁은 노동자들을 와해시켰다. 노조 민주화 활동을 하던 이들은 기피 부서나 지방으로 발령이 났다. 다른 노동자들이 그에게 포기를 종용했다. "형, 왜 그래? 조금만 더 참아봐." 그는 동료들을 설득했다. 그러던 중 김포공항 시장에서 친한 형의 가족들을 우연히 만났다. 친하게 지내던 형수와 아이들이었다. 아이들이 '삼촌'하고 부르며 안경호에게 다가가려고 하자 형수가 막아섰다. 멀리서 안경호와 형수의 눈빛이 마주쳤다. 그때 깨달았다. 내가 떠나야겠구나…. 97년 5월 그는 그렇게 투쟁을 포기했다.

박태순의 죽음뿐만이 아니었다. 복직 투쟁을 할 때 늘 붙어 다니던 친구 조수원이 1995년 12월 15일 민주당 서울시 지부에서 목을 맸다. 병역특례자로 대우정밀에 입사했다가 파업에 참여해 해고된 상태였다.

안경호　95년에 해고자 신분으로 위원장 출마했어요. 낙선을 하고 서울 민주당 당사로 전화를 걸었죠. '야, 어떠냐?' '아이 뭐 잘 안 되고… 너는 어때?' '나도 그래. 하루 종일 그냥 살았지.' '내가 지금 갈까?' 그러다가 수원이가 '아니야. 내일 얘기하지' 그러더라고. 이게 마지막 통화였어. 몇 시간 뒤에 새벽에 집에 전화가 와. 수원이가 목을 맸다고. '빨리 바닥에 내려서 숨을 쉬게 하면 되지, 왜 전화를 하고 지랄이야', 내가 화를 냈다고. 목을 맸다는 거하고 죽었다는 거하고, 나는 인식이 거기까지 안 간 거야. 손이 막 떨리고 몸을 막 어떻게 해야 될 줄 모르겠어. 여의도 당사 7층에 갔더니 누워 있어. 맨날

덮던 이불로 덮어놨더라고. 이불을 벗기고서 얼굴을 보니까 혀를 내면서 죽었더라고. 나에 대한 자책, 친구를 잃은 상실감, 미안함…. 깨끗한 작업복으로 갈아입히고 구급차를 불러 가지고 서울대병원 영안실로 데리고 가는데 손을 따뜻하게 해주면 살아날 것 같은 느낌이 드는 거야. 여의도에서 서울대병원까지 손하고 발하고 계속…. 그런 트라우마가 좀 있는 것 같아요.

노동운동을 하던 한 친구는 의문사를 당했고, 또 다른 친구는 마지막 통화를 끝내고 몇 시간 뒤에 목을 맸다. 가까운 사람들의 죽음은 충격이었다. 안경호는 과거사 관련 활동을 하면서 수많은 생존자, 또는 피해자 가족을 접한다. 죽음 같은 인생을 살아온 사람들은 또다시 생과 사의 갈림길에서 그에게 전화를 건다.

박유리　사실은 그 안에서 서로 다 지옥인 거지.

안경호　끊임없이 자극을 하죠, 저를. '나 죽을 거야. 네가 뭐라도 해야 돼.' 네가 일어나서 국회도 걷고 누구도 찾아보라고, 그렇게 들리죠.

박유리　누군가 죽겠다고 하면 어떤 감정이 드나요?

안경호　그냥 내 임무구나, 내가 해야 되는 거고. 내가 조금 더 해야 되니까…. 정말 그 얘기까지 해야 되나 싶긴 한데, 이들에게 무슨 일이 일어나거나 죽기라도 한다면 내가 버틸 수 있을까? 이게 마지막에 안 됐을 때 그 책임을 내가 어떤 방식으로 져야 되나? 그런 상상을 하죠. 이 싸움의 끝은 어디일까? 2019년 11월부터 2020년 5월까

지 줄곧 저로서는 그만큼 절박함이 컸어요. 그래서 그날 '지옥'이라고 그랬나 봐.[19]

박유리　도망치고 싶다는 생각은 들지 않아요?

안경호　최승우 말고도 저한테 죽겠다는 사람들이 많아요. 인혁당(사건)도 그렇고…. 처음에는 얼마나 저기하면 그럴까 싶기도 하지만, 돌아서 한 번쯤 생각해 보면 너무 잔인한 것 같아. 그거는 나보고 죽으라는 얘기지.

박유리　이 운동의 곁에 있는 사람들의 상처도 큰 것 같아요. 그걸 말로 표현을 못하지. 피해자는 피해자인 거지. 나는 옆에서 조금만 잘못해도 가해자가 돼. 이 운동이 바깥에서 보기에 아름답게 비쳐야 된다는 강박감이 있잖아요. 그러니까 '내가 그냥 견뎌야지'라는 감정이 들지. 피해 생존자뿐만 아니라 곁에서 함께 지원하고 활동하는 이들도 마음을 보듬을 뭔가가 필요한 것 같아요.

안경호　어느 순간에 이명이 와서 다른 사람은 못 듣고 오로지 나만 들어. 뒤에서 끊임없이 소리가 나요. 벌레 소리가, 벌레가 계속 울어요. 귀뚜라미처럼 우웅 할 때도 있고 이잉잉 할 때도 있고. 흉통이 오는데 혹시 뭐 심장에 이상이 있는지 정밀 검사를 다 해봤는데 아무런 이상이 없어. 그냥 아픈 거야, 계속. 왜 옛날 어머니들 저기하고 그러면 막 가슴을 치잖아요. 그것처럼 가슴을 쳐야 이제 진정이 되기도 하고. 나는 이 법이 통과된 건 아직 실감이 안 나는데 (사람들에게서) 해제된 거는. 어느 때는 진짜 다양하게 전화가 와요. 의문사 가족, 한국전쟁 유족, 선감학원, 형제복지원 돌아가면서 전화해. 하루에 막 열 몇 통화를 받을 때가 있어. 내가 살면서, 그동안 10년 동안 남의 안부를 계속 물어온 거죠. 어머님, 건강하시죠? 안녕하시죠? 건강하셔야 됩니다. 잘 지내지? 밥도 잘 챙겨 먹어라. 밤에 잠이 안 오더라도 어떡하든 좀 자라. 낮에 너무 오래 자면 안 된다. 잘 지내냐는 안부, 안부…. 나의 안부는 누가 물어줄 것인가. 오로지 무언가를 해야 되는, 나는 하나의 도구이기도 하고 그렇게 쓰여왔고 또 그게 저의 또 역할이라고 한다면 역할이고. 결과론적으로는 약간 그런 생각이 들어요.

박유리　　왜 내 운명은 어쩌다 여기까지 온 거지? 그런 생각 안 들어요?

안경호　　제가 좀 미련한 구석이 있는 것 같아요. 목표로 여기는 건 당연히 감당해야 된다는. 내가 선택한 길이니까. 그리고 이 길이 내가 혼자 가야 되는 부분도 있지만 또 같이 가야 되는 부분도 있고. 종선이나 승우가 존재하니까 이 판이 알려지고 현실화되고 그런 부분들이 있는 거죠.

　　사람들은 의문사에 관심이 없다. 아무렇게나 끝나버린 삶. 언제, 왜 죽었는지도 모를 죽음들이 한국의 현대사에는 도처에 깔려 있다.

안경호　　그래서 과거사법이 언론에 노출되는 것만으로도 희열을 느껴요. 작년(2019년) 1년 동안 아침에 습관적으로 제일 먼저 들어가는 게 민주당 홈페이지. 홈페이지에 회의 끝나고 30분 정도 지나면 속기록이 올라와요. 옛날에는 "검찰청법과 민생 법안들 처리를 잘 해야 된다" 이런 얘기들을 하죠. 그런데 작년 11월 넘고 올해 3월부터는 원내대책회의나 최고위원 회의하면 "과거사법과 민생법안 처리하는데 야당하고 협조를 구할 생각이다" 이런 발언들을 하는 거야. 나한테 이거는 '천당'이에요. 과거사법이 이제는 1순위구나.

박유리 국장님 주변에 너무 많은 죽음이 있지 않은가? 의문사가 숙제를 남긴 거네요.

안경호 이거는 마지막까지 짊어져야 되고. 처음에는 의문사에 관심이 갔다가 입법 활동을 하면서 의문사도, 한국전쟁도, 형제복지원도 같이 가게 된 거지. 국회의원들한테 이야기하는 거지. 범위가 이만큼 많다고. 죽은 놈만 있는 게 아니라 이렇게 멀쩡하게 40대, 50대 시퍼렇게 눈 뜨고 살아 있는 사람들이 있다고. 그러니 제발 이 법을 만들자고 하는 거지.

박유리 의문사 조사할 때 가장 힘들 때는 언제인가요?

안경호 의문사 하면서 힘들 때가 더 이상 기관에 공문을 보낼 곳이 없을 때. 더 이상 탐문을 나가서 만나볼 사람이 없을 때. 이때는 또 지옥이거든요. 대공 수사관 조사를 하는데 그들이 쓰는 은어든 공식 용어든 이거를 모르면 조사를 할 수가 없는 거야. 또 법의학도 마찬가지예요. 의문사자가 있어, 부검을 했어, 나한테는 부검 감정서가 있어. 그럼 이 부검 감정서를 해석을 해야 되잖아요. 이 감정서를 해석을 하려면 법의학서를 봐야 되는 거고 국과수에 쫓아가야 되는 거예요. 부검했던 의사를 조사하려면 이 감정서의 모순을 내가 찾아야 되니까 이 감정이 잘못됐다는 거를 알아야지. 그리고 죽은 사람이 나한테 얘기하는 게 뭔지, 나는 이것 때문에 죽었다는 거를 알아들어야 되는데 그거는 실력이 있을 때만이 알아들을 수 있잖아요. 만

약에 이 땅바닥에서 죽었는지 말았는지를 내가 검증을 하고 사실관계를 밝혀야 돼. 그러면 토양 위에서 사람이 죽어서 부패 과정을 겪고 유탈이 됐을 때 토양의 변화는 과연 어떻게 될까? 토양이 어떻게 변화됐는지를 알아야지. 사람 몸에 있는 유기물, 무기물이 빠져나가고 부패가 되고 온갖 곤충이 달려들고 그렇게 해서 결국에는 토양의 한 성분이 되는데 마지막으로 뭐가 남느냐. 이거는 과연 어느 시점에 발생이 되는 건지? 이런 것들을 물어봐야 되잖아요.

박유리　　조사를 할 때는 그것만 머릿속에 있죠?

안경호　　거의 대부분…. 그렇게 집중을 해도 안 되니까…. 그러니까 종일 사실을 알 수 없는, 사실의 조각들이 있는 거잖아요. 결론을 내기 위해서. 어느 때는 사체가 발견된 산, 발견된 시점, 그 시간대에 가보기도 하고. 비 올 때 가보기도 하고, 눈 올 때 가보기도 하고, 새벽에 가보기도 하고, 안개 낄 때 가보기도 하고, 소주 한 병 들고 가서 당신 왜 죽었는지, 어쩌다가 죽었는지 좀 가르쳐달라고. 당신의 그 억울한 죽음을, 얘기를 해. 나한테라도 얘기를 해줘라. 내가 밝혀줄게. 그런데 그렇게 해서 얘기를 들은 건 없어. 남겨진 거는 사진 몇 장, 부검 기록, 행적 몇 조각 이게 다니까. (그럴 땐) 죽은 사람의 목소리를 듣고 싶어요. 꿈속에서도 사건 현장에서도.

박유리　　이제 진화위 2기가 꾸려지잖아요.

안경호　　그러면 이제 신청서를 받는 거지. 기본 활동 3년, 추가로 1년 이렇게 운영이 돼요. 독립운동사, 해외 동포사, 한국전쟁 전후, 민간인 집단 학살, 1945년 8월 15일 이후부터 권위주의 통치 시기까지의 국가 폭력, 인권 침해, 사망, 실종, 상해 이런 것들을 조사하지요.

선감학원이나 형제복지원 유사 시설에서 발생한 피해 당사자들은 신청할 가능성이 높아진 거죠. 홍보가 많이 됐으니. 포괄적인 과거 청산이 되는 거예요.

이게 당사자 입장에서는 과거의 일이고 현재의 일이지만. 하나의 문제 해결과 문제 인식이라는 측면에서 볼 때는 '미래'의 일이잖아요. 지금 우리는 이러한 것들을 어떻게 기록하고 기억할 것인가? 지금에 이르러서 '기억을 해야 되는가?'라고 하는 사람들이 많아요. '이 불편하고 가혹하고 비참한 것들을 왜 기억해야 되는가?' 근데 그걸 넘어서면 '어떻게 기억을 해야 되는 것이지?', 이렇게 발전해 나갈 수 있다고 보는 거죠.

우리는 왜 기억해야 하는가. 사실 아직도 나는 그 질문에 답을 하지 못하고 있다. 왜 이토록 오래 형제복지원을 비롯해 거리의 사람들을 놓지 못하였는지. 다만, 외로운 이들 옆에 잠시나마 서 있고 싶었을 뿐인 것 같다. 아무도 주목하지 않고, 누구도 자신들의 편이 되어주지 못한 사람들 곁에. 어떻게 살았는지, 언제 사망했는지 누구도 기억하지 않을 사람들의 삶과 죽음 옆에서. 나는 사회적 약자라는 말이 싫다. 약자에도 계급이 있는 것처럼 느껴져서다. '사회적'이라는 말이 사회적 인정을 받아야 한다는 것처럼 들려서다. 약자들도 많은 이들의 관심과 옹호를 받아야 비로소 사회적 약자가 된다. 어떤 진영으로부터, 어떤 이념으로부터도 떨어진 채 누구도 주목할 필요를 느끼지 못한 사람들. 어쩌면 그냥 그런 사람들

곁에 두 발로 우두커니 서 있고 싶었던 것 같다. 왜 기억해야 하는지, 여전히 답을 찾지 못했지만 그저 기억하고 싶었다. 조난 신호 같은 것을 세상에 보낸다. 여기에도 사람이 있었고, 이유 없이 사라진 죽음이 있다고.

6장

빈곤 청소

가난한 사람들의 목소리를 들음으로써 빈곤의 시대를 볼 수 있다면, 빈곤 정책을 들여다봄으로써 빈곤의 역사는 구체화된다. 정책과 증언을 오감으로써 개인의 삶이 국가로 인해 어떻게 붕괴하는지 실증된다. 일제강점기 당시 세워진 선감원부터 형제복지원까지 무산자들을 청소하는 정책은 일관적이었다. 아름답고 부요한 것을 선망하고, 가난을 치우는 시대적 분위기는 인간의 욕망인 걸까, 아니면 정책의 산물일까.

빈곤 없는 정원庭園

한국의 역사에서 가난한 사람은 끝없이 감금되고 실종됐다. 실종의 책임은 추궁된 적이 없고, 실종의 결과도 규명되지 않았다. 민주화 운동 과정에서, 특정 사건에 휘말려 사라진 사람들의 죽음은 실체가 드러나지 않았을지언정 진실 규명을 위한 노력이 있었다. 그러나 가난한 사람들의 이유 없는 사라짐에 대해 한국 사회는 무관심했다. 역사는 이들을 기록하지 않는다. 그나마 부랑인 실종에 대해 기억하는 사건은 형제복지원 정도다. 하지만 형제복지원은 한낱 충격적인 실화 사건이 아니며, 가난을 걷어치워온 한국 사회의 기나긴 빈곤 추방 역사 속에 설립된, 계획범죄라는 사실을 기억하는 이는 많지 않다.

서울올림픽을 앞두고서 부랑인들은 세계인들에게 숨겨야 할, 더욱 서둘러 치워야 할 빈곤의 잔재였다. 부랑인 단속이 강화됐다. 전두환 전 대통령은 1981년 4월 올림픽 개최 확정을 5개월 앞두고 지휘 서신을 내린다. "총리 귀하, 별첨 정보보고서와 같이 근간에 신체장애자 구걸 행각이 늘어나고 있는 바 실태 파악을 하여 관계 부처 협조 하에 일절 단속 보호 조치하고 결과를 보고해 주시기 바랍니다." 1981년 4월부터 1만 명이 넘는 공무원이 부랑인 단속에 투입됐다. 그해 9월 올림픽 개최가 확정되자 정부는 추가 실태 조사와 대책을 마련했다. 1981년 8605명이던 부랑인 수용 인원은 1986년 1만 6125명으로 증가했다.

서울올림픽만이 아니었다. 앞선 정부들 또한 부랑인, 성매매 여성처럼 시민들의 혐오 대상을 잡아들여 치적으로 내세웠다. 1956년 경찰 구역 책임제를 정하여 부랑인을 소탕하고 실적이 미비한 경찰관을 문책했으며[20] 1958년 서울시부랑아특별대책위원회가 구성돼 부랑아를 단속했다.[21] 단속된 부랑아들을 시설에 가두었다. 1961년부터 부랑아 선도보호사업계획이 수립됐다.[22] 이들은 국가의 관리 대상이었다.

1987년 수면 위로 드러난 형제복지원 사건 이전부터 선감원, 무궁감화원, 서울시립갱생원, 목포 동명원 등 수많은 부랑인 수용시설에서 학대와 인권유린이 일어났다. 가끔씩 언론이 조명했으나 이내 관심 밖으로 밀려났다. 가난의 얼굴을 한 사람들이 얼마나, 어느 정도 사라지고 감금되었는지는 지금껏 총체적으로 진실이 규명된 적이 없으며 사망자 규모도 파악되지 않았다.

부랑인을 가두는 국가 정책에 대한 반대 여론이나 사회적 질문은 부재했다. 당시 언론은 부랑인 단속과 수용을 강력히 요구했다. 인권 감수성이 크지 않던 시대였다 해도, 부랑인을 잡아 감금하고 격리시킨 행정 처리에 이의를 제기하는 이들은 거의 없었다. 이것은 불과 40여 년 전 한국에서 벌어진 일이다. 단속 실적을 채우기 위해 부랑인이 아닌 자들과 부랑인이 한데 섞여 시설에 수용됐다. 부랑인이든, 부랑인이 아니든 적법한 인신 구속 절차를 거치지 않고 이들을 감금할 헌법적 권리가 국가에게 주어졌던 적은 없지만 현실은 달랐다.

빈곤하다는 이유로 감금되고 삶을 도난당하다 폐기된 이들에 대해 한국 사회는 성찰하지 않는다. 형제복지원은 은폐 사건이라고 단정할 수 없다. 사회가 공인한 인권유린 시설이었고, 시민들의 자발적 무관심 속에서 운영된 공개적 시설이었다.

"시경찰국에서는 명랑한 서울 거리를 만들기 위하여 십칠일 아침부터 시내를 배회하는 부랑아 거지떼를 일소하게 되었다나. ▲시경당국의 금번 단행한 조치는 수도 서울의 체면을 위하여서도 다행한 일이며 응당 있어야 할 일. ▲그러나 항시 거리의 부랑아나 나병환자들은 잡아간 후 며칠 아니면 다시 거리에 터져 나오던 과거와 같은 일이 이번에는 없어질 것인지 두고 봐야 할 일. ▲오늘 못 잡아간 것이 내일이면 거리에 못 나오도록 서민들은 경찰당국에 꼭 부탁하오!" (《동아일보》 1954년 3월 18일)

빈곤은 처벌을 받아야 하는 죄일까. 그 처벌은 왜 이토록 오래 당연하다고 여겨진 것일까. 무용하고 가난한 사람들에 대한 시선이 지금은 달라져 있는가. 이러한 물음에 응답하는 여정으로서 이 책은 시작되었다.

박홍근은 현실로서의 빈곤이 아니라 담론으로서의 빈곤을 이야기하는데, 빈곤은 시대상과 이데올로기에 따라 어떻게 느끼고 재현되는지의 문제이기 때문이다. 1950~1960년대 근대화론이 유입된다. 당시의 빈곤에 대해 박홍근은 이렇게 설명한다. "빈곤은 발전을 통해 해결해야 될 과제가 된다. 그것은 운명적이고 필연적인 것이 아니라 우연적이고 예외적인 것으로 여겨지게 된다."[23] 한국 사회를 돌이켜보면, 빈곤의 얼굴을 청소하는 과정은 권위주의 정부마다 지속됐다. 통치자는 어떻게 빈곤을 처리할지를 고심하는데, 처리 방식은 그 시대의 지향성과 시대정신을 내포한다. 한국전쟁 이후 전후 복구에 집중했던 당시에 빈곤은 보이지 않게 치워져야 했다. 빈곤은 쓰레기로 취급됐고, 전근대와 불결함을 상징했다.

1960년대 박정희 정권이 들어서면서, '갱생'과 '정화'는 사회의 시대정신이 된다. 불결한 것을 세척하고, 쓰지 못할 것을 다시 쓰는 것은 그 시대의 효용이었다. 산업화 초기에 한국 사회는 무용한 것을 유용한 존재로 탈바꿈한다. 서산개척단 등을 조직하고 그곳에 거지, 부랑자, 깡패, 성매매 여성들을 쓸어다 놓았다. 그들에게 도로나 방파제를 닦게 하거나 강제 결혼을 시켰다. 1970년대에 산업화가 진행되면서 부랑인은 정권의 관심 밖으로 밀려갔다. 부랑인 갱생이 정권의 업적이 될 수 없는 시대로 전환된 것이다.

1980년대 부랑인은 다시 정권의 주요 처리 대상이 된다. 올림픽을 앞두고 한국의 깨끗한 거리를 만들기 위해서 부랑인 대청소가 시작된다. 사회적 분위기는 박정희 정권과 달라졌고, 전두환 집권 초기를 지나면서 삼청교육대처럼 사람을 잡아들이고 소탕하는 방식이 되기에는 무리가 있었다. 취임 연설에서 '복지'를 강조했던 정권은 보다 세련된 방식을 택한다. 이는 홈리스들을 위한 복지시설이다. 무용을 유용의 존재로 전환하고자 했던 박정희 정권과 달리, 무용의 존재에게 취식을 제공하는 복지 서비스를 제공하는 정책은 보다 세련된 모습이었다.

'우리 사회의 해충은 누구인가?'

현대성과 홀로코스트의 상관성을 연구한 유대인 출신의 사회학자 지그문트 바우만Zygmunt Bauman은 《현대성과 홀로코스트》에서 현대 문화를 "원예 문화"라고 표현한다. 정원의 아름다움은 가지치기를 통해 완성된다. 질서를 해치는 잡초는 제거돼야 한다. 해충 제거는 미학을 위한 문화 활동이자, 위생을 위한 보건 활동이며, 치안을 위한 행정 활동으로 간주된다. 아름다움을 유지하기 위한 제거는 반발이 아닌 지지와 옹호를 얻는다. 잡초가 사라지면서 정원이 완성된다. 현대성을 유지하는 아름다움은 계획적 질서를 동반하며, 질서는 버려짐에서 시작된다. 강제 추방은 가학적 폭력이 아니라, 아름다움을 위한 잔치가 된다.

근대 사회에서 빈곤은 미학의 반대어다. 질서에 대한 강박은 공간을 인위적으로 재배치하는데, 아름다움에 대한 선망이 강할수록 결집력이 강해진다. 집 없는 사람들, 배회하는 자들을 실은 트럭은 서울 아닌 저 멀리로 사라진다. 짐짝처럼 그들을 버리고 돌아오는 빈 트럭을 좇아 가난한 사람들이 다시 서울로 걸어온다.

미셸 푸코가 《광기의 역사》에서 저술했듯이 "빈곤은 도덕과 윤리적인 삶의 결과로서 나타나는 청빈이나 절제와 수행의 경험"이 아니라 "국가의 순조로운 통치에 거슬리는 과오"가 된다. 빈곤은 개인의 일이고, 국가의 과오이며, 역사의 수치가 된다. 전근대 사회에 존재했던 인간 사이의 의존성은 사라지고 빈곤자들은 국가의 관리 대상으로 전락했다. 빈곤의 추방은 물리적 거리만을 떼어놓는 것이 아니라, 공감의 거리를 만들어낸다. 텔레비전 화면에서나 볼 수 있는 전쟁 속 화염처럼 우리는 빈곤자를 보고서도 슬픔을 느끼지 못한다.

근대화와 더불어

인류는 빈곤과의 전쟁에서 승리해갔으나, 빈곤을 느끼는 체감의 정도에서 늘 패배했다. 풍요는 빈곤을 퇴치하는 게 아니라, 빈곤을 느끼는 박탈감을 가속화시켰다. 미래는 인류에게 빈곤을 느끼게 하는 감도를 높일 것이다. 그렇다면 인간은 빈곤과의 싸움에서 이기는 방법만큼이나 증가하는 빈곤 체감을 어떻게 처리할지에 대한, 태도의 문제를 고려해야 한다. 근대와 더불어 인간이 빈곤을 자연스러운 상태가 아니라, "국가의 과오이며 역사의 수치"(미셸 푸코)로 여기기 시작했기 때문이다.

한국의 근대화가 태동하기 시작한 일제 강점기에 빈민은 국가의 단속 대상으로 전락하고 만다. 일제의 토지 조사 사업은 지주의 토지 소유권을 대체로 인정하는 반면 소작인의 경작권을 권리로서 인정하지 않았다. 지주에 비해 소작인들의 협상력과 권리가 약화되어 부농과 빈농의 분화가 가속화되면서 이탈 빈민이 도시로 유입되기 시작한다. 일제는 조선감화령, 조선소년령 등을 공포해 불량 행위를 할 우려가 있다는 이유로 떠돌이 소년들을 잡아다 감화원이나 교정원에 입원시켰다.[24]

빈민 추방은 해방 이후의 공간에서도 지속된다. 일제 강점기가 끝난 혼돈의 시기에 실업률과 부랑인 증가는 당연한 현상이었다. 수도경찰청은 서울 장안에서 거지를 추방하고 걸인을 실어 시골로 이송했다. 언론은 "참으로 반갑고 명랑한 시책"이라며 "서울 시민은 누구나 당연히 찬의를 표한다"고 환대한다.[25] 일국의 수도는 수도다워야 한다는 게 이유였다. 빈곤은 조선의 게으르고 피폐한 면을 보여주기 때문에 남의 눈에 띄지 않아야 한다. 빈곤을 추방하는 방식으로 관리했다. 수도경찰청은 1947년 8월 부랑인을 서울 300리 밖으로 실어내는 조치를 발표했다.[26] 거리의 소년은 존재 자체로 예비 범죄자였다. 국가는 그들을 붙들어 소년심판소에 수용한다.

한국전쟁을 거치면서 난민이 넘쳐나게 된다. 난민과 부랑인, 부랑아를 구별하는 게 의미가 없어진다. 모두가 가난하다는 점에서 빈민들이었다. 그러나 전쟁 빈민을 대하는 사회의 시선과 태도는 변하지 않는다. 한국전쟁이 낳은 난민들, 무산자로 떨어진 그들에게 국가는 철거 명령을 내린다. 주한유엔민간원조사령부[UNCACK] 자료를 보면, 1952년 1월 16~31일 난민은 447만 7938명에 달했다.[27] 국가는 '바라크'(병영)라고 불리는 판잣집을 강제 철거하고 난민들은 살 길을 잃었다. 재개발 지역의 세입자들이 강제 퇴거되는 모습은 한국의 과거이면서 여전한 현재다. 국가는 전쟁 이후의 넘쳐나는 부랑인을 감당하지 못했다. 빈곤을 덜어낼 수 있는 재정이나 빈곤을 개선할 수 있는 사회적 제도 또한 없었다. 결론은 추방뿐이었다. 재정 부족으로 보호시설을 마련하지 못하자 민간 구호를 요구하는 동시에 부랑인들에 대한 추방을 지속한다.

1952년 보건사회부가 작성한 '부랑아 보호책 확립의 건'[28]을 보면 "사회질서를 문란케 하여 온갖 사회악을 조성하고 있으므로 이에 대한 철저한 단속과 보호책으로 부랑아의 발생 예방, 조기 발견, 수용 보호, 본적지 송환, 배후자 단속 및 부랑 행위 방지를 위해 부랑아 보호 기간을 실시한다"고 돼 있다.

국가는 빈곤을 온전히 개인의 책임을 돌리는 것과 동시에 치안과 실업, 사회 불안의 원인으로 부랑인을 지목함으로써 책임을 회피했다. 부랑인은 범죄와 성병, 게으름의 온상으로 치부됐다. 빈곤은 전근대적인 잔재임과 동시에 후진적인 것으로 치부되었다. 빈곤은 악이며 비윤리적인 것이었다. 근대화는 풍요를 선사함과 동시에 풍요의 부족을 느끼게 했고, 풍요의 부족을 곧 악으로 느끼게 했다.

《사상계》의 핵심 멤버 중의 하나인 안병욱은 이를 "인생의 죄는 아닐는지 몰라도 분명히 인생의 악"이라고 했다. "빈하면 천하고 부하면 귀한 것이 자본주의 사회의 현실"임을 인정하면서 "돈을 가지는 자는 인생을 가지는 자"라는 규정이 "자본주의 사회의 사실이요 또한 윤리"라고 설명했다.[29]

악의 제거는 은밀하지 않았다. 은밀할 필요도 없었다. 악의 제거는 정의로운 행동이었다. 사회적 분위기에 따라 부랑인을 국민에서 배제하는 일은 공식적이며 공개적으로 집행됐다. 국가는 국민을 선별하여 거리에서 보이지 않게 치우며 배제를 공식화했다. 전쟁 이후의 사회 안정과 빈곤 탈출을 위해 낙오자를 선별하는 배제의 시대가 열렸다. 그리고 그 신호탄은 부랑인이었다.

타인들의 책임감 그리고 인간 존엄

사실 빈곤 추방은 정부가 계획한 정책만으로 이야기될 수 없는데, 이는 인간이 인간에게 갖는 책임감을 회피하려는 욕망과 맞닿아 있기 때문이다. 빈곤한 이들을 추방하는 '작위'가 정부의 정책이라면, 추방을 묵인하는 사람들의 정서는 '무작위'의 배제였다. 빈곤은 우리가 아닌 당신들의 문제이며, 그 문제마저 장벽 너머로 사라지면서, 자립 가능한 개인들만 사회에 남게 된 것이다. 이런 의미에서 빈곤 청소는, 인간이 인간에게 갖는 책임감으로부터의 도주이자 회피다. 빈곤 처리는 책임감의 후퇴인 동시에 인간 존엄의 차원에서도 인간을 후퇴시킨다. 존엄한 인간의 범위를 무용하지 않고 유용한 인간으로, 경제적으로 자립된 개인으로 좁혀 놓는다. 당신들의 문제와 무관한, 개인들만 남은 세계에서, 인간은 빈곤 없는 아름다운 숲을 꿈꾸지만 그 곳은 숲이 아니라 정원이 되고 만다.

하나님께서 가인에게 물으셨다. "너의 아우 아벨이 어디에 있느냐?" 그가 대답하였다. "모릅니다. 제가 아우를 지키는 사람입니까?"
(《새번역 성경》, 4장 9절.)

성경에서 카인은 동생 아벨을 죽인 뒤 동생을 찾는 신의 목소리를 듣는다. 철학자 에마뉘엘 레비나스Emmanuel Levinas는 이 대목을 예화로 들며, 카인이 어린아이처럼 "제가 아니라 다른 사람입니다"라고 말하는 것이 아니라고 지적한다. 타자에 대한 책임은 나의 자유 이전에 온다고 강조하는 레비나스는 "그의 대답에서 유일하게 결핍된 것은 윤리다. 나는 나고 그는 그다, 라는 존재론만 있다"고 말한다.[30]

나는 나이고, 그는 그일 뿐인 극한의 존재론은 인간의 자립이나 자유가 아니다. 윤리가 결핍된 존재론은 존엄을 후퇴시킬 뿐이다. 인간을 거룩하게 만드는 것은 책임이며, 책임을 회피하지 않음으로 인간은 성숙해진다. 이런 의미에서 빈곤의 문제, 빈곤을 어떻게 대하는지의 태도는 인간을 인간답게, 인간을 인간으로 성장시킨다.

"타인에 대한 책임에서 중요한 것은 인간성이 구성한 기억할 수 있는 모든 숙고보다 더 오래된 참여입니다. (⋯) 악은 그저 존재의 질서이고, 이와 반대로 타자를 향해 가는 것은 인간성이 존재에 구멍을 내는 것, 즉 '존재와 다른 것'입니다. (⋯) 거룩이라는 이상은 인간이 존재에 도입한 것입니다."[31]

관계성과 의존성은 회복의 길이다. 인간에 대한 책임은 일방적인 시혜가 아니다. 이런 맥락에서 거리에서 부랑인을 치운 빈곤 대책은 인간 윤리가 아닌, 극한의 개인들만 남는 세계로의 진입이었다. 무산자는 빈곤 때문에 존엄한 삶을 누리기 어려운 게 아니라, 빈곤함 자체로 존엄하지 않은 사람이 되었으며, 인간의 존엄은 거주지의 유무로 갈리는 사회가 되었다.

인간의 존엄은 주어진 것이 아니라 획득해야 할 계급이 되었다. 거주지의 여부에서 갈렸던 존엄은 오늘의 소유의 정도로 진화했다. 존엄은 타고난 존재가 아니라 구매해야 할 무엇이 되었다. 부랑인들은 인간 존엄에 생긴 구멍을 타고 떨어진 첫 탈락자들이었다.

소외의 법제화: 선감학원부터 형제복지원까지

□

"나는 지금도 바다를 보면요. 머리가 회까닥 돌아요. 미쳐버려, 아주 그냥. 자다가도 어떨 때는 내가 이제 한 50년인가 여기 왔는데 자다가도 그냥 벌떡 일어날 때가 있었어요. 속에서 막 뜨거운 게 올라와서. 분하니까." (○○수)

"무기징역을 받는 거예요. 언제 나갈지 모르니까 우리가 정상적으로는 내보내지 않으니까. 도망을 나와야 탈출할 수밖에 없는 육지를 동경하게 되니까." (김○○)

"육지에서 병원선이 올 때 어떻게 이야기 하면 약을 준다는 소리를 듣고 자살을 기도했어요. 한 번에 먹으면 안 되는 건데 몰래 감추고 있다가 한 번에 먹었으나 한 3일인가 있다가 깨어났어요. 요즘도 죽고 싶은 마음이 들 때가 많아요." (김○○)

정진각 안산지역사연구소장이 선감학원 진상조사 및 지원 대책

연구용역 학술대회에서 발표한 〈선감학원의 운영실태 조사 결과〉에 담긴 피해자들의 목소리다. 일제 강점기에도 부랑아들을 가둔 시설은 존재했다. 피해자들의 증언은 형제복지원 실상과 크게 다르지 않다. 1982년 폐쇄 전까지 선감원은 제대로 된 기록을 남기지 않아 사망자 파악은 쉽지 않다.

강제노동과 폭력에 시달리던, 탈출을 시도하던 소년들은 사망했다. 경기도의회가 2017년 9월 발표한 〈경기도의회 선감학원 진상조사 및 지원대책 마련 특별위원회 활동결과보고서〉는 선감학원을 "실제적으로는 어린 소년들을 강제노역에 동원하며 소위 '황국신민'으로 만들기 위한 시설"로 정의한다.

일제 강점기 당시 거리의 소년들은 교정 시설인 선감학원에 감금됐다. 형제복지원 탄생의 기원을 거슬러 올라가면 선감학원에 도착한다. 선감학원은 공식적인 행정 절차에 의해 설립된 시설이다. 선감학원은 1942년 시행된 조선소년령에 의해 부랑아 갱생을 목적으로 경기도 안산 선감도에 설립됐다. 부랑아 갱생을 두고 설립된 선감원에서 소년들은 20만 평에 달하는 농지에서 중노동을 했다. 구타, 영양실조 등으로 어린 소년들이 희생됐다. 광업에도 이용됐는데 1944년 4월 26일 21명, 1944년 6월 2일 40명의 소년이 삼척탄광으로 보내졌다.[32]

법과 행정 명령은 당대의 사회적 인식과 통념의 유산이라는 점에서 가치중립적이지 않다. 일제 강점기 당시 부랑아를 잡아들이는 법률적 근간은 1923년 발표된 감화원 관제로 시작됐다. 8세 이상 18세 미만으로 불량 행위를 하거나 불량 행위를 할 우려가 있는 자들을 교정한다는 목적으로 조선총독부가 제정한 조선감화령 제1조를 보면 감화원에 입원해야 할 대상을 이렇게 규정한다. 친권 행사할 사람이 없는 자, 친권자 또는 후견인이 입원을 출원한 자 등 부모가 없는 아이들은 부모와 집이 없다는 이유로 잠재적 범죄자로 분류된다. 조선감화령에 따라 부랑 소년을 개조하기 위해 조선 최초로 1923년 설립된 관립감화원은 영흥학교다.

감화원 관제는 점차 정교화된다. 1942년에는 조선소년령, 조선교정원령이 공포됐다. 기존 감화원은 14세 이하, 신규 교정원은 14~18세, 소년 형무소는 20세 미만을 관리하게 됐다. 기존 감화사업은 교정을 담당하는 사회사업으로서 사법 정책에 속하지는 않았는데, 1942년 사법 정책을 반영한 조선소년령이 제정되면서 소년법의 근간이 완성된 것이다. 조선소년령 제4조1항을 보면, '형벌법령에 저촉하는 행위를 하거나 형벌법령에 저촉하는 행위를 할 우려가 있는 소년'이라고 보호 처분 대상을 명시한다. 법에 명시적으로 부랑아라고 명시돼 있지 않지만 '법령에 저촉하는 행위를 할 우려가 있는 소년'은 통상적으로 부모가 없거나 주거가 일정하지 않은 소년을 지칭하는 것이었다. 범죄 소년 또는 범죄 우려가 있는 행색이 남루한 소년과 소녀는 소년심판소의 판단에 따라 공판 없이 감화원 입원이 가능했다.

행색이 남루한 아이들은 빈농의 자식들인 경우가 많았다. 일제의 농촌 정책이 실패하면서 탈농 현상이 심화되자 도시로 넘어온 아이들을 단속한 것이다. 일제의 식민지 수탈 과정에서 거리의 소년들은 구조적 폭력을 당했다. 이행선은 수용이 "식민 지배 권력만의 책임이 아니"며, "식민지민은 이를 묵인하고 동조했다"고 말한다.

　"1936년에는 전 조선의 부랑소년이 1만 8000명에 달했으나 영흥학교에 수용된 인원은 80명에 불과했고 이외에 사립으로 명진사 보호소, 수색갱생원, 평양갱생원 등 7개에 수용된 아동은 260명으로 총 수감 인원이 340명에 그쳤다. … 소년원령에 의한 구금 등 폭력이 가해져도 식민지민은 묵인하고 오히려 동조하면서 결과적으로 식민 체제의 구조적 모순이 은폐되는 것이다. 그 과정에서 범죄를 저지를 것만 같은 소년과 자신의 의지와 상관없이 끌려가 감금된 거리의 소년들의 구속, 그 인권 침해는 전혀 고려되지 않는다. 이것이 식민지배 권력만의 책임인가." (〈일제말 해방공간 우생학과 소년수를 통해 본 착한/불량 국가〉, 이행선, 《동아시아문화연구》 제53집, 2013.)

　선감학원은 해방 이후 일제 잔재와 함께 청산됐을까. 그렇지 않다. 선감학원은 해방 이후 반세기 가까이 운영됐다. 선감학원의 인권유린 실상은 1960년대 언론 보도로 지상에 드러났으나 주목받지 못했다. 그 시절, 부랑아들의 수용은 당연한 일이었다. 선감학원은 1982년이 돼서야 문을 닫았다. 인권유린의 시설인지, 일본 식민 지배의 잔재인지 여부는 중요치 않았다. 국가는 부랑아를 치울 시설이 필요했고 고립된 섬은 잡음 없이 감금하기에 적당했다.

　"선감학원생 427명 중 3분의 2가 부모나 연고자가 있는 소년들인데 일과에서 짜인 부자유스러운 생활과 들어온 원생들의 까다로운 상명하복 관계와 하루 종일 일에 지쳐 위험을 무릅쓰고 바닷물로 탈출을 기도하는 것이다. 연고자가 있는 아이들이 소년원에 수용된 것은 경찰과 당국이 연고자가 있는지를 성의 있게 확인하지 않고 수용소에 인계할 뿐만 아니라 단속기간에 맹목적으로 건수만 올리기 위해서 혈안이 된 나머지 선량한 연고자가 있는 아이들을 불량성이 있는 아이들의 수용소로 넘기고 있다는 것이다."(《경향신문》 1964년 10월 26일)

해방 이후에도 선감학원의 존치가 가능했던 근거는 법률이다. 거리의 소년들을 단속, 격리하는 소년보호법이 1949년 3월 국무회의를 통과했다. 그들에게 범죄 우려가 있다는 이유였다. 소년보호법은 "왜정 때보다 잘 보호선도하기로 규정됐다"고 홍보된다.

"정부에서는 죄를 범했거나 또는 죄를 범할 우려가 있는 소년을 보호하고저 그간 작성 중이던 소년보호법이 드디어 11일 국무회의를 통과하였다. 즉 7장 75조로 되어 있는 소년법은 20세 미만의 소년이 대상되고 있으며 소년 심리원의 설치, 감화원 등에 관한 사항 등 왜정 시대의 소년법과 대동소이하나 다른 것은 소년이 죄를 범할 우려가 있을 때 경한 죄를 범하였을 때 보호 등에 대하여는 왜정 때보다 잘 보호선도하기로 규정되어 있다."(《경향신문》 1949년 3월 15일)

성인 부랑인들 또한 잠재적 범죄자로 간주됐다. 범죄 가능성이 높기 때문에 사전에 행위를 관찰해야 한다고 규정한 법안이 일제 강점기 당시 제정됐으며 이런 법률은 해방 이후에도 지속된다. 1954년 제정된 경범죄처벌법 1조는 경범죄의 종류 45가지를 열거하는데 세 번째 항이 '일정한 주거를 가지지 않고 제방에 배회하는 자'이다. 주거 없이 배회하는 행위가 경범죄라는 것이다. '주거 없음'은 범죄 그 자체였다. 전란을 겪고 발생한 수없는 난민은 잠재적 범죄자였다. 앞서 일제 강점기인 1912년 제정된 경찰범처벌규칙 제1조 2항 또한 '일정한 주거 또는 생업 없이 사방을 배회하는 자'를 구류 또는 과료에 처한다고 정의한다. 거리를 떠도는 사람들에게 해방은 의미가 없었다. 그들은 해방 전과 이후 모두 잠재적 범죄자였다. 그들은 국가를 가져본 적이 없었다.

배회를 경범죄로 규정한 경범죄처벌법을 놓고 국회에서 한 차례 논란이 일기도 했다. 1954년 2월 20일 국회정기회의 속기록 18회 22호를 보면, 김용우 의원 등이 법안에 대한 비판적 시각을 드러냈다. 김 의원은 "생계에 방도가 없는 자가 근로 능력이 있으면서 직업을 가질 의사 없이 일정한 거주를 가지지 않고 제방에 배회하는 자, 여기에 대해서는 상당히 한계가 모호하기 때문에 만일 직업을 가지지 않은 자가 일정한 거주를 가지지 않고 배회한다고 하면 현재 정상적인 사회 환경이 아니고 전란이기 때문에 피난 중에 상당히 장기적인 거주를 가지지 못한 적이 많은 것입니다"라고 항변한다.

김 의원이 지적한 1조 3항의 '배회하는 자'는 1984년 개정된다. '일할 능력은 있으나 다른 생계의 길도 없으면서 취업할 의사가 없이 여기저기 떠돌아다니며 사는 곳이 일정하지 아니한 사람'으로 바뀐다. 해당 조항은 형제복지원 박인근 원장이 구속된 지 1년이 지난 1988년 삭제됐다.

형제복지원을 존치케 한 행정 명령은 내무부훈령 410호다. 1975년 제정된 것으로 부랑인을 감금할 근거다. 훈령은 "부랑인의 선도 보호를 위하여 설치된 사회복지시설의 장은 부랑인 보호 기관으로부터 부랑인의 보호 위탁을 받은 경우 정당한 이유 없이 거절할 수 없을 뿐만 아니라 수용 보호 중인 부랑인들의 이탈 방지를 위한 경비 경계를 철저히 할 의무를 지닌다"고 명시한다. 수용자가 시설 밖으로 이탈하지 못하게 감시하는 일이 시설장의 의무였다. 훈령이 정의한 부랑인은 이러하다. "일정한 주거가 없이 관광 업소, 접객업소, 역, 버스정류소 등 많은 사람이 모이거나 통행하는 곳과 주택가를 배회하거나 좌정하여 구걸 또는 물품을 강매함으로써 통행인을 괴롭히는 걸인, 껌팔이, 앵벌이 등 건전한 사회 및 도시 질서를 저해하는…."

인간에 대한 인간의 폭력은 공식적인 관행이 되면서 비난을 면하게 되고, 사람들은 죄책감을 느끼지 못하게 된다. 허버트 켈먼^{Herbert Kelman}은 1973년 발표한 논문 〈도덕적 제약 없는 폭력: 피해자와 가해자의 비인간화에 대한 성찰〉에서 폭력 행위에 대한 도덕적 저항이 일어나지 않는 때를 설명하는데 ▲개인이 도덕적 책임을 질 필요 없는 폭력의 승인 과정 ▲도적적 질문을 제기하고 도덕적 결정을 내릴 기회가 없는 폭력의 일상화 과정 ▲피해자와 가해자의 정체성 박탈과 비인간화 과정이 바로 그 시점이라는 것이다.[33] 국가가 폭력을 승인하고 피해자들이 비인간화된 대상으로 전락하면, 누구도 양심의 저항을 느끼지 않는다.

"오늘날 우리가 두려워해야 할 것은 법을 어기는 사람이 아니라 법을 준수하는 사람입니다."

미국의 작가이자 비평가인 드와이트 맥도날드^{Dwight Macdonald}는 1957년 발간한 에세이집 《사람들의 책임》에서 법에 대한 맹목적인 복종을 경계한다. 그는 1945년 2월 17일자 미국 《뉴욕타임즈》에 실린 기사를 인용하며 맹목적인 복종의 위험성을 경고한다. 유대인 남성, 여성, 어린이 40명의 처형을 지속적으로 목격한 한 부사관은 기사에서 이렇게 고백한다.

"그 사건에 대해 내가 가진 유일한 생각은 그것이 위에서 명령된 것이고, 명령한 사람들은 분명 중요한 이유가 있었을 것이라는 생각뿐이었다." 명령에 의심하지 않고 동의하는 방식에 길들여지는 것이 얼마나 두려운 일인가? 맥도날드의 표현을 빌린다면 "모두가 죄를 짓는다면 누구도 죄를 짓지 않는 것이 된다." 법과 제도에 대한 성찰이 지속돼야 하는 이유다.

국가범죄: 강제실종

"마을 어린이들과 공원에서 놀고 있던 국교 4년생이 부산 형제복지원에 끌려가 고아로 몰려 2년 가까이 수용됐다 구출된 사실이 밝혀져 검찰이 수사에 나섰다. 경남 울산시 중구 방구동 49 김무송 씨(52·영남화학 공작과 근무)는 11일 딸 진희 양(12·울산국교 4학년)이 지난 85년 2월 초순 실종된 뒤 형제복지원에서 2년 가까이 강제수용돼 복지원에서 청소 일 등을 하다 구출됐다며 강제수용을 시킨 관계자를 처벌해 줄 것을 부산지검 울산지청에 고소했다. 김씨에 따르면 진희양은 지난 85년 2월 집 주변에서 놀고 있던 중 20세 가까이 된 한 남자에 의해 죽인다는 위협을 받아 열차 편으로 부산에 끌려가다 부산진역에서 이 청년의 눈을 피해 달아났으나 다시 붙들려 파출소로 끌려갔는데 이때 진희양이 '가족이 있다'고 여러 차례 호소했으나 경찰관은 '고아원에나 가라'면서 형제복지원에 수용시켰다는 것이다." 《경향신문》 1987년 2월 11일)

형제복지원, 선감원 등 숱한 시설에서 벌어진 인권유린에서 가해자는 누구인가. 피해자들은 누구에게 책임을 물을 것인가.

가해자는 주로 시설 원장으로 지목되며, 이때 가해자들을 양산한 국가는 슬그머니 빠지고 만다. 국가범죄로서의 감금과 인권유린이 개별 시설의 문제로만 인식될 때, 가해 책임에서 국가를 빠뜨릴 때 빈곤 청소의 역사적 맥락은 이해되기 어렵다. 형제복지원 사건에 있어서 아쉬운 점은, 이것이 여전히 개별 시설 비리로 인식된다는 점이다. 진화위는 2022년 8월 형제복지원 사건을 국가 폭력으로 규정하고 "국가는 형제복지원 피해자와 유가족들에게 공식적으로 사과"할 것을 권고했다. 최초로 형제복지원 사건이 알려진 1987년 당시 검찰 조직은 조직적으로 일선 검사의 수사를 방해하고 은폐하려 시도했다. 이에 대해 문무일 검찰총장이 2018년 뒤늦게 피해자들에게 사과하긴 했으나, 여전히 국가의 공식적인 사과는 없다.

위의 기사에서 열두 살 진희가 집으로 돌아오기까지 걸린 시간은 2년이었다. 가족들은 아이를 잃은 뒤 고아들이 수용돼 있다는 시설마다 찾아다녔고, 진희의 아버지가 형제복지원에 찾아갔을 때 시설 측의 확인 거부로 아이를 찾을 수 없었다. 실종 사건의 가해자는 단속을 진행한 공무원, 아이를 감금하고 감시한 원장, 이 모든 과정을 가능하게 한 국가이다. 그러나 감금죄는 지금도 처벌받지 않고 있다. 원장이 다른 혐의로 처벌되긴 했으나 1987년 당시 감금은 무죄를 받았다.

국가에 의한 강제수용은 피해자와 피해자의 가족에게 다른 고통을 안긴다. 피해자에게는 감금 사건이며, 피해자의 가족에게는 실종 사건이다. 종적을 잃어 생사를 알 수 없게 된 실종의 가해자는 국가였다. 국가 주도로 사람들이 사라지고 감금된 국가범죄는 '강제실종'[34]으로서, 국제형사재판소가 관할하는 범죄 목록(제5조~제8조)에도 포함돼 있다.

"국가 요원 또는 국가의 허가, 지원, 묵인하에 행동하는 개인이나 단체에 의한 체포, 감금, 납치 또는 기타 형태의 자유 박탈과 그에 이어서 자유 박탈의 시인을 거부하거나 실종자의 운명이나 소재를 은폐함으로써, 이러한 사람을 법의 보호 밖에 두는 것을 의미한다."

2006년 유엔이 채택한 '강제실종으로부터 모든 사람들의 보호를 위한 국제협약The International Convention for the Protection of All Persons from Enforced Disappearance'은 강제실종을 이렇게 정의한다. 국제협약은 국가 기관이 관여해 민간인을 감금, 구금하여 자유를 박탈하고 가족이 찾을 수 없게 관련 정보를 허위 제공 또는 은폐하는 일련의 행위를 강제실종이라고 규정하는데, 직접적인 감금이 아닌 구금시설 지원 또는 묵인까지도 폭넓게 국가의 관여로 본다. 국가범죄의 주체는 시설 원장이나 부랑인을 단속한 국가 공무원에 한정되지 않는다. 건국대 법학전문대학원 이재승 교수가 저술한 《국가범죄》는 군사 조직, 보안경찰부터 권력자의 조종을 받는 비공식적 폭력집단, 민병대에 이르기까지 다양한 집단을 범죄 주체로 폭넓게 바라본다. 나치 독일 당시 자발적 나치 대중 조직과 반공식적 폭력 집단 또한 매우 중요한 역할을 수행했다.

국가인권위원회는 2017년 과거 정부가 내무부훈령 410호를 기반으로 수용하고도 가족에게 적절한 연락을 취하지 않은 점, 강제 격리하거나 수용하고 관리·감독이 미흡한 점, 가혹행위 및 강제노역을 시키고 사망에 대한 사인 규명이 이루어지지 않은 점 등을 비추어 볼 때 형제복지원 사건이 강제실종 개념에 부합한다고 판단했다. 국가인권위원회는 또한 인도에 반하는 실종범죄에 해당하므로 '강제실종으로부터 모든 사람을 보호하기 위한 국제협약'을 비준하고 가입할 것을 외교부와 법무부에 권고했다.

기본권을 제한한 내무부훈령 410호

수용의 기반이 된 내무부훈령 410호로 인해 대법원은 박인근 원장에 감금에 대해서 무죄를 선고했다. 부랑인들이 이탈하지 못하도록 자유를 제한한 조처는 원장의 정당한 직무 행위라는 것이다. 이것이 1980년대 한국 사회의 정서이자 상식이었다.

"부랑인들의 이탈 방지를 위한 경비 경계를 철저히 할 의무가 있으므로 부랑인의 수용 보호를 목적으로 하는 사회 복지시설의 시설장이 보호기관으로부터 위탁 받은 부랑인들을 사회복지시설에 수용보호하고 수용기간 동안 수용시설로부터 이탈하지 못하도록 이들의 행동의 자유를 제한한 조처는 법령에 의한 정당한 직무행위로서 위법성이 조각되어 감금죄를 구성하지 아니한다."[35]

내무부훈령 410호가 국민의 기본권을 제한한다는 지적이 나온 것은 박인근 원장이 구속되고 나서다. 1987년 5월 9일, 국회 내무위원회와 보건사회위원회 의원들이 각각 내무부장관과 보건사회부 국장을 향해 책임을 추궁했다. 내무부훈령 410호는 내무부, 부랑인 시설 관리감독 책임은 보건사회부에 해당됐는데, 내무부는 보건사회부에 책임을 떠넘겼다. 법률에 의하지 않고 인식을 구속할 수 없다는 의원들의 질타를 받은 보건사회부 국장은 "시설의 보호를 필요로 하는 사람이 거리를 배회하는데 이들을 발견하면 보호를 하는 것이 국가의 책무"라면서 "대체적으로 연고자가 없거나 가정이 있더라도 돈이나 갖다 쓰고, 술이나 먹으며 가산을 탕진하는 자가 많다. 가정에서 버림을 받아서 거리에 나다니면서 구걸하는 분들을 모셔다가 교육을 시키고 있다"고 답변한다.

김영배 의원은 이날 국회 보건사회위원회 회의에서 헌법 9조를 읽으며 내무부훈령 410호가 헌법에 위배된다고 지적했다. "모든 국민은 인간으로서의 존엄과 가치를 가지며, 행복을 추구할 권리를 가진다."

내무부훈령 410호가 헌법과 위배된다는 김영배 의원의 주장은 30년이 지나서야 받아들여졌다. 2017년 국가인권회는 "내무부훈령 410호에 따른 체포 격리 수용은 당시 헌법에서 기본권 제한은 법률로만 제한한다고 하는 법률유보원칙에 위배된다"고 밝혔다.

적법절차에 의한 수용이라는 판결과 이를 인정하는 사회적 분위기는 피해자들을 움츠러들게 했다. 피해자들은 오래도록 자신이 국가에 의한 피해자라는 인식을 하지 못했다. 2012년 피해자 한종선 씨가 뒤늦게 국회 앞에서 피켓을 들기까지 누구도 자신이 당한 범죄를 묻거나 따질 수 없었다. 4년 2개월의 활동을 마치고 2010년 12월 31일 해산한 진화위는 다양한 종류의 국가범죄를 조사했으나 당시에도 형제복지원 등 과거 부랑인 시설 수용자들의 신청 사건은 없었다. 2020년 5월 과거사법 개정안이 통과되고 2기 진화위가 발족하면서 수용자들이 자신의 사건을 신청할 수 있는 기회를 얻게 되었다.

'우리'와 '그들' 나누기

전쟁과 학살은 인간에게 질문을 남긴다. 인간은 이성적 존재인가? 타인에 대한 공감 능력을 가진 존재인가? 집단의 광기에 개인은 저항할 수 있는가?

2017년 폴란드의 아우슈비츠를 방문했을 때 어느 방문객이 박물관 방명록에 남긴 글 앞에 섰다. '이것이 인간이 인간에게 저지른 일인가?' 방명록의 질문을 읽으면서 아우슈비츠 생존 작가 프리모 레비의 책 《이것이 인간인가》가 떠올랐다. 그가 프리모 레비의 글을 읽었는지 알 수 없지만, 집단 살인의 광기가 서린 홀로코스트는 누구에게나 질문을 던졌다. 세월을 머금은 오래된 바닥돌은 죽음의 유산이었다. 수십 년 전의 광기는 평온한 공간이 되었다. 유대인 여성의 머리카락으로 양탄자를 만들고, 화장터에서 발견한 금니를 자원으로 활용했다. 방문자들은 살해된 이들의 남겨진 머리카락 숲을 보았다.

죽음의 공간은 '그곳에 그대로 있음'으로서 그곳을 증언한다. 보존은 악에 대한 보고이며 학살의 기록이지만, 형제복지원 건물은 남아 있지 않다. 부산시 주례동의 그곳은 아파트 부지로 팔려 나갔다. 이미 사라진 그곳에 가보았을 때, 황망하게 변해버린 공간은 내게 그 어떤 질문을 던지지 않았다. 매년 3000명 이상의 사람들이 감금돼 있었던 그곳은 장소로서 죽음을 증언하지 않는다. 만약 형제복지원이나 다른 감금시설이 그대로 보존돼 있다면, 한국 사회가 이토록 최근까지 그리고 아주 오래도록 거리의 사람들을 잡아 가두었다는 역사를 기억했을지도 모른다는 아쉬움이 남았다.

2기 진화위에 따르면, 3만 8000여 명이 형제복지원을 거쳤고, 이 가운데 600명 이상이 숨졌다. 형제복지원을 포함한 당시 36곳의 시설, 그리고 이 이전에 설립됐던 시설을 확대 조사했다면, 감금과 죽음의 규모는 어마어마해질 것이다. 안타깝게도 부랑인(또는 부랑인으로 오인받은 사람들)의 죽음은 그저 개별 시설의 문제로만 인식되고 있을 뿐이며, 유가족들이 없었기 때문에 이들의 죽음에 문제를 제기하는 사람들도 없었다.

제노사이드는 여러 매커니즘을 거치는데, 부랑인 학살은 불결함과 오염이라는 '상징화' 그리고 인간 개조와 재건이라는 '정당화'의 측면에서 순차적으로 이뤄졌다. 조지메이슨 대학교의 대량 학살 연구 및 예방 연구 교수였던 그레고리 스탠튼Gregory H. Stanton은 1996년 미국 국무부에 제출한 보고서 〈학살의 8단계〉에 제노사이드의 매커니즘을 발표한다. 이후 2단계를 추가했는데 그에 따르면 분류, 상징화, 차별, 비인간화, 조직, 분극, 준비, 박해, 근절, 거부가 학살의 10 단계로 꼽힌다.[36] 스탠턴은 "대량 학살의 과정은 보통 동시에 진행되기 때문에 선형적이지는 않지만 논리적인 순서가 있다"라고 설명한다. 학살 대상자는 분류되고, 질병이나 성병 등 부정적 이미지로 '상징화'된다.

일제 강점기와 한국전쟁을 거치면서 부랑인은 거리에 차고 넘쳤고, 가난한 사람들은 보통의 사람들이었다. 대다수는 가난의 얼굴을 하고 있으면서도, 극도로 가난에 몰린 빈곤자들을 혐오했다. 언론은 그들에게 불결의 이미지를 씌우고 낙인을 찍었다. 부랑아들은 "추하기 한이 없으며 과거의 악습이 끊임없이 소생하여 교정될 수 없는 자들"이며 "성병균을 보유하고 있으며 뚜쟁이, 소매치기 등 불량소년들"[37]로 상징화된다.

제노사이드의 대가는 빈약했다. 풍요의 바다는 밀려오지 않았고, 사회가 재건된 것도 아니었다. 그것들을 지지한 이들이 얻은 것은 소박한 '정상성'이었다. '우리'라는 정상성을 공고화하기 위해 수많은 비정상성이 필요했다. 공산주의자, 한센인, 부랑인 등 수많은 타자들이 한국 사회에서는 추방됐는데, 그들을 처벌함으로써 우리가 얻은 것은 정상성이라는 안도의 범주와 더불어 언제 자신 또한 배제될지 모른다는 은밀한 불안이었다. 불안은 타자들에 대한 추방을 가속화시켰다.

사회가 가난하면 가난할수록, 가난에 대한 혐오는 커졌으며, 비정상의 낙인에 가두어졌다. 일제 강점기 이후의 해방공간에서는 반근대적 유물로, 산업화 시기에는 무용하고 불결한 것들로 말이다.

어쩌면 비정상인들은 비정상이어서 존재하는 게 아니라, 정상인들의 필요에 의해 생산되는 것인지도 모른다. 형제복지원이 숫자를 채우기 위해 부랑인이 아닌 자들을 포함해 사람들을 쓸어 담았던 그 시절처럼 말이다.

부랑인에 대한 제노사이드는 한국뿐 아니라 세계 도처에서 벌어진 인류의 발자국이었다. 구걸하는 자, 비정상인들을 수용하여 낙인찍은 시설은 17세기 유럽 전역에서 생겨난다. 미셸 푸코가 저술한 《광기의 역사》는 극빈자들이 어떻게 처리되는지 보여준다. 푸코는 1690년 극빈자들이 수용된 프랑스 살페트리에르 구빈원에 관한 조사 보고서를 《광기의 역사》에 실었는데 구빈원에 수용된 사람들은 이렇게 설명된다. "기력이 없는 여자", "노망이 들었거나 불구", "노처녀", "노망든 여자", "발육이 부진하거나 기형인 얼간이 여자", "정신박약자", "난폭한 광녀", "바로잡을 수 없는 소녀"가 그들이다. 이들은 그 시대에서 가장 형편없는 비정상인들이었다.

"1656년 루이 14세 왕은 파리에 구빈원을 설립하라는 칙령을 내린다. 살페트리에르, 비세트르, 시피옹 구빈원 등이 건립된다. 17세기 파리에 구빈원이 건립되면서 주민 1%가 넘는 6000여 명이 수용된다. 구제와 공공질서 유지, 처벌을 동시에 집행하기 위한 장소였다. 성별, 거주지, 나이, 사회적 신분과 출신을 막론하고, 파리의 가난한 사람들이 잡혀 들어간다. 구빈원 원장은 수용시설 안과 밖에서 파리의 모든 가난한 사람에 대해 허가, 지시, 행정, 거래, 치안, 재판, 체벌, 그리고 징벌의 모든 권한을 갖는다. 거의 절대적 지배력, 항소가 불가능한 재판권, 어떤 것보다도 우선하는 집행권이 구빈원에 부여된 것이다. 구빈원은 왕이 통치와 사법 사이에, 법의 한계지점에 세우는 기이한 권력 기구, 즉 제3의 탄압기관이다."**38**

1986년 10월31일 형제복지원 수용자 함천수 씨가 전두환 전 대통령에게 쓴 편지를 보면, 그는 형제복지원 수용자들에 대해 이렇게 소개한다.

"천하에 더러운 거지, 도둑, 가정 파괴자, 악질, 인간 사회 윤리와 도덕을 파괴하는 자, 미친 자, 정부 비방자, 공산주의, 걸거리의 고아, 김일성 노래 부르는 자 등 잡초 같고 쓰레기 같고 사회와 가정에 악질적이며 암적인 부랑인들이 꼴불견으로 경찰에 의뢰되어 복지원의 혜택으로 의식주 해결하고 생활보호를 받고 있는 사정을 말씀드립니다."

형제복지원은 기나긴 빈곤 추방과 배제의 퇴적층 위에 건축된 집이다. 과거를 돌이켜보면, 한국에는 민주 사회로 오는 과정에서 진실을 알 수 없는 의문사들이 있었다. 그러나 이런 의문사들은 대부분 은밀하고, 비밀스럽게 일어났다. 부랑인에 대한 강제수용과 학대처럼 공개적이고 공식적이며, 장기적인 지지를 얻은 제노사이드는 드물었다. 특정 집단을 다수가 지속적으로 박해하고 살해한 학살이었다. 제주 4.3 사건이나 한센인 강제 격리 정책에 비해 부랑인 제노사이드는 한국 사회에서 논란 밖의 먼 곳에서 여전히 잠을 잔다.

학살은 미치광이 한 명의 갑작스러운 해프닝으로 시작하지 않는다. 서서히 긴 시간 속에서 다수가 감염되는 것이다. 다수의 암묵적 동조가 없다면, 대량 학살은 불가능하다. 특정 인종, 민족, 종교, 국민, 집단이 파괴되기에 앞서 집단 학살이 자연스럽게 발생할 수 있도록 사회적 분위기가 조성되며, 살인은 죄가 아닌 '행정 처리'로 이행된다. 살인은 정책에 의해 집행되고, 법리적으로 무죄이며, 윤리적으로도 문제가 되지 않는다.

집단적 광기는 스며든다. 다수의 불의는 때로 그 집단 내에서만큼은 정의가 되고 개인은 그것이 학살인지 행정집행인지 모호해지는 단계에서 자연스레 타자에 대한 혐오를 수용한다. 한국판 홀로코스트라고 불리는 형제복지원. 박인근 원장이 1987년 구속될 때 언론은 마치 괴물의 탄생을 발견한 것처럼 보도했었다. 제노사이드라는 괴물은 생태적 변종이 아니라 양식되는 것이지만 우리는 그것을 기이하며 괴상한 사건으로만 받아들일 뿐이다. 지금의 반응도 다르지 않다. 변종을 처단하거나 규명하기만 하면 된다고 여겨지지만, 우리에게 필요한 것은 괴물이 어떻게 양식되고 길러졌는지에 대한 성찰이다. 형제복지원 사건은 지금도 말하고 있다. 괴물이 먹고 자라난 토양을 살펴보라고, 그 시설들을 가능하게 한 사회 정책과 시대와 사람들의 정서를 돌아보라고 말이다.[39]

7장

형제들

형제복지원 '이전과 이후'를 찾아갔다. 형제복지원 이전에 깡패와 부랑자 등 사회의 주변인들

을 가둔 서산개척단이 있었다. 형제복지원 당시에 존재했던 대구시립희망원은 현재까지 명맥

을 이어 나가고 있다. 정부에서 수여하는 각종 표창을 받으며 영예의 역사를 써온 대구시립희

망원은 마침내 인권유린의 장소로 규탄되었다. 이들 사건을 2기 진화위는 국가에 의한 인권침

해로 보고 조사를 진행했다.

숨겨지던 빈곤, 전시되다

□

"빈곤층의 모습을 사진으로 기록하자 왜 하필 가난을 팔아먹느냐고 탄압하는 보수주의자들의 협박으로 제대로 발 뻗고 잘 수조차 없었다."

고故 최민식 작가(1928~2013)는 포토 에세이 《낮은 데로 임한 사진》에서 군사 정권 시절 가난한 자들을 찍은 자신의 사진이 검열 대상이었다고 회고한다. 거리의 사람들을 찍은 사진집 《인간》 4, 5집은 판매 금지 처분을 당했다. 그는 평생 가난하고 소외된 이들의 얼굴을 사진기에 담았다. 노숙을 하고 신문팔이를 하며 행상에서 생선을 파는 여인들이 그의 사진 주제였다. 최 작가의 사진에서 노숙인들은 대상화된 타자가 아니었다. 불결하고 추악한 퇴치 대상이 아니라 있는 그대로의 얼굴이었다. 숨겨져야 할 빈곤의 얼굴들이 그의 사진에서는 작품이었으니, 정부는 판매 금지 처분을 했다.

빈곤한 자들은 주로 퇴치 대상이었으나, 박정희 정권 초기에는 정부의 홍보를 위한 수단이 되기도 했다. 국가는 최민식의 사진을 판매 금지하는 대신, 부랑인을 다른 얼굴로 바꾸는 데 열중했다. 1950년대 부랑인을 단속하고 서울 바깥으로 추방하는 데 집중했다면, 1960년대 국가는 부랑인을 갱생의 대상으로 위치 시킨다. 잉여 인간들의 노동력을 동원하여 국가를 재건하는 한편 사회 불안 요소를 잠재우는 정부로 스스로를 홍보한 것이다.

보건사회부는 1961년 부랑인 등을 강제 이주시켜 농지를 개간하게 하는 자조 근로사업을 시작한다. 건강하고 성실한 근로자의 얼굴이야말로 건강한 인간의 모습이었다. 노동력을 제공하지 못하거나 병약한 빈곤층은 정상성과는 거리가 멀었다. 국가는 그들에게 기회를 줄 테니 국민의 자격을 얻으라고 요구한다. 박정희 정권은 서울 밖으로 부랑인을 내몰던 과거와 달리 이들에게 새로운 역할을 부여하며 무대 위로 끌어올린다.

"국가재건최고회의가 자신들의 업적을 처음 정리해서 발표한 〈혁명정부 7개월간의 업적〉을 보면, 우범지대 단속이 사회 분야의 첫 번째 업적으로 꼽힌다. 1962년 쿠데타 1년의 시정 비판에서 국민들의 이목을 끈 공적으로 '사회 전반에 걸친 시정'을 거론하며 '소매치기, 부랑아, 강력범의 강력단속과 소년 걸인 등의 수용으로 사회가 질서를 유지해 간다'고 했다. 1961년 말까지 용공분자 3000여 명, 폭력배 4000여 명을 체포했다. 부랑인 단속 수치를 보면 1962년 9115명, 1963년 1만 7025명, 1964년 3만 4619명, 1965년 4만 5077명, 1966년 4만 651명으로 급격히 증가했다. 늘어가는 인원에 대처하기 위해 부랑인들을 모아 작업시키는 사업을 시작하게 된 것이다."[40]

전국 곳곳에서 유사한 움직임이 일어난다. 1962년 5월 14일 넝마주이 1500여 명이 서울시청 뒤편에 열린 근로재건대 발대식에 참여한다. 1961년 5월 1일 한국합심자활개척단 단원 200명이 강원도 대관령으로 떠난다. 단장은 '거지왕'으로 알려진 김춘삼이었다. 보건사회부 장덕승 장관이 직접 부랑아를 국토건설 사업에 동원하겠다고 발표한다. 경남 창원군 북면 외감리의 3만 평 황무지 개간이 시작된다. 15살부터 20대까지 남성 30명이 재건소년개척단이라는 이름으로 1961년 8월 조직됐다.

부랑인들에게 주어진 국가 재건의 기회는 진정한 국민이 될 수 있는 기회가 아니었다. 박정희 정권은 '부패와 구악의 일소'를 내세우며 깡패, 불량배, 부정축재자, 용공분자 등을 사회에서 격리했다. 삼성의 이병철 등 다수의 대기업 사장들도 부정축재로 구금됐지만 이내 풀려났다. "그들"로 분류된 깡패, 성매매 여성, 부랑인은 관용의 대상이 아니었다. 국가는 그들을 강제 모집해 대관령, 서산, 장흥 등 전국 각지의 개척지로 흩어놓았다.

부랑인들은 개척지에서 강제 집단생활을 했다. 국가는 간척지와 생활공간 밖으로 나갈 수 없도록 감시했다. 개척지에서 땀을 흘리며 일하는 모습은 여러 미디어에 노출되고 국가 치적으로 홍보됐다. 이 가운데 노숙인, 깡패, 성매매 여성 수천 명을 총으로 위협해 만들어진 '대한청소년개척단'은 박정희가 만든 갱생의 대표적인 신화다. 그들은 충남 서산군 인지면 모월리 막사에 강제수용돼 아침부터 밤까지 폐염전을 개간했다. 국가는 얼굴 한 번 본 적 없는 남녀를 '깡패와 창녀의 새 출발'이라는 이름 아래 강제 결혼시켰다. 부산 남포동 건달이었던 정영철 씨 등 개척단원 10여 명은 여전히 서산 모월리에 남아 농사를 짓는다. 2017년 서산에서 만난 정 씨는 당시 나이로 일흔넷이었다.

그들의 이름은 양아치, 히라이, 똘만이

"사정없이 퍼붓는 따가운 햇살을 받으며 허허한 갯벌을 다지고 있는 800여 명의 청소년들의 알찬 함성이 황해의 물결에 메아리치고 있다. '양아치', '히라이(부랑인)', '똘만이', '왕초', '폭행치사'를 비롯한 '전과 9범' 등 어마어마한 대명사로 불리는 뒷골목의 왕자(문제아)들과, 사창가를 전전하던 윤락여성들이 지금 한창 지난날의 오명을 씻어버리고 무에서 유를 창조하는 서산 해안의 기적을 빚어내고 있다."(《경향신문》 1963년 7월 22일)

　언론은 인지면 모월리 개척지에 강제수용돼 일하는 풍경을 미화했다. 누구도 불편한 진실을 파헤치려 하지 않았다. 거리에서 치워진 깡패, 노숙인이 사정없이 퍼붓는 따가운 햇살을 받으며 새 삶을 시작한다고 믿었다.

　사정없이 두드려 패는 주먹에 맞고 정영철 씨는 1961년 12월 부산에서 전남 장흥으로 옮겨졌다. 5·16 쿠데타가 일어나고 7개월이 지난 뒤였다.

부산 자갈치시장 옆 완월동 다리 아래 마약쟁이들이 살았다. 다리 옆 '하꼬방'이 정씨의 집이었다. 잠을 자는데 탕탕, 총소리가 울려 퍼졌다. "손을 올리고 당장 내려오라." 집 밖으로 나가니 주먹 쓰고, 근본 없고, 돌아다니고, 꺼떡거리는 놈들이 줄줄이 잡혀와 있었다. 똥물이 흘러내리는 다리를 건너는데 해병대원이 허공에 대고 위협 사격을 했다. 정 씨 앞에 선 사람이 총에 맞아 쓰러졌다. 덜덜 떨려서 발이 떨어지지 않았다. 수십 명을 마구 두드려 패더니 버스 두 대에 나눠 실었다. 부산의 수용소에 갇혀 사흘간 지냈다. "개척단에 가면 땅을 주니까 도망갈 생각 마라"고 했다. 창문을 차단한 차를 타고 장흥 수용소에 도착해 2개월을 살았다. 다시 서산으로 넘겨졌다. 62년 2월이었다.

"옷 입히면 도망가니께, 빨가벗겨서 산에서 내려오는 물이 있는데, 그 추운 물에 잡아넣고 '어머니 사랑 정신 보신탕'이라고 쓰인 몽둥이로 마구 때리는 거여. 버스에서 내리자마자 잘잘못을 떠나서, 정신없게 막. 대가리 숙여 해서…."

한국전쟁 때 고아가 된 그는 부산에서 '21세기', '태풍' 등 건달 조직에서 활동했다. "깡패가 됐든, 건달이 됐든, 먹고살려고 남의 등을 쳐야 했던 시절"이었다고 회고했다. 1960년 4·19 당시 폭력으로 서부산경찰서에 잡혀갔다. 시위를 하다 붙잡힌 대학생들이 너무 많아 건물 안에 들어가지 못하고 마당에 수십 명이 앉아 있었다. 대학생들에게 물었다.

"공부는 안 하고 왜 여기 와 있노?"

대학생들은 독재 이승만 정권을 타도해야 한다고 했다. 한참 설명을 들으니 대학생들 말이 맞는 것 같았다. "두드려 부수는 건 내가 전문이니 같이 하자." 그날 경찰서에서 함께 도망친 대학생들과 일주일간 거리를 헤맸다. "이승만은 물러가라!" 목청껏 외쳤다. 그들처럼 정씨도 대학생이 된 것 같았다. "시민들이 주먹밥 만들어서 주고 그랬다고, 그때는. 물 떠다 주고. 버스 위에 올라가서 태극기 흔들고…."

발밑으로 바닷물이 들어오는 척박한 땅이었다. 1952년 염전을 만들려고 제방만 축조한 폐염전 263만 8884㎡에 던져졌다. 새벽부터 저녁까지 폐염전에 흙과 돌을 들이부어 바닷물을 막았다. 장비 같은 것은 없었다. 외출도 할 수 없었다. 움막에서 군대처럼 단체생활을 했다. 그들을 감시하는 간부들도 전직 깡패 출신들이었다. 단원들이 '인간 철조망'을 이뤄 서로를 감시했다. 10여 미터마다 1명이 감시조로 배치돼 도망갈 수 없었다. 개척단은 61년 11월 68명으로 시작해 63년 712명, 64년 1771명으로 불어났다.

작업량에 비해 먹을거리는 턱없이 부족했다. 쌀 5작(1작은 1홉의 10분의 1), 보리 1홉으로 하루를 버텼다. 일하다 죽는 이들은 태극기를 덮어 뒷산에 묻었다. 단장은 민간인 민아무개 씨였지만, 정부 주도 아래 이뤄진 사업이었다.

"개척단 1주년인가, 2주년인 11월 14일에 기념행사를 하는데, 경찰서장이 왔어. 개척단 단장하고 귀빈석에 둘이 앉았는데 친구 같이 굴더라고. 저것들 패서 죽였으면 했어."

정부는 이들을 서산에 정착시키려 강제 결혼을 시켰다. 전국 부녀보호소에 잡혀온 성매매 여성을 서산에 이주시켰다. 처음 보는 남녀가 강제 부부를 이뤘다. 1963년 9월 26일에 이어 이듬해 11월 24일에 225쌍의 합동결혼식이 서울 광진구 워커힐호텔에서 열렸다. 모월리 간척지에서 서울로 가려면 대형 버스를 타야 했는데 버스가 지나갈 만한 도로가 없었다. 개척단원들은 자신들의 결혼식을 위해 직접 길을 닦았다. 거기에 정 씨도 포함됐다. 윤치영 당시 서울시장이 합동결혼식에 참석했다.

"처음 보는 여자와 정 같은 게 어딨어? 그 여자들도 여기서 자유가 없다고. 먼지 폴폴 날리는데 흙 날라야 하고 여기 있어봤자 뭐 하겠어. 고생만 하지. 몇 개월 살다가 여자가 임신을 했어. 너 여기 있어봐야 고생하니까 가라고 했어. 임신한 여자한테는 외출증을 끊어주니까. 아이는 고아원에 맡기든지 하라고. 그 여자, 가버렸어. 다시는 안 오나 보다 했지."

정확한 연도는 기억나지 않지만 1965~1966년 사이 개척단에도 '민주화'가 일어났다고 정 씨는 기억한다.

"이렇게는 못 살겠다, 우리가 막 덤볐어. 우리도 민주주의로 살자, 자유를 달라고. 내가 그때 소대장이었는데 친구들하고 몇 명이 뭉쳤고, 앞장을 섰어. 윗사람들이 나를 단본부(사무동) 안으로 끌고 들어갔어. 밖에 있던 (개척)단원들이 와 하고 함성 지르고 일어난 거야. 사람 죽이지 말라고 난리난 거지. 내가 몇 대 맞기는 했어. 그날서부터 중간간부들 중에서도 내 편 들어주는 사람이 있었다고. 밤에 간부들끼리 싸우고 난리가 나. 자기들도 개척단 출신이니까 서로 의견이 엇갈렸겠지. 간부들 몇십 명이 밤에 도망을 갔어. 맞아 죽게 생겼으니까. 점잖은 것들만 남고."

강제수용 생활은 와해됐다. 자고 일어나면 몇십 명씩 사라졌다. 1700여 명 가운데 수백 명만 남았다. 개척단이라는 이름은 있었지만, 계급이나 감시는 사라졌다. 정씨는 도망치지 않고 간척지에 남기로 했다.

"내가 배운 게 뭐가 있어? 하는 거라곤 개간해서 농사짓는 것밖에 없는데. 밖에 나가서 살 자신이 없었어. 그리고 땅 준다고 했으니까, 땅도 받아야 했어."

공식적으로는 1966년 9월 1일 개척단이 해체됐다. 1968년 1월 1세대당 토지 3000평 가분배에 합의했다. 1968~71년 5차례에 걸쳐 335세대에 가분배됐다. 권리금을 받고 땅을 팔아 도시로 나간 사람들도 117세대나 됐다. 정씨는 1970년 이웃 동네에 살던 시골 아가씨와 연애를 했다. 아내 될 사람 배 속에 아이가 들어섰다. 결혼을 앞둔 때, 사라졌던 과거 아내가 007가방을 들고 찾아왔다. 일곱살 된 아들과 함께였다. 첫번째 아내는 007가방을 열어 보였다. 돈이 한가득이었다. 이제 자신과 함께 모월리를 떠나 살자고 했다. 정 씨는 한사코 거절했다. 과거 아내는 읍에 나가 사진 한 장만 같이 찍어 달라는 마지막 부탁을 했다. 첫번째 아내가 떠나고 한참 뒤 두 사람이 함께 찍은 사진이 우편으로 도착했다. 그 뒤로 소식이 끊겼다. "지금도 아주 가끔 생각이 나지. 소식이 없는 것으로 미뤄 외국에 나간 것 같아."

내가 개간한 땅을 돈 주고 사라니…

최순실·박근혜 게이트가 한창이던 2016년 12월 어느 날, 정 씨는 수확한 쌀을 팔러 서울에 갔다. 3000평에 1년 꼬박 쌀농사를 지으면 65~70가마니를 수확한다. 80㎏ 쌀 한가마니 값은 약 10만 원. 이것저것 제하고 손에 떨어지는 금액은 300만~400만 원이다. 시골에선 돈 쓸 일이 없으니 몇 년 전까진 먹고살 만했다. 그러나 2016년 빚을 갚으려 키우던 소 두 마리를 팔았다. 1년에 약 800만 원을 정부에 내야 하기 때문이다. 정 씨는 2013년 과거 자신이 개간한 땅 3000평을 20년 상환 조건으로 샀다. 평당 5만 원으로 시세와 비슷했다.

"서울 가는 길에 항의 팻말이라도 들자 싶어서 국회에 갔어. 어느 날인지는 기억하지 못하는데 국회 앞에, 박근혜 나가라는 사람이 너무 많은 거야. 광화문에도 경찰이 쫙 깔리고. 사람이 너무 많아 포기했어. 서산으로 내려온 다음날인가 촛불집회가 시작되더만."

정 씨처럼 1968년 당시 땅을 가분배받은 주민들은 22년의 탄원과 5년에 걸친 정부와의 소송에서 패소했다. 68년부터 순차적으로 개척단원들에게 땅을 주면서 국가는 '가분배'라는 용어를 썼다. 국가는 영장도 없이 전국 각지에서 잡혀 들어와 이 땅을 개간한 노동력을 인정해주지 않았다. 반면 비슷한 시기 전남 장흥에서 땅을 개척한 단원들은 무상 분배를 받았다. "개척하면 땅을 준다고 했다"는 정 씨 주장을 뒷받침한다. 1968년 7월 23일 '자활지도 사업에 관한 임시조치법'에 따르면, 대통령이 정하는 바에 의해 '근로구호의 대상자에게 우선적으로 무상 분배할 수 있다'고 돼 있다. 그러나 시행령 미

제정으로 82년 12월 이 법은 폐지됐다. 서산시도 1969년, 1970년 두 차례에 걸쳐 홍성세무서에 무상 불하 또는 무상 대부를 건의했지만 번번이 거절당했다.

1992년 국무회의는 유상 매각을 결정했다. 기획재정부는 그해 국유재산 관리계획에 따라 신청인들에게 매각하기로 결정하고 매수를 촉구했으나 신청인들 대다수가 불응했다. 소송으로 전환했다. 2002년 대법원까지 이어졌지만 정 씨 등은 패소했다.

주민 김아무개 씨가 2010년 국민권익위원회에 청원을 넣어 소위원회 심의가 열렸다. 기획재정부는 무상 불하해줄 수 없다고 했다. 서산시와 충남도 의견은 달랐다. "민원인들이 폐염전 부지였던 땅을 개간하여 우량 농지로 조성하였기에, 무상 양여가 되도록 특별법을 제정하거나, 요구를 수용할 수 없을 경우 개량비를 공제하여 매각할 수 있도록 승인해 달라"는 것. 2013년 주민들은 10~20년 상환 조건으로 평당 5만 원에 땅을 매입하라는 정부 제안을 받아들이기로 했다. 주변 시세와 비슷했다. 납치, 강제 감금에 따른 피해 보상, 강제노역에 따른 인건비는 인정받지 못했다.

건달이었던 정씨에게 박정희 정권이 어떤 존재인지 물었다. "깡패지, 뭐여. 내 젊은 시절 다 그렇게 뺏겼는데."

정씨는 요즘 자신을 탓한다고 했다. 끊었던 담배가 간절하다. "농사꾼이 농사를 지어야 하는데, 내 땅을 포기할 수도 없어서 정부 땅을 결국 산 거여. 근데 농사지어도 빚을 지고. 부산에 살면서 깡패 생활할 때 참 몹쓸 짓을 많이 했어. 내가 살아온 것을 다 쓰자면 비참하고 사람들이 곧이듣지 않을 거여. 우리 마누라 교회 집사인데 나는 교회 안 가. 죄 많은 놈이라. 내가 죄가 많아서, 그 죄를 내가 지금 이렇게 받는 건가 그런 생각이 들어."

'정글'의 기원, 1961 '명랑사회'

"우리 정부가 주로 대재벌이나 대기업만 키우고 중소기업 같은 것은 전연 돌보지 않는다, 공업에만 치중한다는 비판을 받습니다. … 우리나라의 가장 뒤떨어진 농촌을 빨리 발전을 시켜야 되겠다, 이것이 정부가 말하는 중농정책입니다."

1967년 4월 17일 박정희 공화당 대통령 후보는 대전 연설에서 농촌 진흥을 통해 양극화를 해소하겠다고 밝혔다. 땅값이 폭등하고 대한민국 최초의 양극화가 벌어지던 시대였다. 1997년 외환위기 이후 양극화가 시작됐다고 생각하지만, 그 기원은 대기업, 서울, 강남 중심으로 개발이 이뤄지던 박정희 시대에서 찾을 수 있다.

급속한 성장 시대에 농촌은 급속히 위축됐다. 1956~81년 전체 산업이 연평균 7.4% 성장한 반면 농업은 3.1% 성장에 그쳤다. 전체 인구는 1.9배 증가했지만 농업 인구는 25% 줄어들었다. 급속한 인구 성장의 시대였음에도 농촌은 사람들이 떠나는 공간이었다. 급속히 비워진 농촌에 대한민국 3등 국민, 전직 깡패 정영철 씨가 1961년 강제 이주됐다. 그는 지금껏 연 소득 300만~400만 원의 농민으로 산다.

건달, 성매매 여성, 노숙인에서 시작된 '배제 국민'은 농촌, 청년, 저소득, 비정규직 등으로 확대됐다. 그들을 길에서 치워야 '명랑사회'가 도래한다는 1961년의 첫 단추를 시작으로 줄줄이 끼우다 지금, 여기에 도착했다. 누구나 배제 국민이 될 수 있는 정글에.

충청남도의회는 2023년 7월 '충청남도 진실규명사건 피해자 지원에 관한 조례'를 의결했다. 조례안 명칭에 서산개척단이라는 이름은 빠졌지만, 1960년대 박정희 정권이 대규모 간척 사업을 진행하는 과정에서 고아 등 1700명이 넘는 인원을 강제 동원한 사건의 피해자를 지원하기 위한 조례다. 앞서 서산개척단에 대해 진실·화해를 위한 과거사 정리위원회는 2022년 5월 국가가 자행한 중대한 집단 인권침해 사건이라고 결론 내리고 감금과 폭행, 강제노역, 강제결혼 등 중대한 인권침해가 발생했다고 판단했다. 조사 결과 당시 보건사회부가 부랑인 이주 정착을 관리 감독했다는 사실이 확인됐다.

형제복지원 이후, 대구시립희망원

박정희 정권 후반기에 부랑인은 국가의 관심에서 멀어진다. 부랑인은 정권의 필요에 의해 소환되거나 관심 밖으로 밀려났다. 이들이 다시 국가 정책에 등장해 주목받은 때는 전두환 정권 초반이다. 전두환 정권 또한 박정희 정권처럼 사회정화를 위한 수단으로서 부랑인에 집중한다. 1981년 전두환 정권은 사회정화위원회를 만들고 4월 20일부터 8일간 부랑인 일제단속을 실시한다. 1980년 7월 29일 국가보위비상대책위원회가 입안한 불량배 소탕 작전(삼청5호)으로 군경이 6만 명을 검거한 데 이어 부랑인에 대한 일시 단속을 한 것이다. 8일간 단속한 부랑인은 1850명. 박정희 정권과 비슷하게 전두환 정권도 집권과 동시에 사회 불안 세력을 소탕하고 내부의 적을 만들면서 '우리'라는 가상의 공동체를 만들어 나간다.

1980년대 한국 사회는 복지라는 개념에 익숙해지기 시작하는데, 이때 동원된 대상이 부랑인이다. 전두환 대통령이 취임사에서 복지

정책을 피력할 정도였는데, 정부는 '복지시설'이라는 명분으로 부랑인 단속과 수용을 정당화한다.

도시의 부랑인이 없어진다

"부랑인 없는 거리를 만든다. 정부는 88올림픽 등에 대비, 우리나라를 찾는 관광객들에게 깨끗한 인상을 주고 국민들의 불쾌감을 없애기 위해 이제까지 단속에 치우쳐왔던 부랑인 문제를 복지 차원에서 해결키로 하고 내년에 재활 사업을 강력히 추진할 방침이다.

21일 보건사회부에 의하면 걸인을 비롯한 전국의 보호 대상 부랑인은 현재 1만 1500여 명으로 추산되고 있는데 이들에 대한 단속 활동을 펴도 그때만 잠시 자취를 감출뿐 고삐가 늦추어지면서 다시 등장해 거리 질서를 어지럽히고 있음에 비추어 근본적인 해결책이 시급하다고 보고 자활대책을 강구키로 했다. (…) 보사부는 이 같은 부랑인 대책을 위해 내년에 23억 2300만 원의 예산을 투입키로 했는데 직업 훈련은 영농 및 건설 기술 등 취업 기회가 많은 종목을 택해 6개월 정도 가르치고 새로 5개소의 보호시설을 신축함과 아울러 기존 22개소의 시설 중 4개소를 보수해 수용시설을 대폭 확충할 계획이다." (《매일경제》 1981년 11월 21일)

형제복지원 원장 박인근이 2010년 발간한 자서전을 보면 부랑인을 위한 2층 침대, 대형 식당, 각종 편의시설을 구비했다는 내용이 있다. 관련 공무원들은 복지시설을 둘러보고 편의성에 감탄했다는 내용이 종종 발견된다. 형제복지원 원장 박인근은 한국의 대표적인 복지시설을 이끄는 자로서 전두환 정권 당시인 1981년 국민포장 석류장, 1984년 국민훈장 동백장을 받았다.

형제복지원 사건이 1987년 드러났다가 다시 관심 밖으로 밀리면서, 대다수 부랑인 시설은 운영이 지속됐다. 이 시설들의 현재 모습을 보기 위해 대구시립희망원을 찾았다. 1987년 당시 다른 부랑인 시설에 비해 인권침해 차원에서 크게 주목받지 않았던 대구 희망원은 수십 년이 지난 후 부산 형제복지원과 비슷한 전철을 밟았다. 1958년 설립된 대구시립희망원은 대구구천주교회유지재단이 수탁을 받아 수십 년간 운영했다. 전국 사회복지시설 평가에서 대통령 표창과 보건복지부장관상을 세 차례 받았다. 그러나 대구시립희망원은 2016년 국가인권위원회로부터 두 차례 직권 조사를 받았다. 폭행, 강제노동, 인권유린, 횡령, 갈취 등이 쟁점이 됐다. 조사 과정에서 폭행치사가 자연사로 조작됐다는 증언이 확보됐다. 구타와 학대, 횡령 등이 불거져 지난 2016년 1월 배아무개 신부가 구속되고 전·현직 임직원 18명과 달성군 공무원 등 25명이 입건됐다. 대구시립희망원에서 2년 8개월간 전체 인원의 10.6%인 129명이 숨졌다. 22년간 희망원에서 살았던 ㄱ씨를 대구시 대명동에서 2016년 8월 18일에 만나 얘기를 들었다.

폭행, 갈취, 강제노동… 또 하나의 형제복지원인가

"'인간 사육장에 온 것을 환영해요.' 한 남자가 나를 환영했다. 1993

년 다른 세계로 들어가기로 선택했다. 나의 선택은 다른 사람에 의해 이행되었다. 두 팔과 다리는 한 해 전에 나무가 되어 있었다. 햇빛을 받은 손톱과 머리카락은 매해 자라났지만 추락사고 이후 팔과 다리는 움직이지 않았다. 걷고 뛰고 앉고 서던 시간이 절단되면서 종일 드러누워 천장을 보았다. 움직일 수 없었다. 물을 마실 수도 밥을 먹을 수도 없었다. 움직이지 않는 몸 옆에서, 가족들은 종일 지키고 앉아 있었다. 아무것도 할 수 없는 나를 위해 그들 또한 아무것도 할 수 없게 되었다. 식물처럼 말라가는 그들을 위해 내가 한 결정은 다른 세계에 들어가는 것이었다. 아프고 병들었거나, 버려진 사람들이 사는 다른 세계로. 가족들만이라도 식물인간이 되어선 안 된다.

사람들이 사회복지시설이라 부르는 다른 세계에 들어간 첫날, 사진을 찍었다. 입소를 증명하는 사진이었다. 스스로 걸어 들어갈 수 없었으므로 형과 형의 친구가 나를 그곳으로 데려갔다. 그곳에서는 어제와 오늘 그리고 내일이 사라진, 시간이 없는 방에서 사람들이 허우적거렸다. 그들은 이렇게 불리었다. 정문에서 데려오면 정문이, 5월 16일에 입소하면 오일육, 뜻 모를 박봉봉. 그들은 이름과 나이와 가족을 알지 못하기에 인지 능력이 없는 사람으로 불렸다.

나의 첫날밤은 박봉봉과 함께였다. 25명이 등을 세우고 한 방에서 칼잠을 잤다. 박봉봉이라 불리는 그는 손과 발이 줄로 묶인 채 앙상했다. 뼈에 껍질만 발라놓은 사람 같았다. 빨간약이라고 불리는 신경안정제를 박봉봉에게 한 움큼씩 먹였다. 그날 밤, 발걸음이 떨어지지 않은 형과 형의 친구가 몇 시간 함께 있어 주었다. 얼굴 위로 뭔가 떨어졌다. 형이 울고 있었다. 형의 친구가 위로했다. 두 사람이 집으로 돌아간 뒤 아침이 오기까지 시간이 흐르지 않는 것 같았다. 잠이 들고 또 깨어났다. 다음날 새벽 4시 30분, 방에 불이 켜졌다. 고개를 돌렸다. 줄에 묶인 박봉봉이 어떻게 풀었는지 줄을 풀어놓았다. 손으로 변을 핥고 있었다. 밤사이 박봉봉이 싼 똥이었다. 입에서는 변이 흘러내렸다. 헛구역질이 밀려 올라왔다. 박봉봉을 본 그날로부터 22년의 밤과 낮을 대구광역시립희망원에서 살았다."[41]

전국 최우수 사회복지시설

전국 세 번째 규모의 사회복지시설 대구광역시립희망원은 2002년부터 2014년까지 6회에 걸쳐 우수시설로 선정됐다. 거주 인원은 2015년 12월 기준 1214명. 대구광역시립희망원은 2005년 4개 분야에서 에이 등급, 5개 영역에서 94.65점을 받아 전국 노숙인복지시설 분야 1위를 차지했다. 2006년에는 전국 사회복지시설 가운데 최우수 사회복지시설로 선정돼 대통령상을 받았다. 사회복지시설은 사회복지사업법 제43조 규정을 근거로 3년 단위로 평가를 받는다. 2015년 노숙인재활시설, 노숙인요양시설, 정신요양시설, 장애인거주시설로 희망원을 분리했다.

보건복지부장관상과 대통령상을 수상하며 전국 최고의 복지시설로 불리던 희망원은 2016년 국가인권위원회의 직권 조사를 받았다. 희망원에서는 2014년부터 2년 8개월간 거주 인원의 약 10.6%인 129명이 숨졌다. 노숙인복지시설에서 벌어진 최대의 인권유린 사건으로 12년간 513명이 숨진 '형제복지원'과 견줘도 적지 않은 수치다.

희망원 거주 장애인들에게 가해진 직원들의 폭행은 법정에 넘겨졌다.

국가인권위는 2016년 8월 8~9일과 23~24일 두 차례에 걸쳐 현장 조사를 벌였다. 국가인권위 김종길 조사관은 "폭행, 강제노동, 횡령, 사망 등 여러 분야를 조사했고 특히 사망 명단을 중점적으로 들여다봤다"고 밝혔다. 1958년 대구시가 노숙인시설로 설립한 희망원은 1980년 재단법인 대구구천주교회유지재단에 운영권을 위탁했다.

희망원의 실태는 운영권을 쥔 대구구천주교회유지재단, 관리감독 권한을 가진 대구광역시도 아닌 익명의 내부 고발자에 의해 드러났다. 2013년 '쪽지 사건'이 발생했다. 자신을 드러내지 않는 한 직원이 희망원 내부 비리를 고발하는 내용을 인터넷 메신저로 직원들에게 일제히 전달했다. 희망원이 쪽지 발송자를 추적하기 시작하자 의문의 발송자는 방법을 바꿨다. 비리 내용을 인터넷이 아닌 우편으로 발송했다. 수신자만 적힌 우편 수백 통이 대구시 언론, 각종 기관, 시민단체, 천주교대구대교구, 성당, 수녀원 등에 발송됐다. 희망원 안에서 벌어지는 언어 모독, 폭행, 갈취, 물품 허위 청구에 따른 횡령 사실 등이 적혀 있었다. 매해 복지시설 비리가 드러나고 있지만 대다수가 개인이 운영하는 시설이다. 광역시가 설립하고, 천주교재단이 운영하며, 최고의 복지시설로 평가받아온 희망원의 속사정은 한국의 '사회복지'가 노숙인을 대하는 태도를 드러내며 충격을 더한다.

22년간 희망원에서 살았던 ㄱ씨는 2015년 희망원을 퇴소해 현재 가족들과 살고 있다. 희망원에 살았던 '식구'(희망원 거주자를 일컫는 내부 표현)가 인터뷰에 나선 것은 처음이었다. 그의 이름과 나이, 개인 신원이 드러날 만한 정보는 쓰지 않기로 했다.

"인간 사육장에 온 걸 환영해요." 지난 22년은, 1993년 그가 희망원에 입소한 첫날 한 식구가 건넨 '냉소적 인사말'의 이유를 증명하는 시간이었다.

"마음이 여리거나 심성이 고운 선생님은 버티질 못했어요. 모질지 못한 사람이 붙어 있을 만한 환경이 아니었어요. 건물 한 층에 선생님 한 명이 배치되었어요. '이 씹새끼야, 죽을래?' '그 카다가 죽는다.' 이○○ 팀장이라는 사람이 말을 함부로 했어요.

김○○ 국장한텐 맞은 사람이 많이 있어요. 규율을 어긴 사람을 '신규동'에 보내요. 원래는 희망원에 새로 온 입소자들이 교육을 위해 며칠 머무는 건물이 신규동이지만 규율을 어겨도 그곳에 가야 해요. 들어가면 거기 선생님들이 한 번씩 이런 말을 한대요. '점심도 먹고 몸도 찌뿌둥한데 몸이나 풀까?' 신규동에 올라가서 다 '엎드려뻗쳐' 시켜놓고 선생님이 조진다 카더라고요. 잘못을 저지르면 신규동 독방에 2주씩 넣어요. 지금은 없어졌지만 작년까지만 해도 신규동이 있었어요. 화장실 가고 싶다 하면 오줌통, 요강을 신규동에 넣어줘요.

직원 정○○ 씨가 식구들 때리는 건 제가 직접 봤어요. 여성 노숙인 기숙사인 '천사들의집' 건물 옆에서 남자 둘이 싸우고 있는데 한 명은 맞고, 한 명은 때리고 있었어요. 정○○가 일요일에 순찰 돌다가 때리는 사람을 발로 차는 거예요. '니도 한 번 맞아보니 기분이 어떻노? 이 씹새끼가 맞으면 기분이 좋나?' 카면서요. 내가 옆에 휠체어 타고 지나가고 있었거든요. 내 눈치를 싹 보더라고요.”

눈 찌르기와 유두 꼬집기

“2015년 7월 또는 9월(날씨는 더웠고, 추석 명절 이전이었으며, 8월은 노숙인 어르신 생활관인 시몬의집이 목욕탕 이용을 하지 않기 때문에 7월 또는 9월로 기억함) 수요일 오전 10시 30분에 대중목욕탕 실로암 내의 탈의실 화장대 옆에서 장애인거주시설 글라라의집 생활인('식구'와 함께 희망원 거주자를 뜻하는 내부 표현)과 직원 임아무개 씨가 함께 있는 것을 보았습니다. 생활인은 전라 상태로 검은색 짧은 커트 머리에 피부가 검고 허리가 많이 굽었으며 키는 임 씨보다 작았습니다.

　진술인은 생활인의 몸의 물기를 닦던 중 ‘아아아~~’ 하고 우는 듯한 큰 소리가 들려 반사적으로 고개를 들어 소리 나는 정면 쪽을 보았습니다. 교사 임 씨가 있었고 오른쪽에 입을 크게 벌려서 울고 있는 생활인이 있었습니다. 임 씨가 왼손으로 생활인의 몸을 붙잡은 상태에서 오른 손바닥으로 생활인의 안면을 ‘짝짝짝’ 연속으로 소리 나게 3~4차례 구타하였습니다. 3회쯤 때렸을 때 울음을 멈추는 것을 목격했습니다.”[42]

　2013년부터 돌기 시작한 ‘쪽지’는 2016년 1월까지 계속 전파됐다. 희망원 ‘식구’를 폭행한 직원 실명이 투서에 적혔다. 실명이 쓰인 투서는 대구시와 시민단체 등에 뿌려졌다. 대구시는 그해 2월 특별점검을 벌이고 희망원도 달성경찰서에 수사를 의뢰했다. 시민단체는 경찰 수사가 미온적이라며 성명을 발표했다. 우리복지시민연합은 지난 4월 25일 성명을 통해 "경찰이 3개월 가까이 미적거리고 있다. 폭행을 당한 장애인 당사자와 이를 목격한 다른 장애인조차 아직 조사를 하지 않았다고 한다"고 밝혔다. 경찰은 성명 발표 나흘 뒤인 4월 29일 장애인복지법 위반 혐의를 받은 직원 김아무개 씨 등 2명을 기소 의견으로 검찰에 송치했다. 또 다른 피의자 임 씨는 5월 16일 검찰에 넘겨졌다.

경찰 조사 기록을 보면, 이들은 사소한 이유로 장애인을 폭행했다. 생활재활교사 김아무개 씨는 2015년 3월 식구 최아무개 씨가 건물 내부의 출입문과 창문을 두드려 소란스럽게 한다는 이유로 주먹으로 머리를 때렸다. 2015년 9월 정신요양시설 성요한의집 1층 생활교사실 앞에서 배식을 하던 중 사공아무개 씨가 손으로 반찬을 가져가려 한다며 머리를 때렸다. 임아무개 씨는 2012년 5월 생활인 장아무개 씨가 식사 거부 증상을 보인다는 이유로 교사실에 데려가 창문을 자치회의판으로 가린 뒤 얼굴을 때렸다. 다음날 장 씨의 얼굴과 눈, 이마에 멍이 들었다고 다른 생활재활교사가 진술했다.

국가인권위 조사 과정에서도 이들의 추가적인 인권침해와 폭행에 대한 증언이 쏟아졌다. "창문을 가리고 눈을 세게 찌르는 것(울트라맨)을 봄." "이유 없이 유두를 비틀어 꼬집고 주먹으로 뺨을 때리거나 엄지손가락으로 눈을 세게 찌름." "식사 거부 증상 시 (환자를) 눕힌 뒤 두 다리로 강박 후 수저로 입을 벌려서 음식 투입함." "식사를 할 때, 정말 옆에 사람 밥맛 떨어지게 먹는다는 말을 수시로 함." "보관금 지급 시 지장을 칸에 똑바로 찍지 못하는 사유로 뺨을 때리는 행위(수시)를 봄."[43]

피의자 3명 가운데 생활재활교사 김 씨는 공무원 인사 청탁으로 입사했다. 김 씨는 정식 직원으로 채용되기 이전 인턴 기간에 선배 여직원인 송아무개 씨에게 욕설을 해 논란을 일으켰다. 인턴 기간 종료 뒤엔 채용 규정에도 없는 3개월의 기간 연장을 거쳐 정직원이 됐다. 2014년 12월 대구시 친인척 특혜채용과 관련하여 대구시가 감사 결과를 발표했다. 관리감독을 책임져야 할 대구광역시 공무원들이 희망원에 인사 청탁을 하며 '복지 관피아' 관계가 형성된 것이다. 김씨의 친척 등 관련 공무원 6명에 대한 징계가 이뤄졌다. 희망원은 인사 청탁을 받은 간부 2명을 견책 징계했다.

딸이라 불리는 인간 노예

희망원은 1958년 노숙인시설에서 출발해 정신요양, 장애인거주 시설 등으로 분화했다. 희망원 '식구'는 장기 거주자가 다수다. 희망원 관계자는 "인지 능력이 없거나 거동이 불편해 혼자 생활하기가 어려운 노숙인들이 대부분이다. 몇 달 머물다 서울역 등으로 빠져나가는 다른 노숙인시설과 달리 사실상 장애인들이 머무는 곳이라 생각하면 된다"고 말했다. ㄱ씨는 "생활인들이 불이익을 받을까 염려해서 시설에서 일어난 일을 절대 이야기하지 않는다. 직원의 폭행 사건이 일어나서 한 생활인에게 목격 여부를 물었더니 '모른다'고 하더라. 증거를 확보한 뒤 다시 목격자에게 물었더니 그제야 실토할 정도"라고 말했다.

22년간 희망원에 살았던 ㄱ씨도 지난 2016년 인터뷰를 하기까지 그곳에서 일어난 일을 밖에다 말한 적이 없다고 했다. 폭행, 인권 유린이 벌어져도 외부와 단절된 채 아무 문제없이 유지되는 이유를 그는 이렇게 설명했다.

"직원의 요구를 거절하거나 문제를 제기하면 내가 여기서 편하게 지낼 수 있을까, 미움받지 않을까 걱정이 돼요. 평생 희망원에서 살아야 할 수도 있잖아요. 봉변을 당하지나 않을까 그런 생각이 드는 거죠. 인지 능력이 있는 사람하고 없는 사람들을 대하는 선생들 태도도 어마어마하게 달라요. 무슨 이야기를 (바깥에) 할 수 있겠다 하면 존댓말로 대하죠. 인지가 없는 사람들한테는 안 그래요."

장기 거주 생활인이 많은 만큼 직원들의 근속 기간도 길다. 2013년 시민단체인 우리복지시민연합은 대구 지역 사회복지시설 직원들의 임금을 분석한 결과 희망원이 가장 높다고 밝혔다. 우리복지시민연합 황성재 정책실장은 "희망원 직원은 시 공무원과 동일한 임금을 받아왔다. 대구시가 1980년 재단법인 대구구천주교회유지재단에 운영권을 위탁하기 전까지 공무원이 시설에 파견됐다. 당시의 공무원 임금 체계가 지금까지 이어진 것"이라고 설명했다. 2013년 희망원 직원 보수 일람표를 보면, 27호봉의 보수를 받는 사무국장 보수가 6626만 6000원이다. 희망원 관계자는 "대다수 시설들을 보면, 사회복지사들이 저임금에 강도 높은 노동을 한다. 반면 희망원은 월급은 많은 데 비해 근무 조건이 좋아서 한 번 들어온 직원은 퇴사하지 않는다"고 설명했다.

반면 희망원 식구들은 시간당 1000원도 안 되는 임금을 받고 각종 노동에 투입된다. 2016년 주 6일 기준으로 하루 9시간 30분 일하고 받는 월급은 20만 원이었다. 이마저 2010년 월 7만 원에서 '대폭' 오른 것이다. 시간당 임금으로 따지면 809.7원이다. 같은 생활인이 아파서 희망원 외부 병원에 입원할 경우 이들을 간병하는 것도 다른 생활인의 일이다. 외부 병원에 간병도우미로 따라가는 생활인은 하루에 1만 원을 받는다. 희망원 관계자는 "간부들에게 이들의 임금을 올려 달라고 여러 차례 요구해 이 정도 올라간 것"이라고 말했다. 또 다른 관계자는 "정작 생활인들은 이런 대우를 받고도 불만이 없다. 바깥에 함부로 나갈 수 없는데 병원 도우미로 나가면 외출도 자유롭고 적은 돈이나마 벌 수 있기 때문"이라고 말했다. 희망원은 직원들의 동의 없이 식구들이 자유롭게 외출할 수 없도록 통제하고 있다.

직원 개인의 가사도우미로 활용된 생활인도 있었다. 서아무개 (2011년 12월 27일 42세를 일기로 사망) 씨는 당시 부원장 김아무개 씨의 집으로 매일 출근해 가사도우미로 일했다. 희망원 임춘석 재활시설국장도 서 씨의 강제노동을 시인했다. 임 국장은 전화 통화에서 "오래된 일이라 기억은 잘 안 나지만, 서 씨가 부원장의 집에서 가사도우미로 일한 사실이 있다. 직원들 사이에서 문제라는 지적이 나와서 서 씨가 몇 해 전에 일을 그만둔 것으로 기억한다"고 말했다.

서 씨는 지문 조회를 받고서도 신원이 확인되지 않아 희망원에서 호적을 만들었다. 일가친척이 한 명도 없었다. 22년간 시설에서 생활한 ㄱ씨는 서씨가 부원장을 '아빠'라고 불렀다고 회고했다.

"솔직히 가장 이해 안 간 부분이 부원장 김○○예요. 그분 아들이 장애인이거든요. 희망원 원생(서아무개 씨)을 아들 도우미로 붙여줬어. 그분이 인지 능력이 좀 떨어졌거든요. 그분 이야기를 들어보면, 부원장 아들 속옷도 다 빨고 했어요. 인간 노예지. 내가 알기로 월급을 한 달에 몇 만원 받았어요. 부원장 집에서 일하고 점심은 희망원에 와서 먹고. 그 여자 분이 부원장한테 엠피쓰리 갖고 싶다고 말했는 데, 부원장님이 사줬나 봐요. 그 물건을 보여주는데 인터넷에서 파는 제일 싼 거 1만 몇 천 원짜리였어요. 서씨는 그게 너무 좋다며 행복해하더라고요. 그분도 불만은 있었겠죠. 주변 사람들한테 가기 싫다 카고 귀찮다 카고. 아들만 보는 게 아니라 집안, 청소, 설거지 다 하고요. 그분이 부원장을 아빠라고 불렀어요. 부원장은 식구들한테 우리 딸이라고 했고요. 그 여자 분은 어깨가 아프다는 소리를 자주 했고 요양실에도 자주 갔어요. 그분이 아프면 다른 생활인 이○○ 씨가 부원장 집에 가요. 서 씨가 괜찮아질 때까지.

희망원에선 낮엔 무조건 잠을 못 자게 해요. 낮에 자면 밤엔 잠을 안 잔다면서요. 밤에 잠을 안 자고 돌아다니다 사고 나면 직원들이 피곤하니까요. 선생들이 오후 6시면 퇴근을 해요. 2014년까지 본관 사무실에 직원 단 두 명만 당직 서고 시설에 선생이 아무도 없었어요. 그때부터 선생 밑에 있는 (생활인 대표) 동장이 실세가 되는 것이죠. 누가 잠 안 자거나 복도 왔다 갔다 하면 죽는 거예요. 방에 처넣는 거죠.

생활인 이○○ 씨(퇴소)가 희망원에 있을 때 폴리(폴리카테터·소변줄)를 차고 있었어요. 밤에 방광이 차면 고통이 어마어마해요. 식은땀을 비 오듯 흘리고 엄청 괴로워해요. 어느 날 보니까 막혔어요. '어디 아파요?' 카니까 ○○ 씨가 숨을 가빠하면서 '아프다' 그래요. '어디가 아파요?' 하니까 '소변이 안 나오는 것 같다'고. 제가 동장님을 불렀어요. '간호사들이 다 자는데 어떻게 하냐'며 참으라고 동장님이 그래요. 어이가 없었어요. '동장님, 이러다가 죽을 수도 있다'고 하니까 욕을 하면서 가요. 그런 시스템이 문제가 많다는 거죠. 바로 조치를 받지도 못하고.

직원이 식구의 금품을 갈취한 사건도 발생했다. 생활재활교사 김 아무개 씨는 식구 2명으로부터 2년에 걸쳐 1만~2만 원씩을 뜯어내는 수법으로 총 60만 원을 가로챘다. 외부 자원봉사자 등이 문제를 제기하자 김 씨는 2015년 12월 퇴사했다.

매월 두 번, 189만 원어치 소고기는 어디로 갔나

국가인권위는 희망원 직원의 급식비 횡령 여부에 대해서도 조사를 벌였다. 단가와 수량을 조작해 식품 유통업체에 허위 청구를 하고 차액을 가로챈 혐의다. 해당 유통업체 2곳은 희망원에 식품을 납품하고 전표를 줬다. 국가인권위는 해당 전표를 확보하고 영양사를 불러 조사했다. 2012년 1월 3일~2013년 11월 1일 급식 전표를 확보해 분석했다. 전표를 보면, 일주일에 한두 차례 허위 청구가 이뤄졌다.

2012년 2월 20일 바나나 6손, 13박스는 사과 40박스 청구(참푸드)
2월 25일 돈수육(전지) 160kg, 계산은 돈목살 수육용 계산(영유통)
3월 2일 (영유통) 육우 30kg, 계산은 40kg으로 청구
3월 16일 (영유통) 절김치 135kg, 계산은 180kg으로 청구
9월 1일 돈수육 전지 160kg, 계산은 돈목살 160kg으로 청구

9월 8일 육우 30kg, 계산은 40kg으로 청구함.

　분석 결과 23개월간 121건의 식품이 조작된 것으로 확인됐다. 같은 기간 1억 743만 6000원의 차액이 발생했다. 매달 467만 1000원이 착복된 꼴이다. 허위 청구에도 일종의 패턴이 있었다. 값싼 돼지고기 앞다리살은 비싼 목살로, 바나나는 사과로, 국거리용 소고기 30kg은 늘 40kg으로 과장 청구됐다. 한 달에 두 차례 식구들에게 컵라면과 밥, 달걀이 식사로 제공됐다. 식구들이 컵라면을 먹은 날에는 소불고기 90kg, 189만 원어치가 허위 청구됐다. 영양사 이아무개씨는 국가인권위 조사에서 "모른다"는 말을 반복한 것으로 알려졌다.

　간식은 일주일에 3~4차례 요구르트와 초코파이, 또는 '엄마손파이' 등이 낱개로 제공됐다. 2014년 조직된 희망원 노동조합은 유통업체 허위 청구 문제를 제기하고 시정을 요청했다.

　생활인 ㄱ씨는 노조의 문제 제기 이후 간식이 달라졌다고 회상했다. "원래 오후에 한 번 간식을 줘요. 두세 시쯤에 방송을 하면 식구들이 '구루마'(손수레)를 들고 가요. 1인당 요구르트 하나, 또는 귤 하나 아니면 바나나 하나. 수요일하고 토요일하고 일요일은 안 나오고. 그런데 노조가 생기고 회사하고 사이가 안 좋다 카더니 간식이 나오는데 이래 고급진 거 보고 깜짝 놀랐어요. 20년 넘게 살면서 이래 비싼 거 처음 봤어요. 조각 케이크도 나오고 푸딩도 2500원짜리 그런 거 먹었어요. 내가 생각이 드는 게, '줄 수 있으면서 이때까지 왜 그런 간식을 주었나'였지요."

폭행치사를 병사로 조작

2014년 1월부터 현재까지 희망원에서 숨진 사망자는 129명이다. 사망 기록을 들여다보면 '밥버거'나 떡을 먹고 사망하는 기도 폐쇄 사례가 이어졌다. 치아가 없거나 인지 능력이 떨어지는 장애인 또는 노숙인이 떡을 먹고 목이 막힌 상황에서 신속하게 응급치료를 받지 못해 숨진 것이다. 직원들의 관리 부실이 지적되는 사안이다. 희망원 관계자는 "문제를 느낀 일부 직원들이 급식팀에 떡이나 고구마, 빵 등을 급식표에서 빼달라고 요구했지만 식구들에게 계속 지급됐다. 영양사는 매해 사망사고가 발생하는 사회복지시설에서 기도 폐쇄로 사망하는 것이 무슨 문제냐는 식으로 대처했다"고 말했다.

국가인권위 조사 과정에서 폭행치사가 병사로 조작됐다는 증언도 확보됐다. 식구들의 증언을 들어보면, 신아무개 씨는 같은 방에서 생활하는 이아무개 씨의 지팡이에 머리를 맞고 병원으로 실려갔다. 사망 시점은 2011년 2월 16일. 그러나 희망원 사망 관련 서류엔 '병사'로 기록됐다. 문에 부딪혀 다쳤고, 병원에서 치료 중 사망했다는 것. 국가인권위 김종길 조사관은 "신씨가 폭행치사됐다는 증언이 나와서 조사했다"고 말했다.

ㄱ씨도 해당 사건에 대해 알고 있었다. 식구 모두가 알고 있던 사건이라고 말했다. "사람이 맞아 죽었는데도 아무 그게 없었어요. 형사처벌도 없고 아주 조용히. 선생님은 어떤 조치도 하지 않았어요. 놀라운 희망원이지요."

대구광역시는 매해 정기점검을 벌였지만 이제껏 자체적으로 시정 사항을 적발하지 않았다. 대구시청 복지정책관 관계자는 "시에서 감사를 할 때 예산 사용 등은 들여다보지만 내부에서 살지 않는 한 자세한 사항은 알기 어렵다. (정기점검이) 미흡했다"고 인정했다.

희망원은 1958년 부랑인 수용시설로 설립돼 운영을 이어갔다. 부랑인 시설로는 최대의 인권 유린 사건인 '형제복지원'이 1987년 검찰 수사를 받을 당시 전국 36곳의 시설에 대한 특별점검과 복지시설 체계의 변화가 필요하다는 목소리가 높았다. 그러나 제대로 된 현장 점검은 이뤄지지 않았고 대다수 시설이 명칭만 바꾼 채 수명을 이어간 것이다. 폭행, 강제노동, 사망 기록 조작, 급식비 횡령 등이 일어난 희망원은 1987년의 형제복지원을 닮았다. 학대의 정도와 강도만 덜할 뿐이다. 29년이 지나도록 노숙인을 대하는 국가, 사회의 태도는 크게 달라지지 않았다. 희망원 사태가 불거진 지 3년이 지난 2019년 4월 대구시는 민간 재단 대신 시설을 운영하기 위해 공익법인인 대구 사회서비스원을 출범시켰다.

진화위는 2023년 9월 국가에 의한 중대한 인권침해 사례로 보고 대구시립희망원에 대한 조사 개시를 결정했다. 진실 규명을 신청한 인원은 4명이다. 1975년 경찰에 의해 희망원에 잡혀가서 감금과 구타를 당했다고 증언과 더불어 24년 동안 희망원에서 강제수용 생활을 하며 가족들과 생이별했다는 진술 등이 잇따랐다.

서울의 밤에는 빈곤과 풍요가 흐른다. 햇빛 한 줌 들지 않는 지하 방, 문을 열고 들어서면 현관이 아닌 화장실부터 시작되는 집, 공간 을 대패 삼겹살처럼 얇게 쪼갠 쪽방, 옆방의 코 고는 소리가 전해오 는 고시텔, 상승하는 전세가를 감당하지 못해 짐을 챙겨야 하는 주 거 난민들…. 상대가 어디에 사는지 힐끔거리지만, 힐끔거리지 않은 척, 아무렇지 않은 척 살아간다. 차이가 존재를 결정짓는다.

불평등한 세상에서, 불평등이라는 거대한 산을 깎아보려는 삽질 들이 계속된다. 노력하면 이뤄진다더니, 결과적으로 불평등해진 세 상에서 살아가는 오늘이다. 수십 년 전이라고 다를까? 자본의 결과 가 양극화라면, 만연했던 빈곤을 아예 걷어치우던 때가 불과 수십 년 전이었다. 결과적으로 불평등한 것이 아니라, 처음부터 극빈자들 을 배제했던 시절의 이야기를 써보고 싶었다.

2012년 형제복지원 생존자 한종선은 국회 앞에서 팻말을 들었다.

감금시설에서 어린 시절을 도난당한 그는 형제복지원 퇴소 이후에도 인간으로 쉽게 돌아오지 못했다. 그의 표현대로, 짐승에서 인간이 되려고. 그는 피켓을 든 그때가, 인간으로서 한 첫 번째 행위라고 고백했다. 그의 외침으로 형제복지원은 세상에 알려졌다.

이 책은 형제복지원이라는 실화에만 집중하지 않았다. 형제복지원이라는 시설을 넘어, 그 시설을 용인한 국가와 사회 그리고 그 시설의 존재를 알고도 몰랐던 사람들의 자발적 무지에 대한 성찰의 보고서이다. 사회적 괴물은 우연히 탄생하지 않는다. 사회적 괴물은 계획하에 건설된다. 한국 사회가 빈곤자들을 가두어온 온 '역사', 그들을 처리하는 '정책', 정부를 옹호하는 사람들의 '분위기'가 만들어낸 것이다. 사회는 공개적으로 혐오와 배제를 생산했으며 집 없이 떠돌아다니는 사람들을 치웠다. 1987년 '형제복지원 사건'으로 수십 년 만에 이런 사실이 수면에 드러났다. 사건은 쉽게 잊혔다. 형제복지원 외에도 부랑인을 잡아 가두고 인권유린을 일삼던 시설이 전국에 만연했다는 사실을 기억하는 이는 지금, 없다.

죽음이 말을 걸어오는 밤이면, 글을 썼다. 인간 너머로 폐기된 사람들의 죽음이었다. 주거가 명확하지 않다는 이유로 정부가 폐기한 사람들의 거룩한 시간을 기록했다. 형제복지원이라는 문을 열고 들어가 시간을 거슬러 올라간다. 우리는 목도한다. 해방 이후 한국 사회가 빈곤을 어떻게 처리했는지, 한국 사람들이 왜 차별과 혐오를 공개적으로 옹호했는지.

형제복지원을 소재로 한 두 권의 책을 썼다. 2020년 5월 발간한 소설《은희》는 사실 없는 진실을, 이번에 출간하는《고립된 빈곤: 형제복지원, 10년의 기록》은 사실로서의 진실을 담았다. 지금까지의 발걸음은 피해 생존자들이 그들의 손으로 일궈낸 결과였다. 살아 있음으로 그들은 참상을 증언한다. 그들은 자신의 기억을 이야기할 것이다. 우리 사회는 기억을 들을 준비가 되었는가?

주

1   《형제복지원 이렇게 운영되었다!》, 박인근, 2010.
2   1987년부터 국가기록원, 부산시, 기장군청에 남겨진 법인 관련 자료, 박인근의 재산을 추적하기 위한 오스트레일리아와 국내 등기부등본, 시민단체 부산사회복지연대와 형제복지원 사건 진상 규명을 위한 대책위원회 자료, 1987년대부터 현재까지 신문기사, 김용원 전 검사의 책 《브레이크 없는 벤츠》, 김 검사의 수사 보고서, 참고인 진술서, 김 검사와의 인터뷰, 피해자 인터뷰 등을 바탕으로 인간 박인근의 말로를 입체화했다.
3   신민당 부산형제복지원 사건 진상조사단, 1987년 1월 29일~2월 1일 조사 결과 1차 보고서.
4   《브레이크 없는 벤츠》, 김용원, 예하출판사, 1993, 30쪽.
5   형제복지원 사건에 대한 김용원 검사의 논고문.
6   김용원, 앞의 책, 258쪽.
7   김용원, 앞의 책, 401쪽.
8   김용원, 앞의 책, 213쪽.
9   김용원, 앞의 책, 313쪽.
10 김용원, 앞의 책, 442쪽.
11 1987년부터 국가기록원, 부산시, 기장군청에 남겨진 법인 관련 자료, 박인근의 재산을 추적하기 위한 오스트레일리아와 국내 등기부등본, 시민단체 부산사회복지연대와 형제복지원 사건 진상 규명을 위한 대책위원회 자료, 1987년대부터 현재까지 신문기사, 복지 시설 현장 취재, 피해자 인터뷰 등을 바탕으로 인간 박인근의 말로를 입체화했다.
12 부산시의 장기차입 허가 문건.
13 이재승, 〈500명 넘게 죽인 그곳… 박정희·전두환은 책임 없나?〉, 《프레시안》, 2013. 5. 22.

14 그는 방통대에 입학했지만, 이후 여러 가지 이유로 학업을 포기했다. 법안 통과를 준비하며 운동에 매진한 것도 학업을 포기한 주요 원인이었다.

15 한종선의 아버지와 누나는 형제복지원에서의 인권 유린으로 퇴소 이후에도 줄곧 정신병원에서 생활했다. 한종선은 정신병원에 있는 누나가 안타까워 한때 집에서 같이 살기도 했으나 현실적으로 불가능한 동반임을 깨달았다. 누나는 다시 정신병원에 입원했다. 아버지가 2022년 4월 코로나로 별세한 이후 한종선과 누나는 현재 광주광역시에 있는 집에서 함께 생활하고 있다.

16 그는 형제복지원 진상 규명 활동을 하면서 여러 편의 연극에 출연했다.

17 1982년 최승우가 형제복지원에 감금되고 3년이 지나 동생도 붙잡혀왔다.

18 《소년이 온다》, 한강, 창비, 2014.

19 안 국장은 과거사법 개정안이 통과되고 열린 뒷풀이 자리에서 회포를 풀며 '지옥'이라는 단어를 썼다.

20 치안국에서는 이십사일부터 오는 말일까지 팔일 동안 전국의 걸인 및 부랑아 및 나병환자들을 도시로부터 일제히 단속키로 되었는데 삼십일 경찰 당국자에 의하면 오는 말일까지 도시에서 방황하고 있는 걸인들을 완전히 소탕하지 못할 때에는 경찰 구역별 책임제에 의거하여 소관 경찰 책임자를 엄중 문책할 방침이라고 한다. (〈걸인 발견되면 구역 책임 경찰 문책〉, 《동아일보》 1956. 11. 1.)

21 정부의 경책대로 부랑아를 수용 보호함으로써 시리를 배회하는 소년들을 일소하기 위한 조치로서 서울시에서는 서울특별시부랑아대책위원회를 구성하여 위원장에 현 부시장인 신용우씨를 임명하는 동시에 이들의 수용 보호에 소요되는 경비는 국가 예산이 책정되어 있지 않기 때문이라는 이유로 시민과 학생 그리고 공무원 노동자에게서 거둬들이기로 하였다고 한다. 이와 같은 부랑아의 보호대책은 지난 십오일 정부에서 각 도와 서울시에 시달한 것인데 그동안 서울시는 위원회 조직을 준비하다가 이십삼일 위원장을 결정하고 나서 이날부터 명년 정월까지를 부랑아 보호기한으로 정하였다. (〈서울 부랑아들 수용 시작〉, 《조선일보》 1958. 12. 24.)

22 칠일 보사부에서는 부랑아보호 선도사업 실무자 회의가 열렸다. 이날 회의는 앞서 발표된 보사부의 부랑아보호 선도 사업 계획을 실천에 옮기는 데 따른 세부 절차가 논의되었는데 당국에서는 전국을 4개지구로 나누어 수용할 계획이다. (〈부랑아 보호 선도 실무자회의 개최〉, 《동아일보》 1961. 2. 8.)

23 〈사회적 배제의 형성과 변화―넝마주이 국가동원의 역사를 중심으로〉, 박홍근, 《사회와 역사》 제108집, 한국사회사학회, 2015.

24 〈소년법의 회고와 전망〉, 곽병선, 《소년보호연구》 제26호, 2014.
    〈일제말·해방공간 우생학과 소년수(少年囚)를 통해 본 '착한/불량국가'―거세, 단종법, 격리, 정신병〉, 이행선, 《동아시아문화연구》 제53집, 2013. 5, 329~367쪽.
    〈일제하 미성년자의 범죄문제와 조선총독부의 대책〉, 신정윤, 《역사와 세계》 55호, 2019.

25 《신천지》 제2권 제9호, 1947. 10.

26 이십이일 새벽 시내 각 경찰서원이 출동원하야 시내 각처에서 걸인 구백여명을 보호 검속하야 트럭에 실어 서울 돌며 삼백리밖 충북괴산 등지로 나가 줄어 노코 왓는데 금후 경찰과 시당국에서는 계속적으로 매주 서울거리로 헤매는 걸인을 소탕하는 한편 부랑아만은 당국이 보

호검속하야 갱생하도록 각 보호기관에 수용키로 되였다 한다. 《이번에는 걸인 구백여명 검거. 괴산에 이송》, 《동아일보》 1947. 8. 23.)

27 〈한국의 난민 발생과 농촌 정착사업(1945~1960년대)〉, 김아람, 2017, 연세대학교 사회학 박사학위 논문.

28 국무회의 부의안, 1952년 10월 14일, 〈부랑아 보호책 확립의 건〉
부랑아의 보호강화 문제는 현하 우리나라의 실정에 있어서 긴급을 요하는 문제의 하나로 서 이는 종전부터 중앙 및 지방 관계 기관 연락 협조 하에 수용 보호부터 중앙 및 지방 관계 기관 연락 협조 하에 수용 보호 하여온 바이오나 아직도 도시에 집중하는 부랑아의 수는 감소되지 않고 있으며 계절과 형편에 따라 이동성이 농후할 뿐만 아니라 그들의 배후 관계 자들의 조종을 받아 부랑 행위가 상습화되고 있으며 이로 말미암아 아동복지 면에서는 물 론 심지어 사회질서를 문란케 하여 온갖 사회악을 조성하고 있으므로 이에 대한 철저한 단 속과 보호책으로 부랑아의 발생 예방, 조기 발견, 수용 보호, 본적지 송환, 배후자 단속 및 부랑 행위의 방지를 제반 방법을 강력히 취하기 위해 중앙 및 지방 관계부처의 공동 책임 하에 부랑아 보호기간을 설치하고 별지 부랑아 보호기간 실시 요령 안에 의하여 실시코저 동 안을 이에 부의하나이다.
〈부랑아 보호 기간 실시 요령〉
현 국내 490개 아동 복지시설에는 54000여 명의 전재 고아들이 수용되고 있으며 53개 부랑아 시설에는 약 2500명의 부랑아가 수용되어 있으나 아직도 전국에는 약 34만명으 로 추정되는 부랑아가 배회하면서 온갖 추태와 비행을 감행하고 있는 바 이들을 근절함은 정부의 사회정책상 긴요불가결의 일이며 특히 동절기를 앞둔 이 사업은 긴급을 요하는 일 이며 부랑아 보호 기간을 설치하고 행정 당국과 관계기관이 긴밀한 연락 협조 하에 강력한 국민 계몽과 부랑아 보호 대책을 실천함으로써 부랑아를 발본색원코저 하는 바이며 이에 소요되는 국가 예산은 책정한 바 없으므로 국민으로부터의 모금운동을 전개하여 이에 충 용코저 함.

29 〈빈곤의 족보〉, 안병욱, 《사상계》, 1955. 3, 112~113쪽. 황병주(2017)에서 재인용.

30 《우리 사이》, 에마뉘엘 레비나스, 김성호 옮김, 그린비, 2019.

31 레비나스, 앞의 책.

32 〈선감학원 사건 진상조사 및 지원 방안 최종보고서〉, 경기도의회, 2017.

33 Herbert Kelman, "Violence without Moral Restraint: Reflections on the Dehumanization of Victims and Victimizers", *Journal of Social Issues*, Vol. 29 Issue 4, 1973.

34 강제실종, 정치적·인종적·민족적·종교적 이유 등으로 자행된 집단 살해, 살인 녹화 사업, 강제전향, 의문사, 고문, 구금, 강제 불임, 강간, 강간 캠프, 강제 임신, 강제수용, 강제 입양, 강제 격리, 해직, 숙청, 강제 이주, 재산 강탈, 강제 합병, 토지 침탈, 자원 수탈, 문화재 약탈, 인간 사냥 등이 국가범죄다.

35 대법원 판결문, 1988. 11. 8.

36 Gregory Stanton, "The Ten Stages of Genocide". Genocide Watch. Archived from the original on 14 May 2020.

37 《경향신문》 1952. 4. 13.

38   《광기의 역사》, 미셸 푸코, 이규현 옮김, 나남, 2020, 121쪽.

39   빈곤 퇴치와 관련된 기사들을 시대별로 모았다.

서울 거리의 걸인을 시골로 이송한다

수도청에서는 서울 거리에서 걸인이 헤매는 일이 없도록 이들을 트럭에 실어 수백 리 밖 시골로 이송하여 22일부터 25일까지 약 1200명을 실어갔다고 한다.

그러나 이 거지들은 보내면 또다시 그리운 서울 거리로 기어들어오고 있다고 하며 그들 통용어로 트럭에 실리면 "오늘 시골 출장 간다"고 말하는 매우 유쾌한 강자强者도 있다고 수도청의 대책을 물으니 "다시 들어오면 또 보내고 또 보내고 해서 장기전으로 나간다"고 말한다. 이번 거지 일소책은 얼마나 성과가 있을 것인지 일반 시민의 주목을 끌고 있다. (《경향신문》 1947년 8월 26일)

거지 추방

서울 장안에서 거지가 일소된다. 적어도 서울을 중심으로 삼백 리 내에서는 거지가 일소된다. 참으로 반갑고 명랑한 시책이다. 현명한 시당국의 이러한 현명한 시책에 서울 시민은 누구나 당연히 찬의를 표하였다. 사실 일국의 수도는 수도다워야 할 것이다.

외국 사람의 내왕이 많은 이 서울은 조선의 얼굴이다. 이 얼굴에 깨끗하고 명랑한 표정이 있고 없는 것이 이 나라가 명랑하고 깨끗하냐 못하냐를 외국인의 인상에 영향시키는 것인 만큼 조선은 가난하고 게으르고 피폐하다는 것을 남의 눈에 띄지 않게 해야 하겠다.

그뿐 아니라 이 나라의 사회 정책이 어떻게 되었기에 이렇게 거지가 많으냐는 경멸을 받지 않아야 할 것이요, 이 나라의 경제 정책, 산업 정책이 어떻게 되었기에 이렇게 건강한 거지가 가로에 범람하느냐 하는 의심도 없이 하여야 할 것이다. 그런지라 일국의 수도 서울에서 거지를 일소하는 것은 지극히 현명한 시책이다. 여기 시민들이 찬의를 표하는 것도 지극히 당연한 일이다.

물론 서울시로서는 세금 한 푼 안 내는 이들. 귀찮고 지저분한 손님을 그냥 지경地境 밖으로 추방만 하면 되는 것이지 그 이상의 시책을 강구할 필요까지는 없었다. 그러니까 이들을 트럭에 실어서 지정된 구역, 삼백 리 밖에 내려놓으면 그뿐이었다. 그걸로 책임 완수요, 시민의 찬성을 받을 만하였다.

그러나 앉아서 떡을 받는다는 말은 있지마는 앉아서 거지 떼를 받는다는—이 전고에 들어본 일도 없는 돌연한 사태에 지방 관민의 경악과 낭패는 과연 언어에 절絶한 바 있을 것이다.

거지의 본업이 구걸인 바에 배고프면 아무 집에서나 한 때 얻어먹고 볼 일이다. 게다가 삼백 리 길을 트럭에 실려 갔으니 목도 마르고 배도 고플 것이다. 우선 내려놓아 준 그 지방 그 동리에서부터 다시 구걸을 개시하는 것도 그들을 위해서는 당연한 일이었다.

한 동리라야 몇 십 호, 한 읍이라야 몇 백 호에서 천 호 내외일 것인데 여기다가 세 대, 네 대 트럭에 실려 온 수백 명 거지 떼가 호별 방문을 일제히 개시하였을 때 그 광경과 그 지방 가가호호의 경악과 낭패를 상상해 보라. 웃지 말고 엄숙히 상상해 보란 말이다.

자~ 이 노릇을 어찌하잔 말인가. 갑자기 거지 합숙소를 준비할 수도 없고 그들을 위하여 집집이 밥을 더 짓는달 수도 없고….

그러니 이 동리에서도 유일의 현명한 방책은 역시 이 거지 떼를 지경 밖으로 추방하는 수밖에 없다. 우거, 마차, 모두 있는 대로 징발하여 거지들을 또 실어라, 우리도 우리 지경 밖으로 몰아 내자.

그럴 것 없이 거지들도 도로 서울로 가면 그만이었다. 올 때처럼 트럭은 못 타더라도 걸어서라 도 도로 가자. 서울시 어느 곳에도 '걸인 물입ㅆㅅ'이라는 간판은 없더라.

그보다도 또 조금 꾀 있는 지방에서는 이 거지 떼를 일당 一堂에 모아 놓고 정말 거지냐 아니냐 를 감정하였다. 그 결과가, 거지 아닌 사람이 얼마든지 나섰다. 비록 겉은 거지 같으나 주머니 에서 십만 원 돈뭉치가 나오는, 비록 행상이로되 훌륭한 상업가도 있었다. 물론 정말 거지라도 거지 아니라고 나서는 패가 많다. 그러나 그건 또 그 지방에서 그다지 깊이 캐볼 필요까지는 없 는 일이다. 오백 명 중에서 거지 아니라는 사람 사백 명을 골라서 기차를 태워 서울로 돌려보내 면 그뿐이었다.

이제야 생각해 보니 거지를 일소한다는 것은 그들에게 생업을 주고 임금을 살포할 것이요. 그 래서도 안 되는 성격 파산자는 어떤 일정한 장소에 강제수용하고 강제노역이라도 시켜서 제 밥 을 제가 벌어먹는 인간을 만들어야만 할 것이었다.

예로부터 궁민 구제 공사라는 것이 있다. 이것은 도로 개수, 미간지 개간 같은 사업에 의하여 임금을 살포하는 것이다.

기왕 거지를 추방하려거든 어떤 미간지 개간이라도 시켰더라면 그들도 먹고살고 식량 증산도 되는 일석이조일 것을. 이건 또 거창한 사업이라면 서울 시내의 청소 작업과 오물 처치 인부로 라도 썼더라면 수도 서울은 거지가 없어져, 오물이 없어져, 전염병이 없어져, 일석에 이조, 삼 조, 사조, 오조의 효과가 있었을 것을. 아까워라. 《신천지》 제2권 제9호, 1947년 10월)

이번에는 걸인 구백여명을 검거, 트럭으로 괴산에 이송

이십이일 새벽 시내 각 경찰서원이 출동하야 시내 각처에 걸인 구백여명을 보호검속하야 트럭 에 실어 서울 삼백리 밖 충북 괴산 등지로 나가놓고 왔는데 금후 경찰과 시 당국에서는 계속적 으로 매주 서울 거리로 헤매는 걸인을 소탕하는 한편 부랑아를 보호검속하야 갱생하도록 각 보 호기관에 수용키로 되었다. 《동아일보》 1947년 8월 23일)

거리의 소년에 안식소, 소년심판소에 수용

서울소년심판소에서는 건국도상에 있어서 급격히 늘어가는 소년범죄를 미연에 막으려는 동시 에 이들을 보호하고저 해방 이래 각 관계 당국과 유지들이 대책을 강구하여 오던 중 이십육일 오전 일곱시 삼십분부터 일곱대의 트럭 부대가 안개가 자욱한 장안 거리에 출동하야 골목골목 에서 거리의 소년들을 발견하는 대로 트럭으로 인도하였는데 이들 부랑아는 처음엔 공포심에 떨며 안 가겠다고 몸부림을 치다가 인도하는 사람들의 친절한 설유로서 급기야 트럭에 실려서 소년심판소로 모여들었다. 동일 오후 한시까지 집합된 아이들은 삼백사십 명이었는데 이중 에는 고아가 삼백 명, 불구자가 오 명이며, 범죄할 염려가 있는 소년이 삼십칠 명이었다. 집합 된 소년들은 집도 부모도 없어서 몸은 때 투성이고, 의복은 비록 남루할망정 어린이들의 천진 난만한 마음이라 "배꼽하요" 하고 외쳤다기에 심판소에서는 준비했던 밥을 먹이고 한편 머리 를 깎는 등 한동안 어수선하였다. 《경향신문》 1946년 11월 27일)

거지들을 격리 수용 사회부 성안, 근간실현

지나가는 여인의 치맛자락을 뒤에서 지긋이 잡아 때리며 때무든 손을 내밀고 한 푼 줍쇼 하는 애거지, 충무로 명동 종로에 있는 화려한 상점 문전에 짓궂게도 손님이 있거나 없거나 다만 십원이라도 받아야만 물러가는 이른바 깍쟁이부류에 속하는 거지는 시내에 약 삼천명 이상이나 있어 시민의 두통거리가 되어 있는데 시사회 시설과에서는 이들을 격리 수용시켜 명랑한 서울의 거리를 만들고자 현안 중이던 바 일반 유지에 협력을 얻어 이달 안으로 일대 숙청을 하게 되었다 한다.

즉 삼천명 중에서 우선 만리동 원효로 청량리 갈월동에 있는 각 무료숙박소에 각 육백명씩 수용시킨 후 명년 봄으로부터 충남 안면도(안면도)에 전부를 수용 격리시키라는 바 이에 필요한 경비 일억 칠천만원 중 시에서는 이미 이천만을 국고비로 제공하도록 결정되었다고 한다. 이번에 수용시키는 것은 종래와 같은 고식적인 격리 방법을 떠나 그들로 하여금 영구히 그곳에 살 수 있도록 하라는데 안민도는 사방 팔십리나 되는 섬으로 수목이 울창하며 논과 밭을 이을 여유가 작작한 곳이므로 서울의 거지는 전부 그곳에 수용하여 영농능력이 있는 자들은 농사를 짓게 하고 불구자나 노약자들은 양말 쓰립퍼 등 수공업을 시켜 자급자족할 수 있도록 제반시설을 하게 되었다는 바 사회시설과에서 일반의 협력을 요망하고 있다. 〈경향신문〉 1949년 10월 12일〉

동아일보 휴지통

거리를 헤매는 부랑아의 수용 문제는 관계 당국의 두통거리가 되는 모양. 서울시내에서 헤매는 부랑아를 잡아다가 천안 방면에 그냥 내버리는 일이 있더니 이번에는 대전 방면에서 부랑아를 실어다가 금산 진해 방면에 내버렸다는 전문. 서울서 천안에 버린 부랑아가 서울로 다시 아니 올라 만무한 것과 같이 대전에서 금산 진해 방면에 버린 부랑아가 다시 대전에 아니 올라가 있겠는가? 그렇다면 무엇 때문에 이런 쓸 데 없는 헛수고를 하며 갖다 버린 지방에서는 부랑아를 어떻게 하리는 말인가? 〈동아일보〉 1954년 9월 28일〉

"시내 신창동 도로 주변에 있는 바락 건물 팔십여 세대에 대하여 당국에서는 지난 구일 돌연 부산 시장 및 부산 경찰서장 공동 명의로 작십 일일까지 자진 철거하라는 지시가 내렸다는데 이 바락 건물에는 전부가 육이오 동란으로 인한 피난민들이 거주하고 있는 바 아무런 사후 대책도 없이 거리에서 헤매게 됨에 몹시 당황하고 있으며 커다란 충격을 주고 있다. 이에 전기 바락 건물에 사는 난민 김성주씨와 구십구명은 선처해달라는 요지의 진정서를 관계 요로에 제출하였다는 바 그 귀추가 주목되고 있다." 〈동아일보〉 1953년 5월 12일〉

"지금도 바라크 건물을 강권적으로 철거시키고 있다. 철거 방식을 보면 철거라기보다는 관권 동원에 의한 바라크 건물의 파괴라고 하는 것이 적평일 것이다. 바라크 건물이 단지 피난민들의 침식처가 되어 있을 뿐만 아니라 점포와 직장의 역할도 하고 있는 실정에 비추어 바라크 건물의 강제 철거에 대해서는 신중한 고려를 사양해서는 안 될 것이다." 〈동아일보〉 1953년 5월 20일〉

"기자가 예배당 안에서 본 것은 찬송가를 부르려 나오는 소년의 걸음 거리였다. 단정치 못한 걸음 거리에는 똘마이식 걸음 거리가 아직 남아 있었고 17세의 당번 소년 송군은 양말을 아무렇게나 신어 발 뒤축에 겨우 걸려 있었다. 이 삐뚤어질 대로 삐뚤어지고 구불어진 어린 넋을 어떻게 바로 잡는단 말인가? 소년들로 인해 속이 썩어 주름이 된 것처럼 얼굴에 발이랑주름을 가진 최 원장은 기자에게 부랑아교도론을 들려주었다. 최 원장은 육순이 넘은 노인으로 과거 소년심판소에 근무한 일도 있고 그 후 십여 년간 고아 사업에 몸 바친 분이니 경험에서 우러나오는 고아관이 흥미로웠다.

'글쎄 보시오' 하며 사투리, 때로 열이 올라 말을 이을 때면 열정적인 제스추어가 앞에 앉은 사람을 깜짝 깜짝 놀라게 한다. '글쎄 애들이라는 게 모두 다 고아, 깡패, 부랑아, 서리꾼, 날치기 하던 애들, 애이요.' 한숨을 길게 내쉬는 품이 노인이 속도 무척 썩였다는 품이었다. 대개 길거리에서 고아를 서울시·도국으로부터 인계 받으면 별에 별 망측한 녀석들이 다 있다는 것이다. 첫째로 이 부랑아들은 더럽다는 것이다.

'글쎄 애들 몸에서는 독한 거지 냄새가 납니다. 막 돌아다니며 주어먹고 개구리, 뱀 같은 것도 잡아먹어 야생의 짐승냄새지요' 말한다. 세수하기 싫어하고 옷 속에는 이가 많고 놀다가도 과거 구걸할 때 습관이 남아 있어 흙이나 숯 검둥이를 얼굴에 칠하는 녀석이 있고, 영 청소하기 싫어하고 그리고 게으르다는 것이다. '그도 그럴 게 애입니까? 거리에 나가 다니면 주어먹을 것도 많고 얻어먹고 마음대로 돌아다니던 것이 일하라 하면 반감 밖에 나는 게 없을 게 애입네까?' 라고 최 원장은 말한다. 부랑아가 들어오면 처음에는 땅에 떨어진 사과속도 주어먹고 여름에는 캠핑 오는 손님들이 사이다나 주스 병을 버리면 곧 달려가서 마시니 추하기 한이 없다는 것이며 그럴 때마다 과거의 악습이 문득 소생한다는 것이다." ('부랑아들이 건설할 민주공화국', 《사상계》, 1962년)

거리의 불량아… 일만 명 중 대부분 성병균 보유

서울 시내에는 현재 이십오 개 고아원에 수용되어 당국의 보호를 받고 있는데도 삼천명의 전재고아 외에 제 멋대로 거리를 떠도는 약 일만 명의 부랑아가 있는데 이들의 방임으로 인하여 일어나는 여러 가지 범죄 사건은 아동교육상 큰 위협을 주고 있으며 일내 사회 문제로 이의 시급한 대책이 요망되고 있다. 즉 요즘 시내 거리를 배회하는 부랑아들의 실형을 보면 그들은 대개 전재고아로 간혹 친척 집에 유숙하고 있는 이해도 있으나 대개는 일정한 숙소가 없이 떠돌아다니며 혹은 구두닦이를 하여 혹은 담배 장사를 하여가며 한편으로 어린 소년으로서는 감히 생각도 못할 어둠의 거리의 안내인 노릇으로까지 전착하여 생활 유지하고 있는 형편이다.

이 같은 환경에서 생활하는 부랑아들은 자연 소년상대의 범죄에까지 발전하게 되어 철도역 등 여러 가지 면에서 범죄의 구렁에 빠지고 있는데 특히 놀라운 것은 시경찰국 보안과에서 몇몇 부랑아를 인치하여 검진을 한 결과 십사, 십오세의 소년으로서 이미 악성의 성병균을 보유하고 있다는 가공할 사실을 발견하고 곧 시사회국과 연락하여 이에 보호수용 대책을 강구 중에 있다 한다.

그런데 이에 대하여 시 사회국장 김동선씨는 다음과 같이 말하였다. 부랑아의 수용은 실로 긴급한 문제이나 사실 관계로 이를 일시에 실시할 수 없다. 우선 대한소년훈육소에 가능한 한도의 인원을 수용하고자 경찰당국과 협의 중이다. 《경향신문》 1952년 4월 13일

방임 못할 불량소년들 뚜쟁이 소매치기 등으로 전락 일로

전란이 낳은 죄악의 하나로써 이 나라의 장래를 짊어질 소년들이 구두닦이로 혹은 부랑아로 혹은 페푸뽀이, 뚜쟁이로 거리를 방황하고 있는데 이들은 주로 유엔군을 상대로 집단적으로 노릇을 하고 물품을 강매하는가 하면 만년필을 비롯한 귀금속 지갑을 절취하여 범행의 소굴이라 해

도 아닐 정도의 실정에 놓여 있어 국가적으로 중요한 사회문제가 아닐 수 없다.

이들의 유엔군에 미치는 영향도 크거니와 교통 방해를 비롯한 범죄의 온상은 사회적인 물의와 더불어 국가적인 체면을 여지없이 손상시키고 있다. 그러나 이들에 대한 대책은 다만 취체의 강화만으로서는 해결할 수 없는 문제로서 당국의 유효적절한 대책이 시급히 요청되고 있는데 더구나 휴전을 계기로 일선 유엔군들의 후방 왕래가 빈번해짐에 따라 국제적인 우의에도 크게 우려되는 바 있다. 이들 폐푸들은 대게 17~18세부터 20세 전후의 소년들로써 한 패가 사오인씩 짝을 짓고 있으며 나 어린 슈사인 보이들을 부하로 포섭하고 수명의 어깨들의 지배를 받고 있다.

그런데 놀라웁게도 폐푸 한 사람의 수입이 하루 이삼천환이 된다고 하며 이들은 이러한 과분의 수입을 가지고 방탕과 향락을 위하여 술도 마시고 외도도 하며 폐푸들의 대부분의 성병을 보균하고 있다는 것이다. 《경향신문》 1953년 8월 18일）

40 〈5·16 군정기 사회정책〉, 김아람, 《역사와 현실》 제82호, 2011.
41 22년간 희망원에서 살았던 ㄱ씨의 고백.
42 2015년 5월부터 1년간 계약직 생활재활교사로 근무한 ㄴ씨의 국가인권위원회 진술서.
43 국가인권위원회에서 직원들이 진술한 내용 가운데 발췌.